U0937018

图 1 南天一柱

图 2 多利克式石柱

图 3 峨眉佛光

图 4 吉林雾凇

图 5 凡尔赛宫

图 6 远香堂

图 7 园春山

图 8 园夏山

图 9 园秋山

图 10 园冬山

图 11 喷 泉

图 12 拉奥孔

图 13 掷铁饼者

图 14 水波的旋律

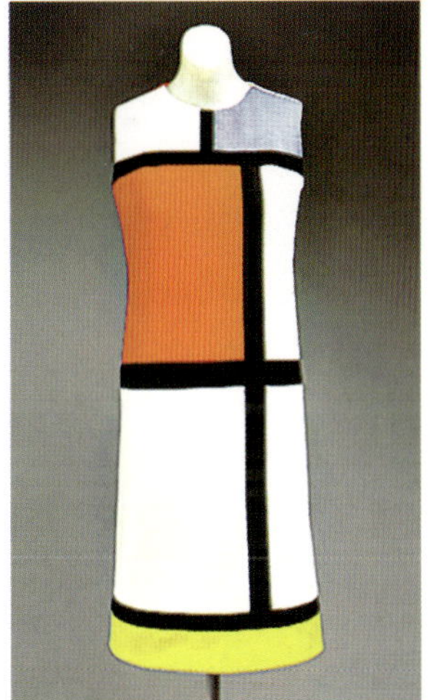

图 15 红黄蓝构图

图 16 惠山泥人大阿福

图 17 华西里·伯拉仁内教堂

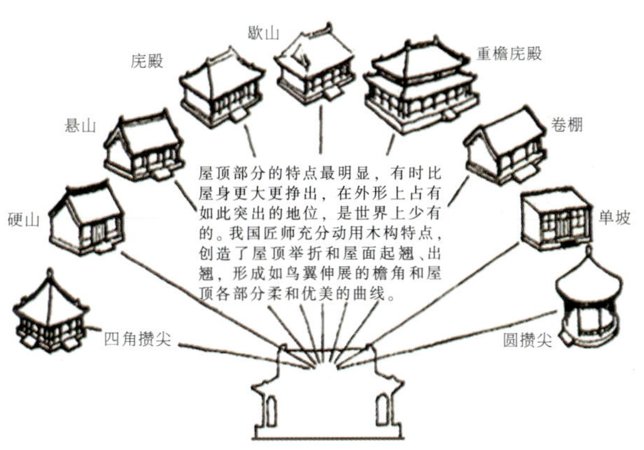

图 18 中国古建筑屋顶形式

图 19 圣马可广场

图 20 国家大剧院

图 21 广州白天鹅宾馆中庭

图 22 酒店外观幕墙

图 23 扎拉设计的卧室

图 24 矶崎新设计的卧室

主编：辛建荣　毕华　陈扬乐

旅游审美概论

亓元　陈琳　屈凯　编著

图书在版编目（CIP）数据

旅游审美概论 / 亓元，陈琳，屈凯编著. —哈尔滨：哈尔滨工程大学出版社，2011.11
ISBN 978-7-5661-0240-9

Ⅰ. 旅… Ⅱ. ①亓… ②陈… ③屈… Ⅲ. 旅游学：美学 Ⅳ. F590

中国版本图书馆 CIP 数据核字(2011)第 212986 号

出版发行 哈尔滨工程大学出版社
地　　址 哈尔滨市南岗区东大直街 124 号
邮政编码 150001
发行电话 0451-82519328
022-60266518
传　　真 0451-82519699
022-60266517
经　　销 新华书店
印　　刷 北京市文林印务有限公司印刷
开　　本 787 mm × 1 092 mm　1/16
印　　张 14.75
彩　　插 2
字　　数 273 千字
版　　次 2012 年 1 月第 1 版
印　　次 2012 年 1 月第 1 次印刷
定　　价 30.00 元
http://press.hrbeu.edu.cn
E-mail: heupress@hrbeu.edu.cn

序　言

有许多人，包括我和我的同仁，总想对旅游说点什么——对旅游的认识、感悟、理解，总想为旅游做点什么——探索旅游学科体系的建设、完善和科学化。旅游已经成为人类生活密不可分的一部分，是社会、经济发展的必然产物，是社会生产力发展的新的需求方式，即现代人类社会、经济、文化发展到一定历史阶段的特定生活现象。

旅游是“行万里路，读万卷书”。我们把自然、人生、社会作为万卷百科全书，通过旅游真正认识、了解博大精深的天、地、生、人。

旅游活动在经历了漫长的历史演进后，直到近代旅游的兴起，人们才真正对旅游开展学术性的研究，所以她是年轻的。由此为旅游业和旅游学科的发展提供了平台和空间。尤其是现代旅游活动与旅游业的发展，其参与的广泛和发展的迅速是空前的，这说明旅游活动已经成为人类社会不可或缺的生活方式。

旅游学是一门不成熟的学科，关于旅游学科的许多概念、内涵和学科体系的建设等，不同的学者有着不同的见地，由此带来了争论和发展的契机。现代旅游的兴起与快速发展，促使更多的学者探索旅游学科的内涵。旅游界学者们各自从不同的视角、视野发表观点，大有“百家争鸣、百花齐放”之势。

旅游学科还需要在未来的发展中进一步深化认识，因为旅游活动关联到人类社会的方方面面，几乎涉猎我们周围的整个世界和人类文化。但是作为旅游科学，我们要从中理出自己的一套严谨的、完善的学科体系，这不是一件容易的事情，而是一项巨大而浩繁的系统工程。

参与旅游活动是人类的爱好，发展旅游产业是企业家的追求，探索旅游学科的建设与发展是从事旅游研究者的使命。有志于旅游学科的研究者凭借自己的睿智，使旅游学科更加臻于完善，趋于完美，最终达到成熟，这是我们永恒的职责，也是我们编写新概念旅游教材的初衷。

新概念旅游教材问世了，首先必须说明，我们的工作仅仅是一种探索和尝试，旅游学科毕竟是一株稚嫩的幼苗，还需要精心浇灌、护理，使其茁壮成长，枝繁叶茂；其次，在学科的认识方面若与其他学者的观点不完全相同，请告诉我们，我们会谦虚谨慎，真诚与您商榷；同时，著书期间必然要查阅和采用大量的著作成果与资料，在这里我们真诚地向相关作者表示衷心的感谢，若有遗漏和不到之处，恳请谅解。

我们总是有一种满足，那就是与旅游活动结缘；我们总是有一种责任，那就是更加透彻地探索旅游的科学内涵；我们总是有一种欣慰，那就是在旅游学科建设方面能够徜徉于旅游的海洋里享受其中的愉悦和美感。

真诚祝愿我们这支年轻的团队能够通过共同努力，在旅游科学的大潮中，留下一点闪光的纪念。

辛建荣

2011 年 6 月

前　言

在体验经济理论风靡的时候，我们认识到旅游是一种主要以获得心理快感为目的的审美过程和自娱过程，其本质在于审美和愉悦，即认为旅游就是异地体验，就是人们离开日常生活的地方去寻求某种体验的一种活动。审美作为旅游的重要维度，再度成为我们研究旅游业、旅游文化及旅游现象的重要关注点。

旅游审美的实践有着古老而漫长的发展历史，"旅游审美"不同于旅游美学，因为它是一种行为，是人类的一种社会实践，属于人类经验层面。旅游审美是通过旅游来进行美的欣赏和创造，进而把握世界的一种特殊形式，并在其中形成人与世界的特殊关系——对旅游景观的一种审美认知。关于旅游审美方面的研究，兴起于20世纪90年代初期，研究成果多集中于两个方面：一方面是将审美作为旅游中的一个要素来看，重视了旅游的主体性意义，透过旅游者的视角，探讨旅游观赏技巧和旅游审美客体的特征等问题，代表论著有王柯平的《旅游审美活动论》、田连波的《旅游审美学》等；另一方面的探讨则是以审美原理为轴心，将旅游贯穿其中，将美学理论与实践应用结合在一起，试图挖掘理论上的深度，以章海荣的《旅游审美原理》为典型代表。本书认为，旅游审美的研究对象应该是旅游审美主体、旅游审美客体以及旅游审美主客体之间的关系，因为以上三者最终决定了旅游审美的维度。由此出发，本书对旅游审美主体、旅游审美客体以及旅游个体审美进行了全面的阐述。

全书分12章，内容包括导论、审美基础、山水景观审美、气象与天体景观审美、生物景观审美、园林景观审美、艺术流变及审美、社会生活审美、历史人文景观审美、建筑景观审美、旅游度假酒店景观审美塑造、邮轮旅游审美。

本书编写过程中，对知识点力求简明扼要、篇幅适当、吸收最新的研究成果，强调应用性。书中选择了各类最有吸引力的景观实例，并详加分析，指出审美特征、观赏要点和重点。此外，为便于学生、管理者、培训者学习和对线索的把握，各章开头均有本章的学习目标、知识要点，章尾有思考题，书尾有参考文献。

本书可作为旅游管理、美学等学科专业的教材，也可作为旅游从业人员的培训用书。同时对从事旅游企业经营的管理者，致力于旅游开发的科技工作者也具有重要的参考价值。

本书由海南大学三亚学院旅业分院亓元主编,并负责编写大纲和统稿工作。各章编写情况如下：亓元编写第一章、第二章、第三章及第七章第一节；屈凯（黑龙江旅游职业技术学院）编写第四章、第八章、第九章及第七章第二节、第三节；陈琳(海南大学三亚学院艺术分院)编写第五章、第六章、第十章、第十一章；余燕伶（海南大学三亚学院旅业分院）编写第十二章。

本书编写过程中，借鉴并参考了大量的国内外书刊资料，谨此一并致谢！

由于编者水平有限，书中疏漏与不足在所难免，诚请专家、读者批评指正。

编著者

2011 年6月

目　录

第一章　导　论

【学习目标】

- 了解旅游审美的概念
- 掌握旅游审美的对象
- 掌握审美经验

【知识要点】

- 旅游审美
- 审美距离
- 移情与内摹仿

第一节　旅游审美

一、旅游审美的概念

旅游审美不同于旅游美学，因为它是一种行为，是人类的一种社会实践，属于人类经验层面、即通过旅游来进行美的欣赏和创造，进而把握世界的一种特殊形式，并在其中形成人与世界的特殊关系——对旅游景观的一种审美认知。

在旅游审美活动的过程中，必然的存在“二度审美”。[①]一度审美，指旅游资源开发时对以设计和建造景观美为目标的追求；二度审美，指游客游览观赏中的美感冲动和情感创造。二度审美是依托在一度审美的基础上才能完成的，因此景区景点的一度审美状况与质量必然会影响到二度审美活动的展开。“二度审美”的构成既反映了现代旅游学的学理规范，也呈现出了旅游审美研究的特殊性。

---

① 章海荣. 旅游美学学理源流探索[J]. 同济大学学报：社会科学版, 2002(6): 10-15.

当然，旅游审美活动总是一定旅游审美对象的审美行为，旅游审美对象总是一定旅游审美活动中的审美对象。大多数情况下，游客会自觉不自觉地去发现或接受旅游资源开发、设计、建造时的审美视觉和美学观念，追求二度审美与一度审美的融合；但不可否认，由于对景观熟悉程度的不同，再加上导游引导与介绍的差异及游客自身审美经验的区别，二度审美往往不同于一度审美。

以天涯海角风景区的著名景观——“南天一柱”为例，在天涯海角风景区，离“天涯”摩刻左侧几百米，有一尊高大独立的圆锥形巨石，这就是“南天一柱”奇景。它擎天拔地，有独擎南天之势，巨石上题刻“南天一柱”。它的来历还有不同的传说。

其一，相传很久以前，陵水黎安海域恶浪滔天，人民生活艰苦。王母娘娘手下的两位仙女知道后偷偷下凡，立身于南海中为渔民指航。王母娘娘因此恼怒，派雷公雷母抓她们回去，二人不肯，被化为双峰石，并被劈为两截，一截落在黎安附近的海中，一截飞到天之涯，成为今天的“南天一柱”。

其二，在当地旅游工作者和考古工作者的努力下，人们探清石刻上款是“宣统元年”四个字，下款是“永安范云梯”字样。范云梯，字步月，永安州（今广西蒙山县）人，宣统元年，范云梯出任崖州知州，时值末帝登基，清朝颓败，帝国豪强加紧瓜分中国，革命之势风起云涌，神州大地岌岌可危，在此之际，范知州苦心经营海南岛，期望海南岛能成为支撑祖国河山的一根擎天玉柱，于是便在古崖州海滨的巨石上，题刻下“南天一柱”四个箩筐口大小的字，希望能挽清廷于即倒，扶大厦于将倾，对末路王朝寄意祝愿的同时，又表白其治理海南之志向。

其三，中国人民银行于1980年和1990年发行的第四套贰元面额人民币，采用了海南省三亚市天涯海角景点中的“南天一柱”石刻作为背面图案，所以“南天一柱”被视为财富的象征，现在的天涯海角风景区也给“南天一柱”标注了“财富石”的称号（图1）。

其四，对于“南天一柱”的审美认知还有一些坊间传说：20世纪70年代末，一名华侨富商因在商海拼搏过度劳累造成身体虚弱。当时商业市场疲软，生意不景气，他就回到老家散心，一位朋友陪他来到天涯海角游玩，这名富商看到“南天一柱”，神色惊喜。其友问之方明白，原来富商一直为自己身体虚弱和市场疲软而苦恼焦虑，他走遍了全世界的名山古刹，吃遍了中西名贵药材，均不见效。在中国最南端的海边见到如此坚实挺拔的奇石十分欣喜，他双手合拢，面向巨石念念有词，非常虔诚地拜了三拜。回去后富商的身体越来越强壮，生意也红火起来。[①] 这个故事里面虽然有浓厚的生殖崇拜色彩，但就故事本身而言，这是一种消费主义的表征。

由上述故事，可以发现旅游审美不仅有“两度”，就“南天一柱”单一景观来看，还存在着四个审美维度：人类学维度（神话传说），历史维度（范云梯的抒怀），景区开发者或管理者赋予的审美维度（如财富石），游客自身的审美感知或坊间暗语（生殖崇拜与消费主义）。

通过以上分析，还可以发现旅游审美无论是两个维度还是四个维度，都离不开其内在的三个要素：旅游审美主体（旅游者），旅游审美客体（旅游吸引物）以及旅游审美主客体之间的关系（旅游者在对旅游景观进行旅游审美活动中形成的关系）。那么旅游审美中的维度与要素就是旅游审美要研究的对象。

二、旅游审美的研究对象

人们对旅游审美方面的研究，兴起于90年代初期，研究成果多集中于两个方面：一方面是将审美作为旅游中的一个要素来看，重视了旅游的主体性意义，透过旅游者的视角探讨旅游观赏技巧和旅游审美客体的特征等问题，代表论著有王柯平的《旅游审美活动论》，田连波的《旅游审美学》等；另一方面的探讨则是以审美原理为轴心，将旅游贯穿其中，将美学理论与实践应用结合在一起，试图挖掘理论上的深度，以章海荣的《旅游审美原理》为典型代表。本书认为，旅游审美的研究对象应该为旅游审美主体，旅游审美客体以及旅游审美主客体之间的关系，因为以上三者最终决定了旅游审美的维度。

（一）旅游审美主体

特指旅游审美活动中的主体，是在旅游审美活动中与旅游审美客体构成对象性关系的一方。旅游审美主体是旅游审美活动的发出者、承担者，在旅游审美活动中起着积极的主导作用。

旅游审美主体有着内在的审美需要、审美追求，这是旅游审美活动得以开展的动力；旅游审美主体还具有相应的审美能力与审美标准，这是旅游审美活动得以展开的保证与审美活动必需的评价标准，我们将其视为审美经验。

审美经验要求旅游审美主体必须具备相当的审美修养和审美能力，否则最美的音乐对于不辨音律的耳朵来说也是毫无意义的。对象在何种程度上成为人的对象，昭示着人在何种程度上成为人。正如马克思所说：“我们现在假定人就

---

① 佚名.“石全石美”之天涯海角[EB/OL]. (2008-9-17) http: //www. hq. xinhuanet.com/travel/2008-09/17/content_14419566. htm.

是人，而人跟世界的关系是一种合乎人的本性的关系，那么你就只能用爱来交换爱，只能用信任来交换信任等。如果你想得到艺术的享受，你本身就必须是一个有艺术修养的人。”

审美经验和旅游动机决定了旅游审美主体（旅游者）对于旅游审美客体的审美感知的维度。所谓的旅游动机就是维持和推动旅游者进行活动的内部原因和实质动力。也就是说，旅游动机是当游客受到外在的刺激后，产生了旅游需求，为了满足这个需求，促使游客从事旅游行为的驱动力。① 例如游客出于健康、猎奇、运动、娱乐、宗教、商务、寻亲访友等不同的旅游动机，对同一个景观会有不同的感受；又由于每个游客的审美经验不同，于是会出现即便在同一旅游动机下，对同一景观也会有不同的感受。例如同样是出于猎奇的旅游动机去参观苏州园林，但旅游者会因为对道家精神理解的差异和对中国古代园林营造方法了解的差异等造成审美经验不同，对苏州园林有不同的审美感受。

（二）旅游审美客体

特指审美活动中的客体，是在审美活动中历史形成并与审美主体构成对象性关系的另一方。旅游审美客体本身并非原来就存在的、给定的，它只有在与主体的活动相联系，并成为旅游审美主体活动实际指涉的客体时，它才作为对象存在；它本身并不是一种现成的存在物，就是说它不仅只有在旅游审美主体的活动中改变自身的存在形态，完成自己，而且只有在主体能动的作用中实际改变着自身的形态时，才实现了确证自己作为对象的现实性。比如面包只有当成为人的食物时，才实现了作为面包的属性，一幅绘画也只有当它成为人的审美体验的对象时，它才不再是一种普通的物体，而成了人的审美对象。

客体之所以成为客体，是人类实践活动的历史产物，是“属人的存在”、“为人的存在”，即马克思所说的“人化的自然界”或“人类学的自然界”。旅游审美客体是相对于旅游审美主体而言的，只有先成为人的客体的对象，才有可能进一步在人类产生旅游审美需要后成为人的旅游审美客体。杜夫海纳说：“是否说当博物馆的最后一位参观者走出之后，大门一关，画就不再存在了呢？不是。它的存在并没有被感知。这对任何对象都是如此。我们只能说，那时它再也不作为审美对象而存在，只作为东西而存在。如果人们愿意的话，也可以说它作为作品，仅仅作为可能的审美对象而存在。”②

旅游审美客体既是有限的、确定的，又具有无限性和不确定性。一方面，

① 邹开敏. 国内旅游动机的研究新进展[J]. 经济问题探索, 2008(3): 125-127.

② 杜夫海纳. 美学与哲学 [M]. 中译本. 北京: 中国社会科学出版社, 1985: 55.

任何旅游审美对象都不能离开一定的“物”，无论是观花、赏月，留恋于大自然奇异变幻的风景中，还是吟诗、品画，陶醉于动人心弦的艺术世界中，都不可能完全摆脱具体的“物”，尽管作为审美对象的物，并非一种实物而只是一种意象或者幻象；但另一方面，真正的旅游审美对象又绝非仅仅表现为一种有限的单纯的物体，无论是自然现象、人文景观还是由人创作的艺术作品，如果它们缺乏内涵，了无余韵，不能使人从中看到更多、更深、更远的东西，它们也就很难转化为真正有价值的审美对象。能够唤起人审美意识的自然风景或生活场面应该像一幅艺术作品，真正的艺术作品应该是富有浓郁诗意的作品，而真正的诗意则在于它能使人闻之动心、品之无极，启迪人的无穷追索和探寻。例如我们攀登长城，感觉到长城作为旅游审美客体之美，绵延万里之雄伟，磅礴壮阔之气势，古塞雄关存旧迹，九州形胜壮山河。这种美的感受离不开长城这具体之“物”，但真正引起这种美的感受的的确是长城作为劳动人民以血肉之躯修筑的工程，是中国古代人民智慧的结晶，也是中华民族的象征。

（三）旅游审美主客体之间的关系

旅游审美主客体之间的关系存在着三个层次，即审美认知、审美反思及澄明之境。

首先是审美认知。当游客步入原始森林，面对一棵松树的时候会有很多认知方式，比如说一看到松树，有人可能从知识的角度来认知，这松树是属于我国松科现存的 10 属 84 种中的哪一种；也有人可能从功利的角度来认知，松树可以做成家具打造成床柜或做房梁；有的游客们忽视前两者，只看到松树枝干挺立，枝叶茂簇，清风徐来，枝叶作响宛若天籁，此时旅游审美主体通过这种审美的认知方式与客体松树产生了联系，并构成一次完整的旅游审美活动。

其次是审美反思。有些对象不能仅靠认知被接受，还需要对其反思才能充分解读。这种反思不仅指主体具有的知识、情趣背景与对象所拥有的潜在审美效能相碰撞，而且在接触中，还需要对对象的意义作往返剥现。还以松树为例，因为其形象当然可以产生美感，若进行移情，也可能产生赞美陈毅元帅“大雪压青松，青松挺且直，要知松高洁，待到雪化时”的审美反思。这种主体对客体的移情构建了旅游主体与客体的对话与反思。

最后是审美的澄明之境。所谓澄明就是指将每一事物都保持在宁静与完整之中，旅游主体与对象浑然一体，经验中感性、知性、理性也浑然一体，已难以分辨出各种要素了。正如子曰“闻韶，三月不知肉味，不图为乐之至于斯也”；是王维的神与物游“行到水穷处，坐看云起时”；是苏东坡“纵一苇之所知，凌万倾之茫然”而得来的那种“物与我皆无尽也”的飘逸；是海德格尔的“尽管充满功业，但人却诗意地栖居在这个大地上”的终极关怀。旅游审美主体进入了忘“我”投入的实践时，主体、对象的分离消失了。

三、旅游审美的研究意义

自20世纪80年代初以来，我国旅游业的发展极大地推动了旅游科学的研究。旅游审美研究应运而生。王柯平教授指出：“旅游是一项集自然美、艺术美和社会生活美之大成的综合性审美实践活动。”“它熔文物、古迹、建筑、绘画、雕塑、书法、篆刻、音乐、舞蹈、园林、庙宇、服装、烹饪、民情、风尚……为一炉，涉及阴柔、阳刚、秀美、崇高、绮丽、疏野、飘逸、繁缉、明快、悲壮、轻松等一切审美形态，有益于满足人们从生理到精神等不同层次的各种审美欲求。”[①] 由此旅游审美活动必然成为旅游学研究的对象之一，对旅游审美的研究具有如下四个方面的意义。

（一）有助于推动旅游学科的研究

旅游审美研究的对象，从总体上说是旅游中的审美活动和审美关系，包括审美对象——旅游景观世界；审美主体——旅游观光者；旅游中的各种审美关系。鉴于审美活动是旅游的本质、中心和基础之一，所以研究这一审美活动对于推动旅游学科的发展将会起到巨大的作用。

（二）有助于旅游从业人员的素养提升

对旅游审美的研究可以帮助旅游从业人员养成健康的审美情趣和审美理想，提高其对美的鉴别能力和欣赏水平，陶冶高尚的道德情操。“祖国山河美不美，全在导游一张嘴”，旅游从业人员的审美修养，将决定其服务的质量。旅游审美研究对旅游从业人员提出的审美规范和要求，以及审美修养方法，不仅对旅游从业人员有意义，而且对旅游者提高自身审美修养、美化自身形象、做一个文明高尚的人，同样具有重大的借鉴意义和感染作用。

（三）有助于旅游企业经营和管理水平的提高

旅游审美研究可以帮助我们运用审美心理学知识去分析旅游者的心理，有的放矢地开展旅游公关宣传和公关促销活动来吸引旅游者，并依据对旅游者心理变化的特点和趋势的分析，及时调整经营方针和策略。此外，旅游审美研究为旅游企业提供了旅游服务管理的理论支持。它与社会心理学、个性心理学、管理心理学等，对员工审美心理需求及一般个性心理特征进行深入研究和分析，以便管理者了解员工，调动员工的工作积极性，提高工作效率。同时它还可以

① 王柯平. 旅游审美活动论[M]. 北京：旅游教育出版社，2000.

通过指导旅游经营管理者，根据世界旅游市场及本国旅游市场发展趋势、旅游者的审美爱好和习惯的变化来开发并美化旅游区，美化旅游企业及开发新产品。

（四）有助于旅游业的发展

旅游业是以现代化设施、景观资源及优美环境、高质量的物质与文化服务来满足旅游者多种多样的需求的，尤其是精神需求，其核心是审美需求。以酒店业为例，从酒店室外环境的自然美、酒店选址、设计、建造的科学美、技术美、建筑风格的人文历史维度，到酒店室内环境装饰的图案美和室内陈设的工艺美，无不体现着旅游者的审美要求与旅游从业者的审美主张。因此旅游业的经济效益、社会效益有赖于旅游审美功能的发挥。但如何发挥其审美功能，不是一件简单的事情，这需要通过旅游审美研究的成果做进一步指导。

第二节 旅游审美经验综述

旅游是个特殊的笼盖在强烈审美需要中的审美过程，研究旅游审美经验在旅游美学中有十分典型的意义。所谓旅游审美经验是指人们在旅游行为中对美的反应所产生的一种特殊的经验。

一、审美距离

1999年，赵本山的小品《昨天·今天·明天》成功地塑造了白云、黑土两个东北农村普通老年人平常、真实的生活状态。小品中当黑土谈到生活条件好了，夫妻俩却产生了矛盾时说："俺俩感情出现过危机：改革开放富起来后，我们俩盖起了二层小楼，这楼盖起来之后，屋多了，突然提出了分居，说两个人睡耽误了学外语，说感情这玩意儿是距离产生美，结果我这一上楼，距离是拉开了，美却没有了。"

其实"距离产生美"是美学的一个著名命题，是人们在欣赏自然美、社会美和艺术美等审美过程中，必须保持特定的、适当的距离，如时间距离、空间距离和心理距离，否则就会影响和削弱审美主体的审美效果。这个距离就是审美的心理距离。

"距离"一词的本义是对时间和空间而言的。如从此时到彼时、从此地到彼地之间隔着一定的长度，人们就把这种时间、空间相隔的长度叫做距离。这种时空距离有利于审美态度的产生。时间距离是美的塑造者，任何一种寻常琐屑之物，一旦年代久远就会获得美的价值，引发人的美感。例如三足两耳的鼎，在古代不过是煮东西用的最普通的器物，但在现代人的眼中，就会具有古雅之美，令人神往不已。就是因为有了时间的距离，将它美化了。苏东坡所言："横看成岭侧成峰，远近高低各不同，不识庐山真面目，只缘身在此山中。"这庐山的美景就是因为有了空间距离才能让诗人流连忘返。

【知识链接1-1】

布洛的"心理距离"说

英国美学家爱德华·布洛1912年发表了《作为艺术中的因素和一种美学原理的心理距离》一文，文中他举例，当海上起了大雾，这对正在船上的水手和乘客来说是一件很糟的事。在茫茫雾海中，水手因辨别不清方位和信号，担心船只触礁而精神紧张和焦急。乘客除了担心船出危险而恐惧外，还会因船速放慢耽误旅行日期而心绪不宁。布洛说，假如水手和乘客暂时忘却海雾带来的麻烦，忘却身处的危险，把注意力转向周围的景色，那迷茫的雾所形成的水天一色的情景像透明的薄纱，简直是一幅奇妙无比的画；那船处在雾海中所造成的远离尘世的沉寂，也能给人一种恬静、安宁、自由的感觉，这样海上的雾也能够成为趣味与欢乐的源泉。同一场景，却产生了完全不同的两种感受，这是由于距离从中作梗造成的。在前一种感受中，海雾与我们的切身利害重叠在一起，中间不存在"距离"，我们只能用普通的眼光去看海雾，所以只能感受到海雾带来的灾难；在后一种情况下，海雾与我们的切身利害之间插入了一段"距离"，我们能够换另一种不同寻常的眼光来看海雾，所以能够看到海雾客观上形成的美景。这里布洛所说的"距离"，不是实际的时空距离，而是一种假设意义上使用的"距离"。这种距离是靠自己的心理调整而实现的，所以"心理距离"说中的"距离"，不是指时空相隔的长度，而是指心理的距离。

布洛所举的"雾海航行"的例子，显然是由于主体的注意力和心理状态的转变，由想到实际的利害关系变到超脱实际的利害关系，由以实用态度看海雾变为以欣赏态度看海雾，因而使得海雾以及海雾笼罩的海上景色由实用的对象成为审美的对象。由此表明，在审美态度理论的提倡者看来，事物之所以能成为人的审美对象，和它本身具有的特质并无关系，关键在于人对它采取一种特殊的审美态度。

对于旅游景观的发现也是如此。例如我们对一条极为熟悉的街道很难领略它的“异常视象”(即美的形象)。我们一进入这条街道，就急匆匆走进冷饮店，或转入副食店，或在百货商店的货架前搜寻，或在粮店里排队，然后走出店门，进入家门，既不留心那洁净的街道，也不去理会那整齐的楼房……我们总是无法超脱与我们个人的需要和目的相关的“正常视象”，因为我们无法把自己生活的街道摆到一定的距离之外去观赏。而一个从外地来观光的陌生人，当他来到这条街道，并不去关心什么冷饮店、副食店、百货店、粮店，即摒弃了街道上与人的功利欲望相关的实际的一面，而被街面整齐的楼房、洁净的道路、窗台上摆的花、蓝天上的飞鸽所倾倒，一下子就发现了美的特性的“异常视象”这一面。因为这个陌生人的心不为事物的功利欲望所牵累，能够把事物摆到一定的距离之外去观赏，因而能够发现事物的美。由此可知，所谓审美心理距离的获得是以审美主体摒弃功利欲望为条件的。

二、移情与内摹仿

从心理学的角度出发，“移情说”认为人的美感是一种心理错觉，一种在客观事物中看到自我的错觉。它认为，产生美感的根本原因在于“移情”。所谓“移情”，就是人的情感“外射”到事物身上，使感情变成事物的属性，达到物我同一的境界，即把人的感觉、情感、意志等移置到外在的事物里，使原本没有生命的东西仿佛有了感觉、思想、情感、意志和活动，产生物我同一的境界。

移情说最早是由19世纪德国黑格尔派美学家费舍尔父子(费里德里希·费舍尔和罗伯特·费舍尔)提出，后经德国美学家立普斯等人的系统化并传播到英、法各地，就成了西方美学史上有名的“移情说”。移情说是西方20世纪现代美学很有名的心理学美学理论，它的主要代表人物有德国的立普斯、谷鲁斯、伏尔盖特，英国的浮龙·李，法国的巴希等人。

所谓“移情作用”通俗地说，就是指人面对天地万物时，把自己的情感移置到外在的天地万物上去，似乎觉得天地万物也有同样的情感。这种经验最为普通，是每一个人都有过的。当自己心花怒放时，似乎天地万物都在欢笑；当自己苦闷悲哀时，似乎春花秋月也在悲愁。当然，天地万物不会欢笑，春花秋月也不会悲愁，是人自己的悲欢移置到它们身上。就像大诗人辛弃疾所说：“我见青山多妩媚，料青山见我应如是。”

自然旅游景观是大自然赐予的，但审美的主体是人，人是有个性、有情绪变化的，所以审美对象是通过人的心灵的透镜反射作用而形成美感的。旅游者也常常把自己的喜、怒、哀、乐寓于自然景观之中，产生移情作用。中国山水素有南秀北雄、阳刚阴柔的美学风貌，加上中国文化的丰富内涵和旅游从业人员舌灿莲花的深入引导与讲解，就可以引发旅游者丰富的联想，使旅游者在游览过程中得到心理的充分满足和心情的愉悦。

内摹仿说是关于美和审美本质的学说，是移情说的分支。内摹仿指当主体面对客体时，人的知觉会按照客体的性质进行摹仿活动，人在面对 S 曲线的女神塑像欣赏时，不可能保持笔直身态；同样，在面对高耸的哥特式建筑欣赏时，也不可能弯曲自己的身体，因为高耸的建筑必然使人摹仿它的向上耸立，但这种摹仿并不在形体上明显表现出来，而是一种内摹仿。

该学说的创始人是德国的谷鲁斯，英国的浮龙·李也是该学说的重要代表。谷鲁斯将游戏说与摹仿说结合在其心理学分析基础上，提出了与同情说相别异的内摹仿说。他认为摹仿和游戏都是人的本能，也是艺术活动和审美活动的重要因素，但审美活动和艺术活动并非简单的摹仿或纯粹的游戏，而是一种“内摹仿的游戏”。这种内摹仿不仅把自我投射到对象中并与之合为一体，而且把主体的摹仿冲动精神化，以便分享他人的情绪或他物的动态。内摹仿的运动知觉集动作和姿势的感觉、轻微的筋肉兴奋、视觉呼吸器官的运动于一体，这种运动知觉是审美活动的核心，也是审美情感发生的心理机制。

内摹仿说最常举的实例就是观赏古希腊“多利克式”石柱（图 2）时的情形。古希腊神庙常用一排石柱来支撑屋顶的重压。在高大的石柱上面刻有凹凸相间的纵直的槽纹。人们在观看“多利克式”石柱时产生了一种奇妙的感觉：不但没有产生下垂的感觉，反而产生一种耸立腾飞、不甘屈服的感觉。为什么会有这种感觉呢？因为人们也挨过艰难困苦，亲身领教过抵抗时的一种特殊的身心紧张，这种经验已凝结为记忆，变为自身的一部分。

【知识链接 1–2】

摹仿与内摹仿

摹仿与内摹仿的区别在于摹仿是否在形体上明显表现出来。比如我们经常看见京剧戏迷在看戏时摇头晃脑、旁若无人的情形，那正是一种典型的内摹仿。台上的霸王挥泪别姬，难舍难分，台下的戏迷在无意识的状态下受到暗示，受到霸王或虞姬的情感感染，但又受各种主客观因素的限制，无法成为真正的霸王或虞姬，只有借沉迷做不完全的摹仿，这也属于摹仿。

浮龙·李在谈内摹仿时举了这样的例子：观看一个花瓶，眼睛注视瓶底时，脚就紧踩地上；视觉从瓶底向上移动时，身体也随之向上升起，看到瓶腰逐步扩大时，微觉头部有一种压力，向下垂引；眼光移到瓶腰最初部分时，人即做吸气运动，看到曲线凹入时，随即做呼气运动。内摹仿表明它的核心在身体运动上，随着身体运动，同时产生一种相应的情感，但这种摹仿在形体上并没有明显的表现。

三、景观鉴赏方法

（一）动、静态观赏

静态观赏是旅游者在游赏过程中选择一定的观景位置，面对景观的一种相对静止的观赏方法，通过视线的移动，仔细领略和品位景观中的审美信息和文化内涵。静态观赏是一种对景观美的纵向体验、感知的过程，有益于对深藏景观之中的文化内涵的深度挖掘，获得更多的审美信息。但静态观赏需要较长时间，一些文化内涵丰富的人文景观较适宜静态观赏。

动态观赏是旅游者在游赏过程中以各种形式移动观赏的方法，可以是步行，也可以是乘车、乘船等运动方式。动态观赏是一种对景观美的空间横向体验、感知的过程，容易获得对景观美的整体把握。与静态观赏相比，动态观赏在单位时间内游程长，对于游赏时间有限的旅游者可以采取动态观赏的方法。不足的是，由于游赏时间短，对景观美的体验和感知不够充分，审美信息获得不够丰富。

在旅游审美实践中，这两种观赏方法常常相互变换，当有足以吸引人们驻足观赏的景观时，旅游者会变动态观赏为静态观赏，细细体会、品味景观对象。

（二）观赏角度

它是指旅游者与旅游景观之间构成的不同视角与方位。角度不同观赏到的景观效果就会不同，甚至有时看不到也体会不到景观的美。观赏景观的角度可以分为纵向的平视、仰视和俯视，横向的正视、侧视等。苏轼的“横看成岭侧成峰，远近高低各不同”是对景观观赏角度带来不同美感享受的绝好概括。

观赏角度变化可以让同一景观有不同美的形态，在黄山景观欣赏中体现得最为充分。黄山之美在于“奇特”，除了奇松、怪石、云海、温泉这“四绝”之外，黄山之奇特还在于“步移景异”“移步换景”，同样的景致，变化一下位置或角度又成另一景。黄山天都峰侧的“金鸡叫天门”，由天门坎再回首东望，变成了五位长袍飘飘、扶肩携手的老人，所以又被称为“五老上天都”；石门溪旁的“喜鹊登梅”从皮蓬的入口处观之，则又变成了“仙人指路”；著名的“飞来石”从光明顶、排云亭都可以看到它的身影，其与底座基石的接触面很小，有明显的缝隙，宛若天外飞来，但若从它的北面观赏，则状如仙桃，被称作“仙桃石”，云海飘起时，又如大海中航行的一艘大船。在黄山的天都峰脚下向上仰望，陡峭山峰直插云天，惊险绝伦，而一旦登上峰顶，向下俯瞰，茫茫云海之中，这些陡峭壁立的山峰变成了浮在云海之中的座座小岛，随着云海的出没，若隐若现，游人恍若进入神话世界。

由此可见，观赏的角度对于景观欣赏的重要性，如果把握不当，则感受不到“步移景异”的神奇玄妙之美。当然有些景物，只有在特定的视角或方位才能观赏到，如漓江的九马画山、巫山的神女峰等，只有舟行至特定的地点，与景观形成一定的角度时，才能观赏到。

（三）观赏时间

它是指朝暮、四季、晴雨等。自然景观受时间的影响非常大，会因季节、早晚、阴晴的变化而变化，人的心情及其审美感受也会随之改变。郭熙（北宋时期北方山水画派杰出代表）在其山水画论著《林泉高致》中指出：“春山烟云连绵，人欣欣；夏山嘉木繁阴，人坦坦；秋山明净摇落，人肃肃；冬山昏霾翳塞，人寂寂。”一座山在不同的季节就有不同的状貌，给人以不同的感受。因此对于旅游者来说，选择适当的时间出游非常重要，应根据个人情况和审美对象的特点来决定。

各种旅游景观都有其最佳的观赏季节，游杭州西湖，春天最佳，此时春风拂面，桃花盛开，嫩柳披金，可谓美不胜收；游北京香山，选择金秋时节；北国名城哈尔滨既是夏季避暑胜地，又是冬季赏冰、滑雪的好去处，所以游客往往选择在夏季和冬季去哈尔滨旅游。当然景观游赏时间也并非绝对，如杭州西湖，虽然春天桃红柳绿，但夏季却也十里荷花，秋季金桂飘香，到了冬季赶上雪天，静谧的西湖又显得妩媚动人，对于西湖而言，春夏秋冬各有别样景致。

自然旅游景观受季节、朝暮、晴雨的影响很大，如果不是在特定时间观赏，就不会看到景观的美，甚至景观不会出现，例如日出、日落、江南烟雨等。时间虽然对人文旅游景观本身的影响不十分重要，但毕竟这些景观处于自然环境之中，其美的展现需要自然环境的衬托，以达到整体的和谐。因此观赏景观之前，应根据对象的特点确定适当的时间，以达到获得审美享受的最佳效果。

第三节 中西方审美文化差异

中西方审美文化差异十分明显。从审美的思维方式上，西方人重逻辑讲思辨，中国人重直觉求实用；从审美的文化传统上看，西方人重视科学精神，讲求崇力尚争的个人本位，而中国人重视人文精神，讲求中庸平和的群体认同；从宗教精神上看，西方人重视灵肉分离，将理想寄托于彼岸世界的拯救，而中国人重视天人合一，将全部精力关注于此岸世界的逍遥。了解这些有助于更加深入地理解中西方同类旅游景观的不同审美特征。以下从三个方面比较中西方审美心理的一些差异。

一、重理性与重实用

西方人重视理性，重视真理，有时甚至会为了理论而理论。如我们都很熟悉的芝诺的运动悖论之一："阿基里斯追不上乌龟"（阿基里斯是当时全希腊跑得最快的人）。这一命题，凡是有正常思维能力的人或是稍微有一点常识的人一看便知是错误的，然而从亚里士多德至今，多少科学家都试图指出芝诺的论证错误，可总是无法彻底驳倒，而它却又总是让人饶有兴趣并锲而不舍地去探究。所以西方人对美是一种认知的态度，对一切审美活动作真理性的分析。

【知识链接 1-3】

双希精神

英国学者马修·阿诺德《文化与无政府状态——政治与社会批评》中提出西方文化的精神实质是双希精神，即"希腊精神"与"希伯来精神"。希腊精神以思想清晰、能洞察事物的本质和事物之美为人所能取得的伟大而宝贵的成就；而希伯莱精神所提倡的伟大基业则是对罪恶的清醒意识，是觉悟到人皆有罪；这两大精神准绳一个注重智慧，另一个注重顺服；一个强调全面透彻地了解人的职责的由来根据，另一个则力主勤勉地履行职责；一个慎之又慎，确保不将黑暗当成亮光，另一个则是看到大的亮光就奋力向前。这两大准绳之中，坚固人类道德力量、铸就必要的人格基础的准则处于优先地位。双希精神像一个巨大的钟摆，深刻地塑造了西方文化的面貌。当代哲学家巴雷特就指出，希腊人缔造了西方人的理性和科学，而希伯来人则创立了西方人的道德和信仰。这就是西方文化的根源，两者是相辅相成、对立补充的。

与西方人不同，中国人更加重视实用。李泽厚在总结中国社会的哲学——文化智慧时，把"实用理性"作为其重要特征，他说："如果说血缘基础是中国传统思想在根基方面的本源，那么实用理性便是中国传统思想在自身性格上所具有的特色。""血缘宗法是中国传统文化心理结构的现实历史基础，而'实用理性'则是这一文化心理结构的主要特征。所谓'实用理性'就是它关注于现实社会生活，不作纯粹抽象的思辨，也不让非理性的情欲横行，事事强调'实用'、'实际'和'实行'，满足于解决问题的经验论的思维水平，主张以理节情的行为模式，对人生世事采取一种既乐观进取又清醒冷静的生活态度。"[①]于是在日常生活中，人们在审美过程中自觉不自觉地会将美感与社会伦理与政治权利联系起来。中国美学以"闻道"为特征，要求理论联系实际，服务于实际，解决现实社会问题、人生问题。西方基督教曾促使与实用无关的理智思辨和情感幻想充分发展，从而使精神变得精致；中国美学却执著于人世实用，甚至为了应用于实际人世，服务于自己想要表达的观念。

二、对美与善关系的不同认识

对于西方人来讲，外形美与内在的思想品质美属于不同范畴，二者没有必然联系。莱辛在《拉奥孔》中指出："一个丑陋的身体和一个优美的心灵正如油和醋，尽管尽量把它们拌和在一起，吃起来还是油是油味，醋是醋味。它们不会产生第三种东西；身体讨人嫌，心灵却引人喜爱，各走其道。"古希腊的伊索相貌有缺限，不能因为他的正直、善良和绝顶聪明而把他视为有漂亮的脸蛋儿。希腊人甚至把女人的裸体当作神明来膜拜，以至于当时著名的妓女弗里涅在一次节日的盛典中，赤裸裸地从海里跳出来时，所有的希腊人都被这个"最美的女人裸体"陶醉了、征服了，当严厉的法官和激愤的公民要以伤害风化罪行判处弗里涅死刑时，律师便要弗里涅袒露出自己的肉体，法官和沸腾的人群倏地惊呆了，他们被她美妙绝伦的身体惊得目瞪口呆，全都沉醉于阿佛洛狄忒的庙宇，甚至为她铸造了一座金像。

中国人追求美与善的统一。早在孔子的时代就有记载：子谓"韶"，"尽美矣，又尽善也。"谓"武"，"尽美矣，未尽善也。"可见这种尽善尽美的标准和美与善的统一，才是孔子由他对音乐的体验而形成的对音乐、艺术的基本规定、要求。也体现了中国古人对于道德活动在审美中的地位。中国人将英雄壮举、楷模人物列入崇高的范畴，这在西方美学中是看不到的。我国戏曲舞台上的脸谱往往成为心灵美丑善恶的标志，它在形式、色彩和类型上有一定的格式。内行的观众从脸谱上就可以分辨出这个角色是英雄还是坏人，聪明还是愚蠢，受人爱戴还是使人厌恶。京剧里那迷人的脸谱在中国戏剧脸部化妆中占有特殊的地位，同时也体现了中国人的审美心理和价值取向。

① 李泽厚. 中国思想史论[M]. 合肥：安徽文艺出版社，1999: 309.

三、重写实与重写意

西方人受柏拉图《摹仿论》的影响，一直在追求“逼真”的效果，审美过程中很重视写实的特征。艺术史有这样一个著名的例子，古希腊两位著名的画家比赛，画家邱克西斯画了一串葡萄，天空中飞过的鸽子都要冲上去啄食，他得意地笑了；当他来到另一位画家帕哈修士的画室时，看到一块幕布，伸手就要去揭，帕哈修士抚掌大笑，原来他画的就是幕布。这个例子意在渲染艺术幻觉的逼真效果及画家技巧之高深。从另一个角度说明西方人对于“逼真”效果的无限追求。

中国的艺术有强烈的写意倾向。在中国古典美学中，形神关系，虚实关系，以及“传神写照”、“得意忘形”、“气韵生动”、“空灵”、“意境”等命题都与此相关。北宋画院在选拔人才时的试题多用唐人诗句，比如“踏花归去马蹄香”。这意境如何画？有一位应试者画了几只蝴蝶追随马后，暗示了“马蹄香”，画面并没有直接表现踏花的场景；再比如“野水无人渡，孤舟尽日横”，一位应试者画一船夫躺在船上吹笛子，一方面表现无人渡河，另一方面又使得画面静中有动，充满诗意。这两个例子体现了中国古典艺术的一个重要特征，即追求某种“韵外之致”，不是简单的形似，而是追求内在的神似；不满足于实的意象，而更重视虚的意蕴；是从有限到无限，进而入“道”。宗白华把中国艺术的意境概括为道、舞、空白。我们只要对中国古典艺术趣味和判断用语稍作翻检，就会使“妙”这个范畴更加准确地传达出中国古典美学的基本精神。朱自清说得好，魏晋以来，老庄之学大盛，士大夫对生活和艺术的欣赏有了长足的发展，清谈家要求的正是“妙”。后来又加上佛家哲学，更强调虚无风气，于是众妙层出不穷。妙不同于西方的优美，这恰恰表征了中国古典美学与西方美学的差异所在。

【思考题】

1. 旅游审美的两个维度是什么？
2. 旅游审美的研究对象包括什么？
3. 旅游审美经验都有哪些？
4. 结合生活经验，谈谈旅游审美中的内摹仿现象。

第二章　审美基础

【学习目标】

● 了解美感的含义

● 理解美感的特性

● 掌握自然美、艺术美和形式美的形态、特性和规律

● 理解审美形态——优美、崇高、悲剧、喜剧和荒诞的含义及特点

【知识要点】

● 美感

● 审美存在

● 审美形态

第一节　美感与审美活动

美作为一种令人神往和使人迷醉的现象，在我们这个时代变得越来越重要和弥足珍贵。从自然美的角度看，住惯了钢筋水泥的高楼大厦，人们更加希望能体验“采菊东篱下，悠然见南山”的田园生活；从艺术美的角度看，大众文化闯入了本来属于精英的领域，人们不仅只满足于欣赏，更多地是对艺术活动的参与和创造；从社会美的角度看，人们在重视科技给自己带来舒适生活的同时，更加向往海德格尔所揭示的“诗意的栖居”。无论是自然美、艺术美、社会美乃至形式美，都离不开审美主体——人。不存在与人无关的美，而人对于美的感受与追求，构成了现实生活中形形色色的审美活动。

一、美感的含义

（一）美感的含义

人们对于美的感受，简称美感。

美是靠美感来判断的，美感是一种愉快感。这可以由我们日常生活中的经验来证明，我们看到一个美的事物，心情总是愉快的。绚烂的晚霞、明媚的春光、花园中娇艳的花朵、田园里累累的硕果，这些都使我们感到愉快，让我们喜爱。因为愉快，我们流连忘返，陶醉其中。

愉快感的产生途径有很多，不仅通过审美可以获得，通过感观满足和道德满足一样可以获得。比如说天气炎热，我们躲进有空调的房间，喝着冰镇可乐，内心感到很愉快，这种愉快是因为感观的满足产生的；在拥挤的公交车上，我们给老人和抱小孩的乘客让座，内心感到很愉快，这种愉快是因为道德的满足产生的。一切美感都是愉快感，但并不是一切的愉快感都是美感。

【知识链接 2-1】

美与美感

美并不仅是客体的形象性，而且是客体的形象性加上主体的美感，美感也并不仅是主体的愉快，也是主体的快感加上客体的美。列式如下：

美=客体形象+主体的美感

美感=客体的美+主体的快感

美与美感既是有分别的，又是纠缠在一起的，在审美事件中，人们所说的“真美啊”，既是指客体的美，也是指主体的美感，但是不能说美就是美感。

（张法. 美学导论[M]. 北京：中国人民大学出版社，2004：59.）

（二）美感与其他快感的区别

美感是一种非功利的快感 感官享乐也好，道德行为也好，总是和功利、利害相关。利，就愉快；害，就不愉快。在炎热的天气漫步于浩淼的撒哈拉沙漠，是不会感觉到愉快的；司机肇事逃逸，见义勇为者送伤者急救反而被误解为肇事者，是不会感到愉快的。可见感观快感和道德快感是有功利性的。但是美感和利害无关，和功利无关。当我们对一个事物产生美感的时候，是没有什么好处和功利可言的。美的事物既不能当饭吃，也不能当衣穿。我们在欣赏这些美的时候，也并不想从中得到什么实际的好处。当我们赞赏花美时，并不是想摘下来独自占有它；当我们赞赏影星的美丽时，也并不会对她有什么非分之想。美的事物并非因为有用我们才称其为美，例如木材有用，花没用，但是我们常说“女孩美得像花一样”，而从来没听过有人形容“女孩美得像木头一样”。

美感出现在审美判断之后 审美的愉快感是在审美判断之后产生的。感官快感、道德快感等都是先产生感觉，然后作出判断。比如说吃到了可口的饭菜，于是有愉快的感觉，赞叹美食；做了好人好事，于是有了愉快的感受，赞同行为的正确。但是美感不同，美感要在审美判断之后，审美判断是在愉快的感受之前。比如看到一朵绽放的鲜花，我们是先判断花的美，随之产生了一种愉快的感受；同样，一些男同学走在路上，发现某位美女，一般先是惊呼“美女”！然后不停地回头去看，而不是直勾勾地盯着某位女士，等人家背影消失后，才若有所思地回味道：“美女”。

美感是一种具有普遍性的快感　通过日常经验我们知道，感官快感、道德快感等都是没有普遍性的。大热天走在路上，口干舌燥，买一杯冰镇可乐喝下去很愉快，但是周围的人不会因为一个人的愉快而同时感到愉快，像感观快感、道德快感等这些功利性的快感只有功利的获得者才能享有，它没有普遍性。同样，生理快感也是没有普遍性的。四川人吃着又麻又辣又烫的火锅连说“痛快、痛快”，而怕麻怕辣的福建人、广东人是不会感到愉快的。但是美感不一样，美感是具有普遍性的。当你登上万里长城时，当你来到敦煌石窟时，在惊叹那里自然与历史的双重魅力的同时，你会发现周围的游客与你有一样的感受，当你回来向周围的人描述那些美景时，会发现他们也同样沉醉其中，因为这种对美的感受是有普遍性的。

【知识链接 2–2】

美与漂亮

我曾在山西见过一件不大的木雕佛像，半躺着，姿态生动，结构严谨，节奏感强，色彩华丽而沉着，实在美极了！我无法考证这是哪一朝的作品，当然是件相当古老的文物，拿到眼前细看，满身都是虫蛀的小孔，肉麻可怕。我说这件作品美，但不漂亮。没有必要咬文嚼字来区别美与漂亮，但美与漂亮在造型艺术领域里却是两个完全不同的概念。漂亮一般是缘于渲染的细腻、柔和、光挺，或质地材料贵重，如金银、珠宝、翡翠、象牙等；而美感的产生多半源于形象结构或色彩组织的艺术效果。

二、美感的特性

美感是一种特殊的感受与意识，它突出的特性是具有直觉性、体验性和认识性。

（一）直觉性

美感是一种不自觉的、直观的审美感知。意大利美学家克罗齐对这一点有独到的见解，他认为“知识有两种形式，不是直觉的，就是逻辑的；不是从想象得来的，就是从理智得来的；不是关于个体的，就是关于共相的；不是关于个别事物的，就是关于它们中间关系的。总之，知识所产生的不是意象，就是概念。”[①] 概括地说审美既不是概念、不是理智、不是逻辑，也不是共相，审美就是直觉，当头脑中的直觉活动完成以后，审美就完成了。审美的直觉性可以概括为以下三点。

审美直觉是一种不同于逻辑思维的能力　审美直觉不受“三段论”的约束，即不对概念进行推理分析，也不对事实进行归纳概括，而是始终不脱离形象，由形象直接获得审美判断。

审美直觉性的主要特点是它的“直接性”　审美判断既然是非逻辑的思维方式或思维能力，它本身就是一种不经过逻辑推理的中介而直接由对象所获得的审美感受，人们看到美的事物常常不加思索地作出审美判断。审美的直接性特点就是指在审美的过程中人们能够瞬间作出判断的特性，它常常以顿悟的形式表现出来。

审美直觉还具有非自觉性、无意识性的特点　因而它属于“本能”的领域。但这个特点并不排斥艺术创作中的倾向性，艺术创作中的倾向无疑是存在的，这种倾向性不应当只存在于头脑中，而首先应当存在于心中，存在于审美创作主体的血液中；首先应当是感情、本能，然后才是有意识的思想。

当人们接触到美的事物时，往往无需经过认真的思考、逻辑的推理或理论的论证，就能一下子直接感受到事物的美。美感之所以具有这种直觉性，一方面是因为审美对象总是具体可感的；另一方面是因为人们的审美经历总能在大脑中留下记忆，将审美经验储存起来，长期的审美习惯还可以形成条件反射，这样当美的信息一传入人的大脑，马上就能唤起审美记忆，加上审美条件反射，美感就产生了。美感的直觉性并非意味着美感中没有丝毫理性的东西，实际上美感是以感性形式表现出来的感性认识与理性认识的统一。

（二）体验性

指美感是主体对客体的一种情感性的感受、体察与体悟。

在体验概念中，所说的体验并不是一种有意识的行为。体验首先是和生活、生命、经历连在一起的，当我们说一个人对某种生活有了体验的时候，并不意

① 克罗齐. 美学原理[M]. 朱光潜，译. 上海：上海世纪出版集团，2007：6.

味着他的体验是一种有意识的行为，也不意味着他是从外在、旁观的角度了解了或认知了这种生活，而是指他曾经亲身经历过这种生活，并且在生活的过程中有了一种比其他人更多的感受。在这种生活体验中，他对人生、对生命有了更多的理解和感悟，这种感悟是没有经历过此种生活的人无法体会到的。

美感具有强烈的主观体验性。当一个人处在审美情境中的时候，他对对象的感受和体验是深一层的，不是很普通的体验和感受所能领悟到的，尽管这种感受可能并不是正确的、真实的，但却是深刻的，有时是无法言说的。比如对于每个人来说，爱情生活都是美的，对爱情的体验就是一种审美生活体验。当一个人经历过了爱情生活的体验后，尤其是那种刻骨铭心的爱情体验，他对爱情的理解就比没有过此种经历的人要深刻得多。伽达默尔在对体验概念进行分析后就说，体验结构和审美特性的存在方式之间有一种“亲合势”。在伽达默尔看来，审美体验“楷模性”地表现了体验概念的内涵，“体验概念对于确定艺术的立足点来说也就成了决定性的东西。由此艺术作品就被理解为生命之完美的象征性再现，每一种体验似乎正在走向这种再现，因此艺术作品本身就被表明为审美经历的对象，于是便得出一个美学结论，所谓的体验艺术才是真正的艺术。[①]

（三）认识性

美感是一种在审美的维度下对事物的认识，这就是美感的认识性。如人感觉到了一块石头的坚硬和沉重，感觉到了海潮由远及近的声音和节奏。感觉是事物和人向人自身的一种直接显示，美感也是如此。作为一种身心现象，美感似乎是自明的，始终伴随人的身体和生命活动本身，这也是人们认识世界、把握世界的一种手段，所以美感也具有认识性。

美感的认识性有其独特的一面。一般的感觉本身就具有一定的认识功能，并将之限定为认识自身。这种认识性的感觉也就是对于事物本身样子的认识。比如看到一棵青松，根据自己的知识了解关于树的种类和名字就能判断是松树，甚至更加准确地定位这棵青松是我国松科的 10 属 84 种中的哪一属哪一种。这都是知识性的认识。一言以蔽之，一般的感觉认识只是想知道这是什么，但是美感的认识性不是这样的。看到青松，不管它叫什么名字，也不管它有什么用，只感到它形状挺立，枝干遒劲，绿绿油油，松香淡淡，清风徐来，松叶作响，宛若天籁……这就是美感的认识性。我们不必了解它的属与种，甚至可以不知道它是松树，但是通过事物投射给我们的这种美感，就可以从审美的角度认识

① 伽达默尔. 真理与方法[M]. 沈阳: 辽宁人民出版社, 1987: 100.

它。这就是美感的认识性。

【知识链接2–3】

日常感觉

我们认为，日常感觉在通常情况下并不是审美，日常感觉沉浸在自身的日常性当中。尽管审美感觉与日常感觉有着千丝万缕的联系，但它是一种特别的经验，它既突破日常感觉的局限性，又瓦解日常感觉的庸常性。……重复性、片面性和同质性构成了日常感觉的基本特性。日常感觉的重复性是片面、单一的重复，而其片面性在日复一日的重复中走向雷同。最能体现个体性情的感觉恰恰在其日常性中遮蔽了每一个体的独特性。

（彭富春. 美学[M]. 武汉：武汉大学出版社，2005：172.）

三、审美活动与日常生活

审美是指在美感活动中，审美主体用某种感性的形式，对客体的意蕴和审美活动的价值整体把握和领会。审美活动是人类重要的活动方式之一，它是审美经验的现实形态，也是人感性的实在活动。

在日常生活中，我们每个人都经常自觉或不自觉地从事审美活动，也不同程度地拥有一定的审美感受与体验。比如风和日丽的时节，眼前到处是娇红嫩绿，一派生机盎然的景象，我们不由自主地要融入这浓浓的春意中，并由衷地感受到一种身心的愉悦和满足；当阅读一部小说或欣赏一台戏剧的时候，我们会陪着角色人物领略生离死别的滋味，会随着英雄的受难而内心充满了紧张，会为主人公的幸福而感到宽慰等。以上境界不管是源于自然还是来自艺术，也不管你是自觉的还是不自觉的，从主客体关系角度看，都属于审美活动。

审美活动不仅是一种独立存在着的人类活动，而且它自身还具有十分显著的特征。根本上它是一种整体性的、以感知和体验为表现的内在生命活动和独特精神活动，它具有更为鲜明的主体性和更为充分的个性化特征。在审美活动中，主体不仅能全面地敞开自己的生命状态，而且尤为重要的是，审美活动能让人们在一种更加切实的境域中去真实地面对自己，在一种宁静的状态中去深刻地领悟人生的独特意义，并在一种更高的层次上和更加开阔的视野中，去完整地把握自己存在的种种可能性。

为了更清晰地理解审美活动，有必要解释日常生活这个概念。日常性是指

“每天发生的”，“通常习惯的”或“平凡的”、“普通的”生活境况。办公室里的白领和流水线上的操作工，尽管职业不同，工作殊异，但有一点是共同的，他们每天都遇到同样的事务。“日常生活是以个人的家庭、天然共同体等直接环境为基本寓所，旨在维持个体生存和再生产的日常消费活动、交往活动和观念活动的总称，它是一个以重复性思维和重复性实践为基本的存在方式，凭借传统、习惯、经验以及血缘和天然情感等文化因素而加以维系的、自在的、未分化的活动领域。”① 因此日常生活旨在维持个体生存和再生产，它包括个体的衣食住行、婚丧嫁娶等。

与之相比，审美活动则使人从平凡、琐屑的世界中超拔出来。这是因为审美活动具有开放性、可能性、超越性，是一种面向未来、富于创造性的活动。它不会安于日常生活的习惯性状态，它天然地具有一种对平庸现实的批判力量，它通过颠覆日常生活世界中那仿佛已经自动化的惰性链条，把人们移置到批判地审视生活的新的视点上。它揭开遮蔽在日常世界之上的温情脉脉的面纱，迫使人们勇敢地去面对挑战、凝视现实，它在打破平静生活的同时，也把生活的真正意义深深地嵌入人们的心灵。这正是人类不断超越自身本质追求的集中体现。

当理清了审美活动与日常生活的概念与关系后，我们可以从审美的角度对旅游本质进行再认识：旅游是一种主要以获得心理快感为目的的审美过程和自娱过程，其本质在于审美和愉悦，即旅游就是异地体验，是人们离开日常生活的地方而寻求某种体验的一种活动。

从旅游目的看，一个旅游者出游的目的决不是想通过旅游吃自己熟悉的饭菜，看自己熟悉的景观，按自己的习惯作息，而是想要以一种全新的生活态度去面对一个陌生的环境，体验自己从未接触过的生活内容和生活方式。也就是说，旅游者出游，首先不仅是为了去寻求优质服务的享受，更重要的是去寻找那种给自己的生命注入新活力，为自己的生活添加新色彩，为自己的观察寻找新角度，为自己的认知添加新内容的体验过程。因此一个成功的旅游项目，应该是让旅游者离开日常生活，接受跨文化与异域风情的洗涤，尽情享受休闲时光，并通过一系列感观刺激和心灵感受，获得精神成长和审美享受。

① 衣俊卿. 衣俊卿集[M]. 哈尔滨: 黑龙江教育出版社, 1995: 375.

第二节　审美存在

是审美客体或审美属性的系统存在。它不是指某种个体的存在，也不是指一般人化自然后的社会性个体存在，而是指那些人化了的具有审美属性的那部分客体系统存在。因而也可以说，审美存在是人类社会、自然等领域中具有审美属性的客体系统的总和。从哲学角度分析，可以把审美客体系统分为自然美、艺术美，以及作为相对独立的形式美等。

一、自然美

是自然事物的美，是自然事物所具有的审美属性，即审美价值形式，是自然界的审美存在。日月星辰、江河湖海、高山峻岭、森林田野、草木鱼虫等自然事物或自然现象所显现的美都属于自然美。

（一）自然美的形态

在人类审美实践的范围内，有多少类自然事物、自然景观，就有多少种自然美的形态。从人的实践活动与自然界的关系上来划分，自然美主要可以分为三类。

未经人类加工改造的自然美　这是天然的、原始形态的自然美。如日月星辰、雷电雨雪、江河湖海、野生动物、原始森林等，这些自然美虽然没有直接打上人类意志的烙印，但也在人类社会实践的基础上，为人类所认识，成为人们精神活动的对象。

经过人类生产劳动加工改造的自然美　这类自然物和自然景观是人类依据自然发展变化的规律，通过生产劳动适当加工或创造出的自然美，人能够在其中“直观自身”，获得审美愉悦。如人造防护林带、人工饲养的兽禽、麦浪滚滚的田野、碧波荡漾的水库等。这种自然美深深地打上了人的印记。

经过人类艺术劳动加工改造的自然美　这类自然物和自然景观是人们为了满足精神需要和审美享受，对其进行艺术化的加工、改造，使之更集中、更典型而呈现出的自然美。如姿态各异的盆景、匠心独具的园林、整修一新的山水等。这种自然美已经融入了人文美、艺术美，但作为主体的仍是自然事物、自然景观。

（二）自然美的特性

自然性 自然美贵在自然，是依赖于自然事物天造地设、自然而然生成的自然属性和感性形式特点所呈现的美的状态，是真正意义上的最自然的美的特性。

自然事物之所以称为美，离不开自然事物的自然属性和感性形式特点。在大多数情况下，自然美的内容显得模糊、隐约，而其外在的色彩、声音、形状等形式则清晰、鲜明，这种自然物的形式美给予审美感官十分突出的印象。如癞蛤蟆对庄稼有益，但因其外貌丑陋而令人生厌；蝴蝶的幼虫对农作物危害很大，但其外表的美丽又常常引起人们对它的喜爱。因此自然物的某些自然属性——感性形式，无论是物理的、化学的，还是生物的，都是构成其特定的美的物质条件。所谓泰山天下雄、峨嵋天下秀、华山天下险、青城天下幽、黄山天下奇，均是因为有了各自独特的形式而引起主体的美感。“上有天堂，下有苏杭”、“桂林山水甲天下，阳朔山水甲桂林”等景观，亦无不展示着各自的美。

多样性 指自然美受多种因素的制约所显示出的美的形态，具有多角度、多层次、多侧面、多变化的特性，它包括以下三层含义。

首先，自然事物属性和感性形式的多样性。松树的四季常青，不畏风雨严寒，能顽强地在山间石隙中生长，挺立南山千百年；竹子的干直有节，挺拔向上，中空虚心，四时青翠，袅娜多姿，严寒不凋，素而不俗；蝴蝶绝妙对称的形状，绚丽多姿的色彩，无与伦比的花纹图案，美妙轻盈的飞翔姿态等。这些自然属性和感性形式特点，不仅往往处于动态变化之中，而且与其他事物有着多种多样的几乎无限的组合关系。

其次，自然事物属性和特征的多样性来自人评价的多样性。自然事物的美丑二重性，是自然美多面性与人及社会生活联系的多面性的重要表现，即自然事物本身的属性。如外形与内质，内质本身的不同方面在人看来是矛盾的，人们在欣赏自然美时，对同一自然物的美丑产生截然相反乃至根本对立的审美评价。在看到美丽的蝴蝶和蝴蝶群集的奇观时，有谁想到蝴蝶是害虫呢？有谁又想到它的幼虫对农作物具有极大的危害性呢？杜甫的“留连戏蝶时时舞，自在娇莺恰恰啼”诗句，生物学家恐怕就很难写得出来。

最后，自然事物具有变异性或多变性。这也是自然美的多样性的重要表现。范仲淹的《岳阳楼记》描写了不同时间在同一个岳阳楼上观看同一个洞庭湖而湖光山色大相径庭的情形。同样是洞庭湖，霪雨霏霏之日，“阴风怒号，浊浪排空；日星隐耀，山岳潜形；商旅不行，墙倾楫摧；薄暮冥冥，虎啸猿啼”的景色何等壮观。而到春和景明之时，“波澜不惊，上下天光，一碧万顷；沙鸥翔集，锦鳞游泳，岸芷汀兰，郁郁青青”的风光又是多么旖旎。在不同时空条件下，它们的自然状貌大相径庭，因此形成自然美的变异性或多变性，产生出姿态万千、奇幻无穷的自然美。

形式性 指形式或形式美在自然美中占有主要地位，自然美主要以形式取胜的特性。

自然美的形式具体清晰，鲜明生动。欣赏自然美时，往往被自然物的形式所吸引，而较多地把注意力集中在形式方面的色彩、声音、线条、形状、材质以及形式结构上的均衡、对称、和谐、多样统一等方面，集中在它形式风格上的雄伟、秀丽、险峻、奇特、幽深等种种特点。尽管很难说出自然物的材质、色彩、形状、声音具体表达了什么内容，但大自然生机蓬勃，气象万千，以它鲜艳的色彩、悦耳的声响、生机盎然的形姿等形态特征，显示出自己的美，给予人们鲜明深刻的印象，直接唤起人们强烈的美感。如青山绿水、碧海蓝天、红日彩霞、紫岩白石，自然界常以这些色泽的美取悦于人。大自然中的同一种色彩，在不同的情况下还会变幻出许多奇妙的颜色。在树林这片色彩的海洋中，松树、黄杨呈墨绿色，梨树、胡桃显黄绿色，栗树、橡树绿转深黄，杨柳、橄榄树绿中泛白，枫树绿中转红。它们若是在阳光照射下，又能染上深浅不同的新色彩。自然物以光、色、形、声等形式属性组成丰富多彩的自然美来打动人心。

象征性 指自然物往往与人及社会生活异质同构，具有相近相似的某些特征，可经人的意识形态（思想感情）的作用，即通过联想想象，使人想起人或社会生活，从而具有审美价值，成为人及人的生活的比拟或象征的特性。

自然美是自然对人的一种以情感为核心的意识形态属性和价值。而把自然同人及生活联系起来，比拟（寓意）或象征人及生活，由自然物的形体、色彩、声响等感性形式特点直观联想到人的某种精神、品格、个性、情感、理想及生活的方方面面，获得美的享受，是这种属性和价值的核心。在所有原始形态的自然物中，无论是山岭河流、花木鸟兽，还是云雾雨雪、日月星辰，都普遍地存在着可以象征人的某种品格或生活的东西。如黄河源远流长，自古以来中华民族就在这一带休养生息，繁衍后代，尤其是它那波涛滚滚、一往无前的气势，就像中华民族勇猛、顽强的性格，历来就被人们热爱、歌颂，被视为崇高的美。在中国人的心目中，黄河便成了中华民族的象征。这种象征意义的获得，是人们通过想象的因素，把黄河当成中华民族的摇篮和民族性格表征的结果。

二、艺术美

广义的艺术指各种技艺，即指人们在完成物质生产、社会活动、精神领域里的任务时所表现出来的高超、熟练的技能、技法和技巧，这是艺术古老内涵的延续和扩展。按照这种界定，精妙的外科手术、高超的球技，与音乐、绘画等一样都具有艺术性质。狭义的艺术仅指精神文化中的艺术创作，即音乐、舞蹈、绘画、雕塑、文学、戏剧、电影以及书法、摄影等。它们都是直接脱离了功利而需要专门满足人们的审美需要的精神产品，因此艺术美通常是指通过精神形态表现出的艺术产品的美。

（一）艺术美的形式

艺术美是艺术的一种重要特征，其内容丰富多彩，大体上可从以下三个方面分类。

听觉艺术 是指用人的耳朵去感受的艺术。主要指音乐、朗读等。由一定的节奏和旋律作用于人耳，引发人们感情上的共鸣，从而去完成表现社会内容的任务。

视觉艺术 是指用人的眼睛去感受的艺术。视觉艺术的范围比较广泛，如舞蹈、绘画、雕塑、建筑、书法、印章等，它的特点是以物体的线条和色彩构成直观艺术形象，使审美者一下子获得具体而鲜明的形象。它以生动的自然美和社会美的形象作为艺术创作的素材，表现人们的思想感情，直接或间接地反映丰富的社会生活。

综合艺术 是指综合运用各种艺术材料和手段来塑造艺术形象的一门艺术，主要指戏剧与电影等。戏剧、电影艺术融听觉、视觉艺术于一炉，具有语言、音乐、美术、舞蹈等各种艺术因素。

（二）艺术美的形式与内容

艺术是一种特殊的形式美，是形式美和内容美的完美统一。

首先，任何艺术作品都有形式和内容两个必不可少的因素。形式是外在的，内容是内在的。面对一件作品，我们首先接触到的是直接呈现给感官的外在物质形式，然后领会这种物质形式所指引出来的内在意蕴。但作为艺术创造的结果，每件作品都是一定的形式和内容的结合。

其次，艺术形式的创造需要一定的物质材料，比如绘画用线条色彩，音乐用旋律音调，舞蹈用形体动作，文学用语言文字。但是物质材料本身还不是艺术形式，只有把物质材料按照美的规律加以改造，结合为整体，使它具有表现力，物质材料才能转化为艺术形式。

最后，艺术美是形式美与内容美的统一，体现在艺术是一种有意味的形式。20 世纪英国美学家克莱夫·贝尔认为，艺术的本质在于“有意味的形式”。所谓“形式”，就视觉艺术而言，指由线条和色彩以某种特定方式排列组合起来的纯粹的关系，它把通过形式组成的画面所具有的指示、意义、记录的信息、传达的思想，以及教化作用等现实生活的内容全部排除在外；所谓“意味”，贝尔认为乃是这种纯形式背后表现或隐藏着的艺术家独特的审美情感，审美情感是“意味”的唯一来源。艺术就是艺术家创造的、能激发观赏者审美情感的纯形式，是美的结构，也即“有意味的形式”。

（三）艺术美的特性

集中性 自然物的美一般是分散的，艺术品的美则具有集中性。我国的长江绵延数千里，两岸有许多胜景，张大千先生的巨制《万里长江图》西起四川泯江，东至黄浦江入海口，中经富饶的天府之国、险峻的三峡、平阔的荆楚，把洞庭湖、鄱阳湖、庐山、石头城等尽收眼底，这幅长卷高度集中了万里长江的著名景点，无处不美。

永久性 自然物的美是易逝的，而艺术品的美则具有永久性。据歌德的观察，德国女性一生中最美的阶段只是十五六岁的几个月时间，随着年龄增长美在逐渐失去。这无疑像植物的花朵，在含苞待放的一刹那是最美的，怒放之后便逐渐枯萎。而艺术品可以让一个“人”青春永驻，米洛岛的维纳斯、米开朗基罗雕塑的大卫永远是那样朝气蓬勃。

内容与形式的高度统一性 社会美和自然美也追求内容与形式的统一，但社会美偏重于内容，自然美偏重于形式，而艺术美则是深刻的思想内涵与完美的艺术形式的高度统一。艺术美的魅力首先直接来自于艺术形式，但艺术的形式美最根本的力量还在于生动鲜明地体现了深刻的内容。罗丹就指出：“一幅素描或色彩的总体，要表明一种意义，没有这种意义，便一无美处。”这即是杜夫海纳所称的“意义内在于形式”。

【知识链接 2-4】

美与艺术

一般意义上的“美”与“艺术”，并不是也不可能是两个同等的概念。当我们说某件东西“美”，说某个姑娘漂亮时，这并不意味着我们在说这件东西和这位姑娘是艺术品；人们可以尽情地赞颂黄山之美，却也可以同时肯定黄山不是艺术创造的产物。反过来也一样，被我们肯定为艺术品的东西，并不一定就是美的，美与艺术各有自己的界定，它们绝不是可以互换的概念。

（傅谨. 感性美学[M]. 长春：东北师范大学出版社，1997.）

三、形式美

（一）形式美的含义

审美客体的形式可分为内在形式和外在形式。内在形式主要指其内在结构、组织以及各要素之间的联系等；外在形式主要是指其内在形式的感性外观形态。形式美是美的外在形式的净化和提升，是一个相对独立的审美存在系统，是指构成事物外形的物质材料的自然属性及其组合规律与主体审美心理相统一的审美特征。物质材料的自然属性，形、色、光、声、质等感性材料的抽象形式及其组合规律具有某种情致意味，能引起人的美感，这些都是形式美的外在显现。

形式美和美的形式是不同概念。美的形式指表现了具体内容的具有形式美的形式。体现形式美的抽象形式是相对独立的审美对象，它体现的情致意味着具有概括性和普遍性；美的形式不是独立的审美对象，总是与一定的社会生活内容相互联系，它体现的意义、意味是特定的、具体的。

（二）形式美的表现形态

形式美最基本的表现形态是色、线、形、音，且一般作为现实形象或艺术形象的形式因素而存在。但它们往往又有独立的审美属性，人们仅从这些因素本身就能感到美，色彩美是人皆承认的，色彩的现实表现是极为丰富的，一般都能给人以美感。色彩也是显现形式审美特性的抽象形式。如红色常被称为暖色。初升的太阳，闪动的火苗，艳丽的石榴花都具有这种颜色。当它离开具体事物而成为一种抽象形式时，也具有一定的情致意味。在自然界里，飞雪的白、翠竹的绿、柠檬的黄，各种色彩无不令人喜悦。

就线而言，无论是直线、曲线、斜引线，并不具体标志某一实物的形状，而只是一些物体形状的抽象。这种抽象的形式在人们的意念中可以独立存在，其存在形式就是“线”。它具有某种抽象的情致意味，例如竖直线具有刚强、挺拔意味；横直线有平实、坦荡意味；斜线显现出倾倒、偏转意味；折线显现为生硬、锋芒毕露的势态；曲线显示出流动变化的情致；螺旋线表现封闭、拘谨的情态。等腰三角形显现为安定、稳实；不等腰三角形显示出静中有动；圆形显现为柔和自如。

声音的美，人人都能感受到。松涛的呼啸，流泉淙淙，天籁人语，凡是悦耳之声皆有审美价值，这种自然声响经过提炼加工形成韵律，就更加动人，单纯的音乐虽然不是完整的音乐形象，但听了令人畅神，其中之美也不可抹煞。声音的高低、强弱、快慢、纯与不纯，都可能显示出某种意味……一般说来，高音意味高亢激昂，低音意味凝重深沉，强音意味振奋，轻音意味柔和，急促的声音意味急骤，缓慢的声音意味舒缓，纯正的声音悦耳动听，令人愉快，不纯的声音就“呕哑嘲哳难为听”了。

（三）形式美的规律

任何有形物质的构成材料，都必须按照一定的规律组合起来，才会具有一定的审美特性，而杂乱无章则不美。这个规律，就是形式规律，即构成形式美的物质材料的组合规律，也就是色彩、线条、形状、声音这些感性材料的组合规律，而它们也像任何事物一样，包含着质、量、度的关系。因此可以按照质、量、度的关系分析形式美的形式规律。

整齐一律　亦称单纯同一、齐一律，是最简单的一种形式美的规律，它的特点是没有差异与对立的一致和反复。如色彩、声音、线条、形状的一致和反复，比如一片蔚蓝的天空，一片碧绿的湖水，仪仗队整齐的步伐和动作等。这些都能体现出单纯、整齐的美，也能给人一种节奏和秩序的审美感受。当然单纯的整齐划一，也显得呆板、单调。所以应该在整齐中引入变化。

对称均衡　是比整齐一律稍微复杂的形式美规律，它的特点是既有一致重复的一面，又有差异的不一致的一面，但它们在差异中仍保持着一致。对称是指一件事物左右两侧虽有差异但大体均等或相应。如人的两耳、两眼、两手、两足，虽有方向、位置上的差异，但它们是对称的。平衡（均衡）是指左右两侧的形体不必等同，但在量上却要大体相当，如用杆秤称量一件体积大的物品，其秤砣却小于被称的物品，但由于杠杆作用的原理，把秤砣放在一定的位置，称量的物品和秤砣在量上却是相当的，所以是平衡的。对称给人以安宁、稳定的审美感受，而均衡则给人在安定中又具有一定自由、灵活的愉悦感受。

调和对比　是指事物的差异和对立的统一。调和是事物的差异中的统一，对比是事物统一中的差异。如一幅画中在以直线构成的方形或长方形建筑中，出现一位打着圆伞的少女，这方形和圆形就形成鲜明的对比，而它们又统一在这个画面中。而在一幅表现大海的画面中，海水的绿，天空的蓝和云朵的白，虽有差异，但在色调上又趋于协调和统一。调和给人以融和、协调的愉悦；对比则给人以鲜明、醒目、振奋、活跃的审美感受。

多样统一　又称和谐。它是形式美最高级的形式法则，包含了上述诸条形式美的规律，是整齐一律、对称均衡、调和对比等诸形式的对立统一。多样统一是客观事物本身所具有的特性。事物本身的形具有大小、方圆、高低、长短、曲直、正斜；质具有刚柔、粗细、强弱、润燥、轻重；势具有疾徐、动静、聚散、抑扬、进退、升沉的不同表现。这些对立的因素统一在具体的事物上面，构成了和谐。如戏剧脸谱中的破脸，服装设计上的左右不对称等。多样统一法则的形成是和人类自由创造内容的日益丰富相联系的，人们在创造一种复杂的产品时要求把多种因素有机组合在一起，既不杂乱，又不单调。多样统一使人感到既丰富又单纯；既活泼又有秩序。

人类在长期实践，特别是审美实践中创造出各种不同样式的形式美，并积累了越来越丰富的经验。以上规律大致概括和总结了构成形式美的一般规律，相信随着人类实践的不断推进，将不断发现和总结新的形式规律。

第三节 审美形态

是人在审美实践活动中所创造的境界的感性表现形式与存在状态，及其在逻辑上的归类和总结。不同的审美形态是人类在审美实践活动的不同层次上，体现出的人对自由的追求以及人的自由的存在方式。审美作为特殊的人生实践活动，具有极大的丰富性和多样性，从一定的意义上讲，人生有多么丰富多样，审美形态就有多么纷繁复杂。

一、优美与崇高

优美与崇高是西方美学史上出现最早的两个审美形态，也是我们接触最多的两种审美形态。

（一）优美

即人们通常所说的狭义美，是真正意义上的美。优美又称秀美、纤丽美、阴柔美、典雅美等。它是主客体相统一、内容和形式相协调所表现出的一种宁静和谐的美。平时我们所说的美，在大部分情形下指的是优美。就一般意义而言，优美有以下三个突出特征。

1. 侧重于表现一种细小轻柔的静态美

在感性形式上，优美所表现出来的温柔纤细、秀美绮丽、含蓄婉约、典雅宁静、小巧玲珑、精致圆润、轻盈微妙、舒缓细腻和渐次平和的流动变化，都是一种静态式的美。自然界的美，侧重于优美的形式，以其天然的完美、和谐作用于主体的感官，并以这种和谐形式营造优美的浓郁氛围以及情景交融的境界，使主体获得安静恬美的心理感受；社会领域的优美，侧重于优美的内容，它体现着真与善的和谐与统一，其主要审美对象是人，是一种秀丽端庄俏媚的外在美，与人格精神情感的内在美的和谐统一。温文尔雅、文质彬彬是优美人物的典型表现，并在协调均衡中表现出静态的美。

2. 展示的是主客体之间、内容和形式之间平衡统一的和谐美

这里的和谐是指事物各结构因素间相辅相成，结构的各因素之间不能彼此凌越、干扰甚至否定。优美展示了主体与客体、内容和形式在实践中经过矛盾斗争所达到的平衡统一状态。首先，优美是建立在人与客体世界最终的和谐共存关系中。其次，就整体而言，优美对象是内外关系的和谐，是外观形式与美的内容的相互协调，以及个体形态与普遍内容完美有机的结合。因此优美的事物在内容与形式的关系上，总是互为表里、和谐完美地展示着美的形式的自由本质，从而达到交融无间、浑然一体、和谐统一。炊烟袅袅，杨柳依依，晚霞余晖，悠扬哀婉的小夜曲，清丽淡雅的风景画等，体现的都是一种真与善和谐统一的自由形式，表现了优美的各个方面，它是优美根本的、共同的审美特征。优美的本质在于人与世界的和谐共存，是人对这种和谐状态的情感肯定。

3. 引发的是心旷神怡、温柔轻快的愉悦感

主体欣赏优美的对象时，心理是放松的，而爱的情感正是由心理的松弛引发的。美学家博克认为：“美通过松弛全身的实体起作用。人们都会有这种松弛的外貌，我认为略低于自然状态的松弛似乎是一切确定的快乐形成的原因……呈现在感官美的物体通过引起肉体的松弛在心灵中产生爱的情感。” 这种无所依赖，高度松弛，感受快乐的心理，实质上展示的是人在欣赏优美对象时超越了实用、功利目的的自由心态，最符合人的审美心理需求。

【知识链接 2–5】

美与丑

丑在美学中具有重要的地位。首先，它是美的对立物，没有丑就没有美，反过来也一样。其次，美与丑是相对的。正如苏格拉底所说：“对饥渴来说是好的东西，对热病来说却常常是坏的东西。在赛跑中是美的东西，在拳击中却是丑的东西。”这就是说，美与丑其实也没有绝对的界限，它们的区分只能在一定条件下。美与丑也是互相渗透的，美中有丑，丑中有美。美中有丑不一定减损美，有时反而增加美的魅力。

（陈望衡. 当代美学原理[M]. 武汉：武汉大学出版社，2007：210.）

（二）崇高

它是指物质形式和精神品质二者兼有的伟大、出众的现象，是主客体矛盾、内容突破形式表现出来的一种不和谐的冲突美。崇高感的获得往往指对象粗犷、博大的感性形态，劲健的物质和精神力量，雄伟的气势，给人以心灵的震撼，使人感到惊心动魄、心潮澎湃，进而受到强烈的鼓舞和激励，产生敬仰和赞叹情怀，从而提升和扩大人的精神境界。

1. 崇高的两个阶段

最初阶段 人在观赏崇高对象时，面对强大险峻的感性形式，令人望而生畏，深感自身的微弱渺小与无能为力，人的理想和追求经受着巨大的失败，外在形式压倒了人。

高级阶段 在第一阶段消极的情感中，人内心深处的压抑、痛楚之情，在崇高客体的伟岸、高深等特性的强烈刺激下，即刻转化成对心灵的莫大震动，内心奔腾着战胜一切的激情、信心和勇气，从而激发其内在本质的巨大潜能，产生一种去战胜强大、征服邪恶、力争胜利与成功的心理上的优越感和精神上的自豪感。这样恐惧变成了愉悦，惊叹化为了振奋，自卑转为了超越，痛感转化成快感，使主体在争取真、善、统一的严峻冲突过程中，获得一种向上、激动不已、矛盾的愉悦。

2. 崇高的类型

自然界中的崇高 表现为自然事物的巨大体积、力量以及粗犷不羁的形式等。如汹涌的波涛，直泻而下的瀑布，奔腾的长江，咆哮的黄河，无边无际的大海，黑暗朦胧的夜空，高耸入云的山峰，陡峭的悬崖等，它们都具有崇高对象的自然特点。人类在自然事物中能够反观自身的伟大，才能对自然事物产生崇高感。有时某些自然特征与人的某些崇高品质具有相似性，也会使人产生崇高感。

社会生活中的崇高 更多地带有伦理内涵，给人以更大的伦理上的审美愉悦，显示出真与假、善与恶、美与丑对抗斗争的深刻过程。在这一领域，崇高表现在两个方面：一是人类在与自然进行斗争中所表现出的征服自然、改造自然的巨大智慧和力量，能够使人感到自豪，产生崇高感；二是人类在同自身存在的不良品质进行斗争中表现出的战胜丑恶现象、保持和发扬良好品质的坚强毅力和顽强意志，能够使人产生敬佩、尊重之情，产生崇高感。前者是人在创造物质文明方面体现的崇高，后者是人在创造精神文明方面体现的崇高。

艺术世界中的崇高 艺术崇高是现实生活中崇高的能动反映。在美学史上，席勒、谢林和黑格尔着重讨论了艺术中的崇高问题。艺术中的崇高不可能完全再现自然界中巨大的体积和现实的力量，所以它的内容和主题多取材或侧重于严重的社会冲突、高尚的道德品质等。在音乐中追求不和谐音，在绘画上用灰暗色调点染，在书法中力求稚拙、不稳定，在雕塑上运用粗糙手法等，这些都是对自然崇高的本质神韵的一种追求。在艺术作品中，艺术家通过突出自然事物的崇高特征，使自然领域的崇高得到更为鲜明、生动的体现；通过塑造典型环境中的典型人物使社会生活中的崇高与日俱增，具有历史真实性、感染力。崇高的艺术作品是我们经常欣赏的艺术对象，它具有极大的感染力和净化作用。

【知识链接 2–6】

崇高与壮美

在中国古典美学中，与崇高相近的词是“壮美”，即“阳刚之美”。中国古典美学史上没有“崇高”这个词，而是把崇高称作“大”、“大美”和“阳刚之美”、“壮美”。崇高的特点主要表现为美处于主客体的矛盾激化中，具有一种压倒一切的力量和强劲的气势。在形式上表现为粗犷激荡、刚健、雄伟的特征。从美感来看，它给人以惊心动魄、激奋昂扬的审美感受。从根本上说，崇高（壮美）体现了实践的主体与客体处于激烈矛盾状态下所显示的伟大精神和力量。

二、悲剧与喜剧

悲剧和喜剧是按照艺术对象矛盾冲突的性质及其所产生的不同美感效果来划分的一对审美范畴。鲁迅在《再论雷峰塔的倒掉》一文中曾作过这样的概括：“悲剧将人生的有价值的东西毁灭给人看，喜剧将那无价值的撕破给人看。”

（一）悲剧

作为美学范畴或美的特殊表现形态的悲剧亦可称为悲、悲剧性或悲剧美。狭义上的悲剧是指戏剧中的一种。审美范畴的悲剧与作为戏剧类型之一的悲剧的范围有所不同，它既可存在于戏剧中，又可广泛地存在于各类艺术乃至现实和历史的社会生活中。现实生活中的悲剧很难采取审美观赏的态度，只有反映形态的悲剧艺术才能作为审美对象。美学中对悲剧范畴的研究，实际上是以艺术中的悲剧为主要对象。悲剧与日常所说的悲惨、悲哀或偶然性的天灾人祸所造成的不幸也不相同，后者只有在显示出人格的伟大和高尚时才具有美学意义。

由于悲剧题材不同，类型各异，因此悲剧的类型划分也多种多样，一般可以把悲剧划分为以下四种类型。

命运悲剧　这种划分在西方比较流行。命运悲剧也称英雄悲剧，以古希腊时期描写主人公与命运抗争，最终仍摆脱不了命运之神的左右而导致的悲剧为主。

性格悲剧 主要指文艺复兴时期表现人物性格冲突的悲剧，如《哈姆雷特》等。以文艺复兴时期莎士比亚的戏剧为代表，表现的是由于性格的弱点而造成的悲剧冲突。

社会悲剧 主要指19世纪以来反映社会问题的悲剧，一般是指由旧社会、旧制度造成的普通善良的人的不幸和苦难，如《娜拉》等。

英雄悲剧 也是古希腊悲剧中一种类型，常常根据剧中的一个主要人物的名字命名。英雄悲剧非常重视男主人公的地位和作用。因为男性比较容易展现刚毅而又悲戚的剧情，而英雄人物的悲剧更能打动人心，即使是女性为主角的也必须具有男性气质。最著名的英雄悲剧是埃斯库罗斯创作的《被缚的普罗米修斯》。

（二）喜剧

作为美学范畴的喜剧亦可称为喜、喜剧性或滑稽。狭义的喜剧是指戏剧的一种类型，是滑稽最集中的表现形态。广义的喜剧是与悲剧相对的一种美的独特表现形态，泛指社会生活中和各种艺术形式中一切悖荒谬、滑稽可笑的事物。当它与崇高相对时则被称为滑稽。以笑为标志的喜剧性，与以哭为标志的悲剧性一样，是人类生活和艺术中的重要范畴，笑和哭、悲和喜，反映了人类多重生理需要和心理需要。

人类的笑如同哭一样有多种形式，因此喜剧性也有多重表现形态。有生活的喜剧，歌颂幸福愉快的生活，或以喜剧性的形式让人感受到生活的乐趣；有讽刺性的喜剧，揭露和鞭挞生活中的虚假和做作；有滑稽和幽默，通过轻松的微笑，消除生活中的误会，否定令人不愉快的事。

在成功的喜剧艺术中，最能使观众发笑的地方，也常常是反映生活本质最深刻的地方。西方美学一般把喜剧分为滑稽、讽刺、幽默、机智、荒诞、诙谐等类型，有的还加上揶揄、反讽等。也有人用滑稽指喜剧，这样就可划分为各种不同的滑稽，如主观的滑稽、客观的滑稽、绝对的滑稽等。另外，还有根据作者对丑角的态度，把喜剧分为肯定性喜剧和否定性喜剧两种类型。肯定性喜剧，即外在形式是笨拙、可笑的，却以丑的形式肯定其美好、正义的本质内容，是对喜剧对象内在美的一种颂扬，审美主体的笑声是对丑角的喜爱。否定性喜剧，即内在本质是丑恶、卑劣的，并已失去存在的根据，却以强扮自诩的美的形式来掩盖内在虚弱的本质，人们以笑来讽刺和嘲弄丑，显示人们对美善的胜利与自豪感，间接、积极地肯定人的本质力量。

喜剧与悲剧的共同点在于，它们体现的都是主体与客体之间、真与善之间、形式与内容之间激烈的矛盾冲突。亚里士多德说悲剧摹仿好人，喜剧摹仿坏人。

悲剧通过美善的毁灭肯定美善，通过“罪恶的胜利”揭露罪恶；喜剧则通过丑的自我暴露揭露丑，通过揭露丑肯定美善的胜利。两者都以“揭露”为基本手段，但悲剧对恶的揭露与控诉相结合，喜剧对丑的揭露则是与嘲讽和笑相结合。

三、荒诞

（一）荒诞的含义

荒诞是一个现代的审美范畴，就像崇高是一个近代的审美范畴一样。虽然早在希腊的喜剧、但丁的《神曲》、莎士比亚的作品以及荷兰画家博斯（H Bosch，1460—1516）等作品中就出现了荒诞因素，但只有到了现代文学艺术中它才以一个独立的审美范畴出现。在现代的神学、哲学和艺术领域中，“荒诞”一词已经获得了广泛而多样的含义，表达传统价值观念难以满足人们精神和感情方面的需求。

荒诞表现的是与人的趋美本能和美好理想完全相反的宇宙人生的荒诞性。悲剧、崇高都是建立在理性和规律之上的，而荒诞是对理性和规律否定后的产物。因为没有了理性和规律，也没有标准，因而荒诞中没有崇高的心灵，没有悲剧英雄，而只有荒诞世界中的荒诞的人。荒诞主要由弱美与丑复合而成。荒诞的主角仍然是丑，无秩序是其感性外观的丑，无意义是其内涵意蕴的丑，形式与内容均与理想相悖离。荒诞的弱美成份也是很显然的，它特别表现于无家可归的苦闷和对人生的绝望。

（二）荒诞的特征

无秩序　在意识流小说中，时间的秩序被废弃，过去、现在、未来交织在一起，并且摆脱了因果逻辑的制约。如普鲁斯特的《追忆似水年华》，着重展示人物内心世界，描述的生活故事没有连贯性，没有高潮与结局。而在毕加索的立体主义画作中，空间秩序也被打破，三度空间被按压成两度的平面，有意或无意地造成多种图像混乱的杂陈。时间和空间是事物的存在形式，破坏时空秩序即破坏事物的自然形式，在现代派艺术家看来，只有这样才能体现人的真实生命形式。

无意义　世界是虚无的，人生是荒谬的，这样就没有了理想，没有了参照物。于是无所谓美与丑，无所谓善和恶，一切都有存在的理由，一切都无价值的品位。福克纳在《喧哗与骚动》中引莎剧麦克白的台词表达自己的创作动机：“生命是一个故事，由白痴道来，充满喧嚣与骚动，毫无意义。”法国艺术家杜尚组织布置了巴黎国际超现实主义展览，煤袋悬挂在天花板上，败叶和衰草覆盖着环绕池塘的地面，展馆入口处立着达利的《雨中的士》：一辆长满长青藤的废汽车，里面有司机和一个歇斯底里的女乘客的傀儡像，上面淋着水，并爬满了活蜗牛。主厅悬挂或堆放着“作品”，其中之一是从小号伸出脚和用女人手为唱针的留声机……

多暗喻　现代派艺术家摆出一些奇奇怪怪、朦朦胧胧、不可理解的事实，自己一般不作直接评价，让观众去体会人生的荒谬和世界的不可理解。尤奈斯库发表的《犀牛》，讲述如此怪诞的故事：一个小城突然出现了犀牛，然后越来越多，毁坏了房屋，占领了电台，异常猖獗。居民们竟积极向犀牛靠近乎，结果他们“头上起包，皮肤变绿，声音变粗”，也成了犀牛，包括社会名流、红衣主教等。最后剧中主人公贝兰吉的女朋友苔丝不能自持而投入了犀牛群，只剩下主人公一个人，他一度怀疑自己的神志不正常。看了这一戏剧，人们不禁联想到法西斯的横行，以及人们普遍丧失理智、甚至助纣为虐的历史情景，为人类理性的贫弱感到悲哀。

【知识链接 2-7】

崇高、丑、荒诞

崇高、丑、荒诞是近代美（和艺术）发展的三部曲。在狭义的崇高中，不平衡转化为平衡，对立斗争转化为和谐，压抑转化为解放的自由，所以它的对立是有限的。丑则把这种有限的对立继续向前裂变，以致推到相互排斥的极端。对立的极端化以及反和谐成为丑的根本特征。荒诞承接丑的极端对立而向前，它进一步发现对立的每一个因素。由崇高经丑向荒诞演进，是与自由工业社会、垄断工业社会向后工业社会的演变，与主客体的日趋极端对立和相互否定，与主体理性的高扬和感性主体的衰亡，以及与形而上学、否定辩证法向悖论思维的发展相适应的。

【思考题】

1. 美感与一般快感的区别是什么？
2. 为什么说旅游是人们离开日常生活的地方而寻求某种体验的一种活动？
3. 构成形式美的重要规律都有哪些？
4. 怎样理解自然美多样性的特点？
5. 崇高的类型有哪些？举例说明。
6. 查阅相关材料，谈谈荒诞对于西方文艺的影响。

第三章　山水景观审美

【学习目标】

- 了解山岳地貌景观类型
- 了解水体景观类型
- 掌握山岳地貌景观审美特征
- 掌握水体景观审美特征

【学习目标】

- 山岳景观形象美
- 山岳景观文化
- 水体景观文化

在我国旅游发展的过程中，作为人们普遍观赏的审美对象，山水首先进入人们的视域，成为人们心神向往的审美客体，并形成了由深远的历史积淀与广博的文化内容相结合的山水文化。清代著名画家石涛《画语录》的一番描述概括了山水的内涵：“山川，天地之形势也。风雨晦明，山川之气象也；疏密深远，山川之约径也；纵横吞吐，山川之节奏也；阴阳浓淡，山川之凝神也；水云聚散，山川之联属也；蹲跳向背，山川之行藏也。”可见山川、山水包括亭、阁、泉、石在内的广义的自然景观，是自然景观静态与动态、声音与色彩、人工与造化结合的综合体。

第一节　山岳地貌景观审美

本书所谈的山岳地貌景观是泛指地球内、外营力综合作用于地球的岩石圈而形成的各种现象与事物的总称。它既可以是地表高低起伏的地势，也可以是地表上峰峦叠嶂的群山，还可以是地下岩层中的岩洞与暗河。

一、山岳地貌景观类型

由于自然界的原因，引起地球表面形态发生变化的自然作用称为地质作用。地质景观是指地质作用所形成的遗迹，又称地质构造形迹。山岳地貌景观按其地质地貌成因，可分为花岗岩地貌景观、变质岩地貌景观、砂岩峰林地貌景观、丹霞地貌景观和岩溶山地景观、冰川地貌景观和火山熔岩地貌景观等几种主要类型。

（一）花岗岩地貌景观

花岗岩是地面上最常见的酸性侵入体。它质地坚硬，岩性较均一，垂直节理发育，多构成山地的核心，成为显著的隆起地形，在流水侵蚀和重力崩塌作用下，常形成挺拔险峻、峭壁耸立的雄奇景观。表层岩石球状风化显著，还可形成各种造型逼真的怪石，具有较高的观赏价值。

我国花岗岩山地分布广泛，许多名山几乎全部或大部分由花岗岩构成，其中有些已成为国家级风景名胜区和自然保护区。黄山的莲花峰、炼丹峰和天都峰三峰鼎立，九华山的观普峰也都是这种地貌景观的典型，并成为具有重要吸引力的旅游景观。还有诸如球形风化景观，著名的有海南的天涯海角、鹿回头、“南天一柱”，辽宁千山的“无根石”，安徽天柱山的“仙鼓峰”和黄山的“仙桃石”等。

（二）变质岩地貌景观

变质岩是由于岩浆岩、沉积岩所处的地质环境和理化条件的变化，使原来岩石的矿物成份和结构发生改变而形成的岩石。其种类很多，由于原有岩石的岩性及所受的变质程度的差异，变质岩的岩性差别很大，组成的山地风景的风格特色也不同。

我国由变质岩构成的名山很多，大江南北分布广泛。著名的如泰山、嵩山、庐山、五台山、苍山、武当山、梵净山等。泰山以山体高大雄伟著称，尤其是由古老的杂岩组成的南坡，主体是由古老的花岗闪长岩体变质而成。梵净山相对高差达 2 000 余米，出露于群峰之巅，巍峨壮观。在风化、侵蚀等外力作用下，形成了无数奇峰怪石，如鹰嘴岩、蘑菇岩、冰盆、“万卷书”等。苍山由石灰岩变质后的大理岩构成，山石如玉，山峰险峻，林木苍苍，犹如人间仙境。

（三）砂岩峰林地貌景观

特殊的地层岩性、高角度裂隙的发育、特殊构造地位、新构造运动的抬升等一系列因素促进了砂岩峰林地貌景观的形成。

湖南省西北部的武陵源风景区是我国独特的砂岩峰林地貌景观，共有 4 000

多处砂岩石峰，形成峰林、峰柱、方山、石林、峡谷、嶂谷、幽谷等奇特的砂岩峰林，集神、奇、秀、野等特色于一体，峭壁万仞，千姿百态，世所罕见。景区出露地层为质纯、坚硬的紫红色或灰白色石英岩。岩层平缓，东北与北面近于垂直的两组节理特别发育、集中，为塑造砂岩峰林地貌提供了良好条件。流水的侵蚀和重力崩塌，加之物理风化、化学风化和生物作用，造就了峰林、峰柱、方山、石林、峡谷、嶂谷、幽谷等奇特的砂岩峰林地貌景观。武陵原砂岩峰林景区山清水秀，奇峰异石妙趣横生，具有原始性、单一性、时间延续性和季节变换性的特点，纯属自然风光类型，相继被列为国家森林公园和世界级风景名胜区，并被载入《世界遗产名录》。

（四）丹霞地貌景观

丹霞地貌是指发育在中生代至第三纪的水平或缓倾斜的厚层而坚硬的红色粗、中粒碎屑岩系之上，在构造运动及间歇抬升的作用下，受流水侵蚀及崩塌后退等外力作用，形成顶平、坡陡的地貌形态。这种地貌具有奇、险、秀、美的丹崖赤壁及千姿百态的造型。丹霞地貌具有整体感强、线条明快质朴，体态浑厚稳重、丹山碧水、引人入胜的特点，因而有很高的游览和观赏价值，是我国重要的地质地貌旅游资源。较著名的有广东仁化丹霞山，桂北湘南的资江、八角寨，福建武夷山，浙江方岩，江西圭峰、龙虎山，安徽齐云山、甘肃麦积山、崆峒山，四川江油窦山，都江堰市青城山等。

据统计，我国主要丹霞地貌区风景类型有石寨、石墙、石梁、石崖、石柱、石峰、峰丛、一线天、嶂谷、峰林、水蚀溶洞、造型地貌、天然壁画等共 26 类。位于广西资源县与湖南省新宁县交界处的资新盆地，面积 310 平方千米，是我国已知的发育丹霞地貌最大的地区，也是目前正在开发的旅游区之一。现已开发了资江风景旅游区、八角寨风景旅游区、骐山风景旅游区及其周边区。这是中国丹霞地貌风景区中丰度和品位具有“大、多、长、密、厚”特质的最典型、最具代表性的和最优美的风景区。景区中丹霞风景类型（20 类）和风景点之多（250 个以上），也居全国主要丹霞风景区之首。资江漂流河段总长 43 千米，在全国丹霞地貌风景区中属最长。资新盆地丹霞地貌的红层堆积厚度最大，是全国丹霞地貌风景区在地史上升降差异幅度最大、最剧烈的红盆之一。

（五）岩溶洞穴景观

岩溶洞穴是一种重要的旅游资源。岩溶的分布主要取决于碳酸盐的分布。我国碳酸盐类岩石出露面积约 130 万平方千米，主要分布于广西、贵州和云南东部。此外，在鄂西、湘西、川东、山东、山西及浙江、河北、北京、辽宁等地也有分布。我国裸露型岩溶面积达 90.7 万平方千米。岩溶峰林神奇秀美，洞景迷人。我国岩溶景观以广西桂林、阳溯一带为代表，峰林形态多呈圆形或锥形；在翼部多呈单斜式。广西有“无山不洞”之称，如桂林七星岩，芦笛岩等；贵州有著名的黄果树石林和天星桥石林。

宜兴也多溶洞，现已探明的石灰岩溶洞有 80 多个，故称“洞天世界”。这些溶洞集“古、大、奇、 美”于一体，尤以洞龄 3 万多年的善卷洞最具特色，五光十色，自然典雅，神秘色彩、童话色彩浓郁，被誉为“海内奇观”，“万古灵迹”。分上、中、下、后四层，层层相连，洞洞相通，宛如地下宫殿。入口为中洞，中洞内有天然大石厅，洞口有 7 米高的巨形钟乳石笋“砥柱峰”兀立，石厅内石钟乳千姿百态，石厅两旁有一对形似青狮、白象巨石屹立，惟妙惟肖，形态逼真。上洞规模更大，洞形似螺壳，终年云雾弥漫，冬暖夏凉，气温始终保持 23℃，因而又称暖洞。环壁有奇石形成的荷花倒影、万古寒梅、绵羊、骏马、熊猫等景物，栩栩如生。石缝间细流潺潺，在地下形成水潭，顶部的石乳倒映在潭中，奇异天成。循石级盘旋而下，要穿过“风雷”、“波涛”、“金鼓”、“万马”四重石门。这里令人产生波涛远闻、风雷隐作、金鼓齐鸣、万马奔腾的奇异感觉。此处石乳滴成的奇幻景物更多，有翠绿的葡萄、橙黄的佛手、白嫩的鲜藕、振翅的白鹤，还有通天石松、梅花屏风等，千姿百态，美不胜收。

（六）火山熔岩地貌景观

我国的火山地质景观主要分布在东北北部山区、内蒙古高原、华北山地、长江下游、闽浙沿海、雷州半岛、海南岛、台湾、澎湖列岛及滇西等地。全国现有火山 1 060 座，仅东北地区就有 45 处，800 多座。其中黑龙江近代火山保存完好，许多火山具有旅游观赏价值。著名的五大连池、镜泊湖等，都是火山活动形成的典型熔岩地貌。镜泊湖是因火山熔岩堵塞牡丹江而形成的堰塞湖。附近熔岩流动留下了 6 个熔岩洞穴。五大连池更是以池、石、泉“三绝”和湖泊、冰洞、石海“三奇”而著称。五大连池由 14 座火山锥组成，其中老黑山和火烧山是我国最新、保存最完整的火山地貌景观。老黑山由熔岩和火山砂组成，中间火口呈漏斗状，深 140 米。火烧山属爆炸型喷发，山下保存了大面积最珍贵的喷气锥和熔岩流动形成的不同规模的台地。台地上有多种造型原始的熔岩流动构造，有的熔岩破碎后形成大面积石海，有的熔岩在沟谷流淌时形成多叉的熔洞，甚为奇特壮观。如仙女宫和白龙洞，最长可达 365 米。

二、山岳地貌景观审美

有山即有美，无处不风光。“五岳归来不看山，黄山归来不看岳”，世界上的山岳景观林林总总，千姿百态，不同的山岳形态，审美特征也迥然不同。山岳景观以雄、奇、险、幽、旷、野等形态美与姹紫嫣红的色彩美，以及蕴藏于静势之中的动态美而展示出丰富的审美特征。

（一）形象美

自然风景之美，总是以一定的形式和形象表现出来的，山岳景观也不例外。山岳既是各种基本形象的空间综合体，又具有独特的总体形象特征，如泰山雄、黄山奇、华山险、峨眉山秀、青城山幽等。山岳景观形象美的特征可以概括为雄美、奇美、险美、幽美、旷美、野美等。

1. 雄美

雄是指雄伟、雄浑，是一种壮观、壮美、崇高的形象。雄所引起的审美感受特征是赞叹、震惊、崇敬、愉悦。山岳景观的雄伟是指山岳形体巨大、气势磅礴。被赞为“泰山天下雄”的泰山，海拔1545米，为五岳之首，因其位于辽阔的齐鲁腹地，骤然突起，山势陡峭，以磅礴之势凌驾于齐鲁大地之上，具有通天拔地之势，壁立霄汉之态，因此给人高大雄浑之感。杜甫《望岳》云：“会当凌绝顶，一览众山小。”汉武帝游泰山赞其“高矣，极矣，大矣，特矣，壮矣”。形象地道出了泰山雄伟壮观的形象美特征。

2. 奇美

奇在于形象非同一般，变化多端，离奇怪异，出人意料。奇所引起的审美感受是令人好奇、惊喜、兴奋、兴味盎然、妙趣横生。以奇为美的景观首推黄山。黄山奇美源于奇峰、奇石、奇松、奇云。黄山奇峰72座，拔地极天，气势磅礴，雄姿灵秀；黄山奇石星罗棋布，竞相崛起，像喜鹊登梅、梦笔生花、松鼠跳天都、蓬莱三岛、丞相观棋、金龟探海等，形态可谓千奇百怪，惟妙惟肖，似人似物，似鸟似兽，情态各异，形象逼真。黄山奇松顽强地扎根于巨岩裂隙，干曲枝虬，千姿百态，或倚岸挺拔，或独立峰巅，或倒悬绝壁，或冠平如盖，或尖削似剑，忽悬、忽横、忽卧、忽起，“无树非松，无石不松，无松不奇”。黄山奇云似锦如缎，飘荡千山万壑，变幻无穷，烟云翻飞缥缈，波澜起伏，“如絮、如带、如帏，时隐时现，忽进忽退，回旋舒展，变化无穷”，素有“黄山云海”之称。此外，还有“奇秀东南”的武夷山、“天下奇秀”的雁荡山、“奇丽岭南”的桂林山水等也都具有奇美的特征。

3. 险美

险的特征往往表现为垂直、绝壁、千钧一发、万丈深渊、突兀嶙峋等形象特征。险所引起的审美感受是惊心动魄、心悸万分、心惊胆战，具有强烈的吸引力，可以引发好奇心和战胜欲望。西岳华山素有“华山天下险”之称。“自古华山一条路”，华山犹如天柱拔起，在秦岭山诸峰之中，四壁陡峭，几乎与地面成90°，主峰高约2 100米，从峪口到山项，仅南北一线，计程约10千米，逶迤曲折，艰险崎岖，游人攀登必须手扶铁索，须经“千尺幢”、“百尺峡”、“擦耳崖”、“上天梯”、“苍龙岭”等险径，才能达到最佳风景点华山顶，“无限风光在险峰”是华山的真实写照。华山的险令人怵目惊心，叹为观止。

4. 秀美

秀的主要特征是柔和、秀丽、优美，时常同女性美联系在一起。四川峨眉山山林葱茏，色彩碧翠，线条柔和流畅，山明水秀，是我国风景区中典型的秀美形象，被誉为“峨眉天下秀”。李白歌颂峨嵋秀色“峨嵋山月半轮秋，影入平羌江水流”。以秀美为特点的山岳往往山形绵延起伏，没有突兀陡峭的险峰，线形较为柔和，雄伟中透露迷人的秀色。

5. 幽美

幽是一种意境，也是一种审美特征。幽美在于深藏，景色越深藏，越富于情趣，越显得幽美。幽深莫测的神秘感，可使旅游者心绪平缓、温和、轻松、宁静、淡泊，心境愉悦、明净、逍遥、恬适、超然。素有“青城天下幽”美誉的青城山风景，在我国山岳景观中最幽美。青城山犹如一个天然陶铸成的大青瓷瓶，幽雅古朴，当游人沿山间小路上山，两侧苍松翠竹，碧绿成荫，溪泉清澈见底，潺潺入耳，偶而传来鸟鸣声，“鸟鸣山更幽”更有一种幽深莫测的神秘感。这种幽深的意境美，使旅游者感到无限的安逸、舒适、悠闲自得。具有幽美特点的山岳与外界常常处于封闭或半封闭状态，植被极为茂盛，光照不强烈。

6. 旷美

旷虽有平旷和高旷之分，但山岳景观多给人高旷之感。位于山顶，人与景观拉开距离，视域自上而下散开，便得高旷之景。登华顶观“黄河如丝天际来”，登岱顶“一览众山小”，登香炉峰顶见“江小细如绳，湓城小于掌”。这些都描绘出高旷景观带给人们超拔伟壮的审美感受，同时也反映了自古以来人们登高览胜的审美习惯。同时，黄土高原也会给人带来旷美之感，由于黄土高原的整体结构单一，造就了它浑然一体的景观特征。馒头状黄土峁，绵延数千米的长梁，地平如镜的塬面等，共同组成了一望无际的黄土高原，也勾勒出黄土高原的整体形态。这种欲与天相连的气势谓之“旷”。黄土高原的这种景观特征，和广袤无垠的草原景观，幽静深远的森林景观以及烟波浩淼的海洋景观相比，更加显得原始，甚至带有几份野性的粗旷。

7. 野美

野是指未受人类干扰、雕饰或破坏的原始自然或“第一自然”景观。其特征是地貌显现较为杂乱，高低起伏不规则，有洼地、有土丘，给游客以复杂、难以把握的原始感受。例如九寨沟旅游风景区，其嶙峋岖嵝的地貌，原始状态的山、水、石、林、洞，都保持着纯真古朴的风貌，游历其境，给人一种远离尘世、返璞归真的“野趣”之美。所谓“九寨风光人间稀”之说，与此“野趣”或尚未“人化”的现状不无关系。

以上归纳了山岳地貌景观的几种美学特征。事实上每座名山在整体上可能突出一、二种形象美，或雄、或险、或奇、或秀、或雄秀、或奇秀；但在微观上，其大小景区会因地质地貌、植被生成、气候变化等差异，幻化出各种各样的形象美。因此观赏山岳景观时，既要注意山岳景观的整体风格，又要细细品味其细微景象，唯此才能真正领悟自然之美。

（二）色彩美

色彩美是大自然的杰作，红、橙、黄、绿、青、蓝、紫，姹紫嫣红。大自然的色彩美万象纷呈，五彩缤纷，主要是由树木花草、江河湖海、烟岚云霞及阳光等构成，如蓝天、白云、青山、绿水、碧海、金沙、霜林……大自然是绘制色彩美最伟大的画师。自然界中的色彩美给旅游者带来轻松、欢悦和幸福，带来赏心悦目的美感，乃至令人振奋和神往。刘鹗的《老残游记》第二回这样描写千佛山的风景：“……千佛山上，梵宇僧楼，与那苍松翠柏高下相间，红的火红，白的雪白，青的靛青，绿的碧绿，更有那一株半株的丹枫夹在里面，仿佛宋人赵千里的一幅大画，做了一个数十里长的屏风。”刘鹗笔下的千佛山真是色彩绚丽，鲜艳夺目。

就山岳景观而言，其色彩美更多地体现于山体植被色彩变化，它们随季节的变化而变化。到深秋，山岳景观呈现以红、橙、黄为主调的色彩美。“西山红叶好，深秋叶愈浓”（陈毅《西山红叶》），深秋季节北京西山红叶，浓重的金黄色色彩令人叫绝；还有天津盘山的红叶，也令人陶醉。北京西山和天津盘山枫树和柿子树较多，往往一株树红成一丛，多丛树便红成一片，在灿烂阳光的照耀下，色彩鲜艳夺目，令人心旷神怡。这种红叶的美在于它特殊的红色之美，如“霜叶红于二月花”。当然山岳景观中最引人注目的色彩莫过于鲜花，像云南的茶花，峨眉的杜鹃花，盘山的梨花和杏花等，都是以其色彩美闻名于世。

（三）动态美

山岳的动势蕴藏在其静势之中，主要表现在群峰形象的方向性，及其集聚、倾斜、高下的节奏所形成的总体构图上。苏东坡诗云：“前山槎牙忽变态，后岭杂沓如惊奔。”生动描述了峰峦起伏、如逐如奔的动势。武当山的“七十二峰朝大顶”，则以拟人化的手法，描写了武当山群峰顶均微弯而趋向主峰天柱峰金顶，仿佛觐见君主的动态妙趣。山是静的，人是动的，由于人在山上的活动，使得整个山岳活跃起来、动起来。甚至还有根据山岳特色设置的竞赛活动，如徒步越野、山地探险、山地自行车越野、山路汽车越野等。有了人的参与，山岳也呈现出动态美。

三、山岳景观文化

山岳景观被大自然生态赋予自然美感的同时，也深深地烙上人类文化的印记，人类用自己独特的民俗文化模式审视山岳景观，使其具备多种多样的浓郁民俗性格，展现千姿百态的民俗风貌和丰厚深刻的文化内涵。

（一）山岳神话文化

“山不在高，有仙则名”。春秋战国时期《山经》共记载有347座名山，其中大多数都和神话相关，自古为山岳注入神话文化内涵，是中国传统山岳文化的思维定式之一。昆仑山和海上三神山“蓬莱、方丈、瀛州”是众神居住的神山；登葆山、灵山、华山、日月山都是众巫登天与神沟通的天梯或天枢；巫山、云雨山生长不死神药；还有许多山与诸神之间的战争有关；另有许多山岳和奇异的神禽神兽有关。这些丰富的内容意味着在远古时代就形成山岳神话文化。并且在中国许多民族中，还存在恭祭山或山神的习俗，也是这种原始文化的遗存。

（二）山岳民间传说

随着神话时代的终结，民间传说成为山岳景观的依托造型。山岳景观的民间传说中，一类是山岳象形的奇异故事附着于山岳，甚至是精怪故事。如海南、台湾、河北承德都有的五指山，以及众多的龙山、虎山、猴山、龟山、蛤蟆山、鸡冠山、帽山、鼓山等，都有象形的民间传说作证。另一类是具有人文价值的传奇人物故事与山岳的黏合。例如传说舜帝南巡驾崩于九嶷山上，追随舜帝的二妃娥皇和女英，在洞庭湖中的君山闻舜帝已死，攀竹而哭，使九嶷山和君山成为名山。尤其在少数民族聚居的山区，几乎所有的山岳都有美丽动人的民间传说。这些传说也成为许多名山文化内涵的精华所在。

（三）山岳旅游文学

古往今来，中国文学中对山岳景观讴歌的作品数不胜数，有诗歌、楹联、游记、笔记小说等形式，无论是“登山临水，经日忘归”的阮籍，还是“一生好入名山游”的李白，都对山岳的美怀有强烈的热爱之情，并将这热爱之情化为流芳百世的文学作品；无论是传说中黄帝游五山，虞舜临四岳，还是自始皇帝开始的祭祀五岳，封禅泰山的传统，帝王的巡幸活动虽然不是文学活动，但这种活动促进了旅游的发展和山水的游赏，他们的活动也成了后世文学的题材，或被批判，或被歌颂。山岳的景观因为人与文相彰，文人雅士因景或文而著名，名篇巨著以景或人而突显，文、人、景三个因素彼此联系，交相辉映，故有人杰地灵之誉与山秀文明之风。诚如许多先贤所言："山川之秀，实出人才；人才之出，益显山川"（王鏊《洞庭西山赋》）；"山川虽灵秀，非人不显"（桂冲云《小营山记》）；"一代文章万古稀，山川赖尔亦增辉"；"惟有文章烂日星，气凌山岳常峥嵘"。

（四）山岳信仰圣地

几千年来，中国儒家、佛教、道教、禅宗在皇统"政教合一"的强势支配下，纷纷选择或抢占洞天福地，处处开辟祭坛道场，广建宫、观、寺、庙、庵、堂、殿、阁、楼、塔、亭、台，开岩凿洞，摩崖造像，把中国众多的山岳纷纷创建成信仰和崇拜的圣地。

受儒家礼教支配的皇朝公祭的五岳分布在五个方位，山形各异，东岳泰山如坐，南岳衡山如飞，西岳华山如立，北岳恒山如行，中岳嵩山如卧。佛教传入后，又先后开创了佛教的观世音菩萨道场普陀山、地藏菩萨道场九华山、文殊菩萨道场五台山、普贤菩萨道场峨嵋山等四大名山。佛教信仰的教义在于脱离凡尘，讲求修心养性，山林净地便成为最理想地所在，印证"天下名山僧占多"。号称天下禅林"四绝"的南京栖霞寺、山东灵岩寺、湖北玉泉寺、浙江国清寺，就是占据了栖霞山、玉符山（方山）、玉泉山和天台山四大名山而扬名的。事实上，早在佛教传入中国之前，道教就已占据 10 大洞天、36 小洞天、72 福地。与此同时，还把遍布全国的另外 108 座名山胜岳列为道家修炼圣地或是道家向往的修炼圣地。道教讲求修炼养生，创建了龙虎山、终南山、崂山、武当山等许多道教名山。

实际上，单一化的信仰文化圈较为特殊，多是各民族历史人物和历史遗迹与各民族信仰事物和宗教遗迹的杂揉交错，人、神、仙、佛和儒、释、道错综交织，纵横交叉、综合融汇的信仰文化构成鲜明而多样的宗教信仰文化的特色模式。

（五）山岳历史名胜遗迹

中国历史上有许多重大事件与山岳相联系，山上铭刻着动人的史迹，烙上文化史的印记，令人景仰。例如与禹确定疏导九江大计有关的庐山汉阳峰禹王崖；与古代史上"禹会诸侯江南，计功而崩，葬此"的史实有关的浙江绍兴会稽山，都因禹王的遗迹而驰名。杭州的吴山、胥山，因春秋吴国伍子胥以忠谏而死，立祠山上而名满天下；苏州的虎丘山、教场山，分别与吴王阖闾等事迹相关而得名；辽宁的凤凰山主峰箭眼峰、马蹄窝等著名景物，都和唐太宗征辽的历史事迹密切相关；与唐代文成公主和金城公主进入西藏的史实有密切关联的西藏和青海境内的一些山，如“公主山”、“日月山”等。近现代历史的许多史迹也构成了相同的历史文化模型，如与抗日战争关联的著名战役中的大别山、沂蒙山、太行山、狼牙山和宝塔山等，因有动人的抗战史实而具有历史模型特色，从而进入了名山行列。与此同时，还有许多名胜史迹与古代文人名士的游山经历和诗文推崇密不可分。孔子曾经赞叹过“登泰山而小天下”；汉武帝登泰山惊叹过“高矣、极矣、大矣、特矣、壮矣、赫矣、骇矣、惑矣”，使泰山成为“五岳之尊”。历史上的名人、名诗、名文与山岳结缘，以其对山岳所赋予的多种评赞成为历代提高山岳文化品位的重要因素。

【知识链接 3–1】

历史文化名山

名山是山地中一种独特的地理实体，它有一定的地理位置、范围界限，有决定其成名的丰富内涵。

五岳名山：泰山、恒山、嵩山、华山、衡山。

佛教名山：五台山、九华山、普陀山、峨眉山。

道教名山：武当山、嵩山、崂山、齐云山。

革命历史名山：井冈山、宝塔山等。

此外，有些山由于开凿宗教石窟而闻名，如龙门石窟所在地龙门山、香山；有些山由于建造帝王陵墓而闻名，如南京钟山、西安骊山；还有的因著名古建筑而闻名，如八达岭、蛇山等。

第二节　水体景观审美

从古到今，水孕育文明、浸润生命、滋养历史、点化自然。它所承载的东西丰富而绵长，它赐予我们物质和精神的双重恩泽，让我们心存感激。而那浩渺的海洋、奔腾的江河、潺潺的溪流、飞泻的瀑布、平静的湖泊、晶莹的冰雪、清澈的泉水都已成为旅游审美活动中的重要观赏对象。

一、水体景观类型

我国丰富的水资源、庞大的水系，形成了星罗棋布的湖泊和密如蛛网的河流，形成了多种多样的水体景观，就旅游审美活动的视角而言，水体景观一般分为以下五类。

（一）江河景观

这类景观主要由江河景观和溪涧景观构成。

江河景观，是指由大江大河及其冲积而成的著名峡谷形成的景观。例如闻名于世的长江三峡——瞿塘峡、巫峡、西陵峡，长江第一湾的虎跳峡，世界第一大峡谷（最深最长）的雅鲁藏布江大峡谷，世界第一长河尼罗河，风景画廊的欧洲“蓝色多瑙河”，俄罗斯的母亲河伏尔加河等。还包括一些河川清流，如广西“山青、水秀、洞奇、石美”的漓江风光，美丽的富春江等。

溪涧景观，多是由山涧溪流形成的风景。与江河的奔腾壮观相比，溪涧更多的是涓涓溪流的秀美。例如福建武夷山九曲溪，堪称“三三秀水清如玉”，大宁河小三峡、福建鸳鸯溪、湖北神农溪等都是著名的溪流景观。湘西张家界山水的灵魂金鞭溪，因山与水的相衬相映，构成了一幅“峰因水更奇，林因水更秀”的胜景。溪水蜿蜒曲折，东流而下，沿岸削壁万仞，峰峦千迭，青岩绿树与碧映，构成一幅天然的山水丹青。这些溪流的特点是“久旱不断流，久雨水不浊”。盛夏之际或徘徊于溪的两岸或嘻耍于潺潺流水之间，真叫人乐而忘返。

【知识链接3–2】

漂　　流

漂流曾是人类一种原始的涉水方式。漂流最初起源于爱斯基摩人的皮船和中国的竹木筏，但那时候都是为了满足人们的生活和生存需要。漂流成为一项真正的户外运动，是在二战之后才开始的，一些喜欢户外活动的人尝试着把退役的充气橡皮艇作为漂流工具，逐渐演变成今天的水上漂流运动工具。

漂流分探险漂流、自然漂流和操控漂流三大类，我们通常说的漂流，是指狭义上的自然漂流与操控漂流。操控漂流就是由操控漂流艇的船工对漂流的过程进行有效控制，参与漂流的漂流者在船工操控之下漂完全程，严格说来，漂流者只是漂流艇上的乘客。自然漂流一般是在水流比较浅且平缓的河道中进行。自然漂流就是让每个漂流者自由自在地参与漂流活动，漂流组织者只为其提供必要的漂流艇、桨等设备，并在沿途各个要害点上加以监督和保护，由漂流者自行漂流整个过程。目前国内已有各类从事或包含漂流项目的景区 400 余家。漂流旅游已经不仅仅是一个专项旅游产品，而是一种大众旅游产品。

（二）湖泊景观

这类景观由湖泊景观和水库景观构成。

湖泊景观，一般是自然形成的水域。例如“水天一色，风月无边”的洞庭湖；水光潋滟“欲把西湖比西子”的杭州西湖；云南昆明滇池和大理洱海；中国最大火山堰塞湖，黑龙江的镜泊湖；王母瑶池仙境新疆天山天池；旷秀太湖；长白山天池；中国第一大湖青海湖；中国第一大淡水湖鄱阳湖；甘肃敦煌月牙泉；世界最大的咸水湖里海；世界最深湖俄罗斯贝加尔湖；世界最大淡水湖群、北美洲五大湖（苏必利尔湖、密歇根湖、休伦湖、伊利湖、安大略湖）；世界第一低地约旦和以色列交界处的死海；瑞士日内瓦湖；英国尼斯湖等。

水库景观是在自然河流或湖泊基础上人工修成的。例如新安江水库（浙江千岛湖）、甘肃刘家峡水库、吉林松花湖、河北迁西潘家口水库（蟠龙湖）等。世界上著名的人工湖有埃及纳塞尔湖、俄罗斯古比雪夫水库、巴西与巴拉圭合建的伊泰普水库等。

当然还有被喻为“最危险的地球美景”的堰塞湖。堰塞湖是由火山熔岩流、冰碛物或由地震活动使山体岩石崩塌下来等原因引起山崩滑坡体等堵截山谷，河谷或河床贮水而形成的湖泊。由火山熔岩流堵截而形成的湖泊又称为熔岩堰塞湖。

【知识链接 3–3】

北海湿地——堰塞湖产生的美景

腾冲县城西北方向距城 12.5 千米有块湿地很特别，属高原火山堰塞湖生态系统，这就是云南省唯一的国家湿地保护区——北海湿地。保护区面积 16.29 平万千米，北海面积 0.46 平方千米，其中水面面积 0.14 平方千米，海排面积 0.32 平方千米，北海湿地保护区四面环山，地理位置特殊，属高原火山堰塞湖生态系统，大片漂浮于水面的陆地，犹如五彩缤纷的巨型花毯，具有生物多样性复杂、生产力极高的特征。

那里的水草密密麻麻，根交错在一起，日复一日，年复一年，旧草腐烂，新草长在腐烂的草根上，然后又腐烂，然后又长出新的，最后形成整片整片的草排各自浮在水面上，通常有一米多厚，宛如一个个的小草岛。

每年四月中下旬那里最美丽，那时满目北海兰花开，美不胜收。秋天时的草排颜色有些枯黄，但依然让游人兴奋不已。空气里飘着草叶的清香，芦苇丛中不时传来嘎嘎的野鸭叫，湖面上不时有游人初踩草排的惊喜叫声。泛舟湖面，宛若置身在大草原，只不过这片“大草原”是漂浮在水上的。

（三）飞瀑景观

这类景观由瀑布景观和流泉景观构成。

瀑布是指河床纵断面上陡坎悬崖处倾泻下来的水流。它雄壮、粗犷，千姿百态，具有声、色、形之美，是别具风格的水体景观。中国有三大著名瀑布景观，即贵州黄果树瀑布（岩溶型瀑布）、陕西与山西交界处的黄河壶口瀑布（差别侵蚀型瀑布）、黑龙江吊水楼瀑布（火山熔岩瀑布），还有著名的“飞流直下三千尺”的庐山香炉瀑布（构造性瀑布）、江西庐山三叠泉瀑布和开先瀑布、四川九寨沟瀑布群、湖南衡山水帘洞、江苏连云港云台山水帘洞（《西游记》水帘洞）、湖北神农架水帘洞、河南桐柏山水帘洞、福建武夷山水帘洞等。世界三大瀑布是非洲维多利亚瀑布、南美伊瓜苏瀑布和北美尼亚加拉瀑布，世界落差最大瀑布南美洲安赫尔瀑布等。这些瀑布都是极具吸引力的水体景观。

泉水与瀑布相似，也具有形、声、色的各种美的形态，但从审美重心细分，瀑布审美强调势，而泉水审美强调质。作为景观对象，中国名泉主要有七大泡茶泉，即镇江中冷泉、无锡惠山泉（天下第二泉）、杭州虎跑泉、上饶陆羽泉、扬州瘦西湖泉、庐山招引泉、怀远白乳泉；具有医疗保健价值的湖南安宁“天下第一汤”、安徽黄山汤泉、广东从化温泉、陕西临潼华清池、重庆南北温泉、东北五大连池药泉；具有酿造功能的青岛崂山神水泉（青岛啤酒）、四川“金鱼泉”（五粮液）、贵州赤水河畔清泉（茅台酒）；具有观赏价值的济南趵突泉（济南被称为泉城，乾隆御封“天下第一泉”）、四川广元缩水洞的含羞泉、云南大理的蝴蝶泉、湖南嘉禾珍珠泉、河北野三坡鱼泉等。世界著名的泉还有美国黄石公园的间歇喷泉（老实泉）。

（四）冰川地貌景观

冰川是一种由“冰”构成的“河川”。冰川既是一种固体水资源，又是一种具备特殊形态特征和地貌景观特征的旅游资源。具有重要的观赏价值和科学考察价值，也是登山运动者的向往之地。按冰川所处的位置、形状和规模，可分为大陆冰川和山岳冰川两种。中、低纬度的高山雪线以上形成的冰川称为山岳冰川。我国的现代冰川全为山岳冰川。

在康定西南 32 千米，位于泸定县磨西镇境内的海螺沟，是贡嘎山东坡冰蚀河谷，长 30.7 千米，是贡嘎山中最大的冰川，也是亚洲位置最东、海拔最低的冰川之一。海螺沟冰川长 14.7 千米，面积 16 平方千米。跨越 6 750～2 850 米，高差达 3 900 米，在纵向上明显地分为粒雪盆、大冰瀑布和冰川舌三级阶梯。冰川中有三个壮丽景观，即大冰瀑布、冰川弧拱和冰川城门。大冰瀑布落差达 1 080 米，宽 1 100 米，冰雪飞舞，响声隆隆。冰舌上有灰麻状花岗岩，又叫漂砾，在冰舌中还可见到冰川断裂、冰面湖、冰蘑菇、冰面河等景观。海螺沟冰川历经 1 600 年，保存基本完整，目前已建成我国唯一的冰川公园。

（五）海域景观

风景海域主要是与海岸和海岛合为一体的复合景观。包括海潮、海啸、海风、海湾、海市蜃景等。例如“壮观天下无”的钱塘江大潮，“三亚归来不看海，除却亚龙不是湾”的海南三亚亚龙湾，那里有美丽的珊瑚景观和新月形白沙滩，“夏都”北戴河具有迷人风光。风景海域景观往往有着得天独厚的构景要素，阳光、海水、沙滩（3S），三者缺一不可，最适宜度假旅游。世界上著名的风景海域有美国夏威夷瓦湖岛华基基海滩以“沙滩、浪花、排排棕榈树”著称，地中海各段分别以“天蓝色海岸”“绿宝石海岸”“金色海岸”“太阳海岸”“光明海岸”等美丽的名字闻名遐迩，例如西班牙著名的“太阳海岸”马洛卡岛以阳光闻名。

对于欧洲人来说，地中海上阳光灿烂的温暖岛屿马洛卡，是他们首选的度假地之一，尤其对西欧和北欧人有强大的吸引力。马洛卡有着非常混搭的气质——既有陡峭的山岩和平缓的高地，又有辽阔的海湾和一望无际的沙滩；既有层层叠叠的梯田，又有芳香四溢的果园；既有罗马人和阿拉伯人的古老遗迹，又有现代派的建筑。更主要的是，这里有一种浑然天成的轻松气氛，和不拘一格的娱乐精神，由此散发出一种迷人的气质。春天的地中海也许是这个地球上最接近天堂的地方，尤其是西班牙的马洛卡岛，这里每年 300 天以上是晴朗天气，更是被称为“地中海的乐园”。

【知识链接 3-4】

马洛卡岛的爱情佳话

踏访马洛卡岛，在领略它的旖旎风光同时，还可聆听到一段充满浪漫情调的爱情佳话。

一位是波兰音乐家肖邦，一位是法国小说家乔治·桑。1837 年肖邦与比他大 6 岁的乔治·桑在巴黎沙龙相逢并相识，两人随即陷入热恋之中。为了远离城市的喧嚣和流言蜚语，加之医生的劝说（肖邦患有结核症），他们于1838年底来到当时还鲜为人知的马洛卡岛。这里人烟稀少，没有宾馆，没有公寓，他们在马洛卡岛首府帕尔马一座修道院里租了几间房子住下来，共同度过了南国的一个冬季，给传记作家提供了一篇题为“马洛卡岛之恋”的富有浪漫主义情调的故事。

至今马洛卡岛还保留着肖邦和乔治·桑的故居，吸引着游客们络绎不绝地前往参观。1939年春，肖邦和乔治·桑回到了法国。马洛卡岛之行，可以说是肖邦和乔治·桑的一次浪漫之旅和创作之旅。

此后，一些情侣追寻肖邦和乔治·桑的足迹，结伴来到马洛卡岛。许多新婚夫妇也来此蜜月旅行，马洛卡岛由此获“蜜月岛”之美称。

二、水体景观审美

水体景观的审美特征可以具体地分为水形、水色、水态、水势、水影、水声、水味等几个方面。

（一）水形

即水的形状、轮廓。从溪、涧、泉、瀑到河、海、湖、池均是水体的视觉形态，是水形轮廓的具体表现。

水形的视觉形态是人对水体形态的审美特征作出的概括。如河流形态以线条为其特征；湖泊则以面为特征；瀑布以柱为特征但视觉上给人线的感觉；而河床中涌出水面的涌泉则呈现点状的视觉特征；海面广阔浩渺、波涛澎湃激荡，给人无尽之感；海湾则曲折平静、波光粼粼，给人宁静之感；岬角处则惊涛击岸、卷起千堆“雪”，给人壮美之感。

面状水体使人易产生旷阔、宁静、温馨、赏心悦目的视觉美感，殷殷碧水倒映着或是蓝天白云，或是星空皎月，或是树木花草，给人一种幽静美。正如范仲淹所言，“春和景明，波澜不惊，上下天光，一碧万顷；沙欧翔集，锦鳞游泳；岸芷汀兰，郁郁青青”。

线状水体方向明确，动态感强，使人易产生流动幽奥之美。点状水体往往形体不大形态奇异，能脱颖而出，独成一体，像溪涧，纯洁明净、无拘无束，给人一种轻快美。柱状水体大气磅礴，像江河，滔滔流逝，如杜甫的“无边落木萧萧下，不尽长江滚滚来”；似瀑布，奔腾而下，如李白的“飞流直下三千尺，疑是银河落九天”，这都生动地表现了江河水的流动美。

（二）水影

水是无色透明液体，万物映入其中就产生倒影。水影基于水面的反射作用形成，呈现两种形式：一是镜面反射形成的清晰饱满的水景；二是当水面微波涟漪，波光粼粼时，倒影以破碎的形象形成虚拟的影像。水影是丰富水体视觉艺术形象的重要视觉元素，它能与景物构成对称的反相，拓展了水面的视觉形象层次。

“江到兴安水最清，青山簇簇水中生。分明看见青山顶，船在青山顶上行。”清代诗人袁枚在《由桂林漓江至兴安》中形象地描绘了水中倒影那梦幻般的美景；“疏影横斜水清浅”写出山园清澈的池水映照出梅枝疏秀的清瘦形象。朱熹在《读书有感》中也形容过水影之美：“半亩方塘一鉴开，天光云影共徘徊。”偶尔有微风拂过水面时，岸上景物倒映在水面荡漾开来，和着阳光，更是别有一番景致。北京颐和园内十七孔桥每个桥洞与水中倒影构成纺锤形，依次渐大渐小，犹如美丽的串珠装点着宽阔的昆明湖，这水中倒影也成为颐和园内亦虚亦实之美景。

（三）水色

水本身是透明无色的，因对天空和周围环境的反射，对河床的折射或受水中生物的影响而形成瑰丽的色彩。水体色彩的变化主要以不同的色相、饱和度、明暗来展示。生物在水面繁殖过剩而死亡会使水体色相发生变化，泥沙含量也会影响其色相。而水体对水底的折射，或对天空、周围事物的反射，则可使水色的明度、饱和度都发生很大改变。水边植物景观的季节变化，气候的阴晴雨雪，朝霞晚辉，也都能影响水色，正是因为这些变化，使水体展现出动态的水色魅力。

水与光相结合，可形成水波粼粼、碧波荡漾、波光潋滟、光影斑驳的景象。“水光潋滟晴方好”即写在晴日阳光照射下，西湖水波荡漾，闪烁着粼粼的金光。宋代苏轼在《前赤壁赋》中写道：“少焉月出于东山之上，徘徊于斗牛之间，白露横江，水光接天。”描绘出水光一色的景象。光线的强弱变化，或晴或阴，或明或暗，都会给同样的水体景观以不同的审美效果。

（四）水态与水势

水态是水体在不同物理性质下的情态即水体的固态、液态、气态的展现状态。液态是水的常态，有一般水体、雨等情态，固态以冰川、霜等为主，气态表现为雾、蒸汽。不同的水态有着丰富的景观特色。

水势是由动态的水体运动显示的，是动水的气质，或浩淼、或磅礴、或湍急、或平缓，因地势、水源等的差异都可以引起不同的水运动的情态。瀑、江、河等多以力量雄劲、流势迅猛、水速湍急为水势特点，展露水势的阳刚雄健之美；而溪、泉、湖等则多以力量柔弱，流势平和，水流缓慢为水势的特点，表现水势的阴柔、平秀之美。

（五）水声与水味

水在运动过程中与岩石、堤岸或水本身发生摩擦、碰撞，都会发出各种有节奏的、美妙的声音，能够唤起人们无限的情思。波浪拍击堤岸发出哗哗声，河水流动发出滔滔声，瀑布倾泻发出轰鸣声，溪水潺潺不息发出叮咚声，由它们所构成的自然协奏曲，或亢奋、或雄壮、或古朴、或轻柔、或欢快、或悠扬，各自弹奏出不同声域的乐章，在给人以强烈动感的同时又悦耳动听，给人以音乐美的享受。浙江雁荡山的大龙湫瀑布，水从190米高处飞流直下，“五仗以上尚是水，十丈以下全是烟”（袁枚）不仅美在水云烟雾，水流直落的巨大声响，也加强了水流的气势。“听水声幽闲涵淡，欣欣然沁人心脾，觉世间无物可胜之。”（袁小修《西山十记》）“非必丝与竹，山水有清音。”（左思）“高歌谁和余，空谷清音起。非鬼亦非仙，一曲桃花水。”（辛弃疾）如无锡寄畅园的“八音涧”，引借惠山泉水，促其层层跌落，空谷回响，既徐缓抒情，又抑扬顿挫，恰如一部节奏轻快、韵律生动的乐章。总之，水体在不同环境运动过程中所发出的那种特有的自然音响，使人的听觉产生妙不可言的美感和享受。

水本无味，但因水中的矿物质或水生物影响使其呈现一定的味道。如海水有咸味，矿泉有硫磺味，冷泉中则多有甘甜味。此外，现在已经成为稀缺资源的未被污染的无味的河、溪、湖、泉之水，成为人们向往的美景。“清洌甘美，爽人可口”，往往是林间溪谷、泉瀑水流，给人以清心、静心、养心的享受，令人心驰神往。

水形、水态、水影、水色、水势、水声、水味等审美特质的具备，使水体的艺术表现具备了全方位的展示载体。

三、水体景观文化

水作为一种重要的自然资源和人类生活的必需品，不但激发了人们对于水体美景表面的赞赏，更会引发人们的一种情绪，来寄托某种思想。中国古代的先贤很早就意识到水的这种特质，早在诸子百家的时候，就开始借助水来阐发各自的理念。

（一）水的神话

主要源于民间众多关于水的传说、神话以及部分宗教传说故事所孕育出的水文化。水的神话体现出水的一种超自然的力量，及不可抗拒、无法捉摸的魔力，部分含有迷信色彩。这同早期的原始人类对抗自然力量有关，从上古的精卫填海、女娲补天、夸父追日的传说中就可见一斑。民间传说中的“水漫金山”、

“西湖断桥”、“雷锋镇塔”的神话故事，扩大了水的神秘性，并使之植根于民间。水的泛滥也是促使人们形成水文化神秘论的重要原因，人类对这些自然灾难无力的表征，也是促使水文化神秘性得以延传的重要历史原因。

又如“大禹治水”，大禹是中国古代历史传说中第一位杰出的治水专家，围绕大禹治水也形成了许多生动、精彩的神话传说。在从宜宾到湖北宜昌这一河段中，流传着很多关于大禹治水的神话故事，为川江的绮丽增添了丰富的人文色彩。中国人崇拜的图腾“龙”，“龙王爷”的职务就是管水。可见水对人的意识影响已上升至神的地步。西方国家也如此，《圣经》一开始就描绘了伊甸园中的一条河流，然后才出现始祖亚当、夏娃，之后又是诺亚方舟在滔滔的大水中让他们的先祖绝处逢生。在宗教活动中，水也被赋予了神圣的功能，在所有宗教之中，水被认为能够洗净人身体及灵魂上的罪恶。基督教、伊斯兰教、印度教、佛教等都有各自不同的与水有关的宗教意识。

水神话和治水传说是全世界各个古老民族共有的主题。古代先人对水利、水患的认知极为有限，水的不可捉摸的性情，使他们对水产生了既爱又怕的心理，于是产生了水崇拜，关于洪水和征服洪水的各种神话也就由此产生。世界各地的水神话目的都是一致的，即通过赋予水以灵性，祈祷它带给人类安宁、幸福和丰收。在今天看来，这些神话虽然只是一种“神话的感知”，但却具有深厚的文化意蕴，成为水体景观文化的重要内容。

（二）水的德性

德性说源自哲人儒士们的感悟。孔子曰：“智者乐水、仁若乐山。智者动，仁者静。智者乐，仁者寿。”朱熹在《论语集注》所述：“智者达于事理而周流无滞，有似于水，故乐水。”老子也专门讲过水的“德”性，如《老子·八章》中所说：“上善若水。水善利万物而不争，处众人之所恶，故几于道。”这其实将水看作了“道”，成为圣人们的心中理想，只有似水一样，乐意滋长万物而又不与万物相争，甘心停留于他人不愿停留的地方才是最善的，也就是合道的。

艺术家们常赋予水以智性，即智者乐水，文人骚客以水比德，将水当成陶冶情操，修养身性之物，进而将其作为自身德性的一面镜子，以怡自己，以鉴自己。体现在园林、建筑中就往往讲求水性、水声，水时常被划分成宽细大小，以示诗画意。有的婉约含蓄，以曲水流觞为美好；有的则以气势不凡，旷达健拔去体验水，往往显露出“飞流直下三千尺，疑是银河落九天”的宏阔的智性气度。智性说表现了艺术家们聪慧睿智的艺术眼界，以水为鉴，以水载情，深深融己于水的灵动智性中。

水的动人之处还在于其丰富的哲理性。孔圣临川而叹：“逝者如斯夫，不舍昼夜。”(《论语·子罕》) 这个观点对后人影响最大，表明了古人对时间流逝性和不可逆性的重视。“夫子对于时间的这种审美追求是在实践活动和日常生活中的一种价值性追求，他通过对日常生活的体悟而感受生命存在的有限，以及对于超越与无限的希冀。而人正是因这种追求而从有限性存在中超越出来，一方面消除生命存在的有限性和局限性，另一方面对人自身是一种价值提升，使生命本身因事实性的沉沦而遭遇的生命悲剧性转化成生命追求无限的一种价值行为。无疑地，时间的审美追求本身是一种无限性的过程，并只有在意识到的无限性中去追求无限才是生命真正的自觉。意识到的无限性就主体意识行为本身而言，体现为审美的无限性时间意识，它是审美的时间意识的真正体现。”

（三）水的价值

水的最直接的文化价值体现在审美。“山得水而活，水映山而媚。”自然界中的水犹如菩萨手中的宝瓶，随处轻点，便可使一切变得生动、丰富和活跃起来，成为人们观赏的审美对象。此外水的审美价值还在于“玩水”，例如傣族的“泼水节”、汉族的“龙舟节”等民族风俗，划船、游泳、观潮、戏水、漂流等娱乐活动，“水神祭祀”、“河灯漂流”等宗教信仰，“温泉泡浴”、“品茗饮醇”等健康疗养，“高山流水”、“曲水流觞”，以及临池观鱼和水榭诗酒等文人雅士的喜好。这些与水有关的审美活动对主体而言即可健身康体，又可愉悦心情、释放情感，目前已被开发成为参与性很强的旅游产品。

生活离不开水，文化更离不开水，各种艺术品的创造均得益于水。因为水，才有了呼之欲出的秦陵兵马俑，才有了古色古香的秦砖汉瓦，才有了巍然耸立的万里长城。因为水，才有了散布于名山大川流传千古的诗句楹联，才有了出神入化、形神兼备的泼墨、写意，才有了洋洋洒洒、遒劲流畅的书法。因为水，才有了仪态万千的景德镇青花、宜兴的紫砂，才有了诗情画意、境界幽邃的私家园林……水是文化的源泉，它赋予万物以生命。

关于水的价值是历代工程治水经验的认识提升和审美升华的结晶。水能为我所用，水能为人们的生活生产服务，这是水文化实用学说的出发点。历代治水总结经验，勇于创造，展示出人定胜天，人能治水的智慧与气概。从大禹治水到先秦的都江堰，再到大运河无不展现了人类的伟大力量，同时也积累了治水、用水、理水的科学经验。《水经法》就是一部前人留给我们的关于河湖水系的资料，也是前人在利用水、治理水方面的科学经验的总结。表明了水文化实用说的强大生命力。

第三节　山水景观实例赏析

一、"天下无山"——黄山景观欣赏

1985 年由中国旅游报社发起并组织"中国十大风景名胜"评选，黄山是其中唯一的山岳风景区。我国目前已经申报成功的世界自然与文化遗产中，黄山不仅第一次申报就成功地跻身于世界自然与文化双遗产之列，而且于 2003 年 2 月 13 日被国际地质科学联合会批准为全球首批 28 处世界地质公园之一。明代著名旅行家徐霞客曾经两次考察黄山，言之"薄海内外无如徽之黄山，登黄山天下无山，观止矣"，后人据此称之为"五岳归来不看山，黄山归来不看岳"。黄山风景区被誉为国之瑰宝、世界奇观，已成为中华民族壮丽山河的象征。

（一）黄山概况

黄山雄踞于安徽南部（东经 118°09′、北纬 30°08′），古称黟山，747 年，唐明皇下令改名为黄山，开始名声日隆，文人游客接踵而至。

黄山独特的花岗岩地质及罕见的峰林地貌结构成为其申报为世界地质公园的重要因素，1939 年 6 月，著名地质学家李四光在黄山考察时发现了第四纪冰川的遗迹，他据此发表的论文《安徽黄山第四纪冰川现象》打破了"中国没有第四纪冰川"的结论。

黄山今属黄山市，横亘于黄山区、徽州区、歙县、黟县和休宁县之间，南北约 40 千米，东西约 30 千米，风景区方圆 154 平方千米，总面积约 1 200 平方千米，号称五百里黄山。黄山是以自然景观为特色的山岳旅游风景区，奇松、怪石、云海、温泉俗称黄山"四绝"，令游人叹为观止。

（二）黄山景观审美特征

1. 典型美

黄山群峰林立，七十二峰素有"三十六大峰，三十六小峰"之称，黄山集名山之美与一身：莲花峰海拔高达 1 864 米，有泰山之雄伟；天都峰似华山之峻峭；平旷的光明顶似峨嵋之清凉。黄山前山岩体节理稀疏，岩石多球状风化，山体浑厚壮观；后山岩体节理密集，多是垂直状风化，山体峻峭，形成了"前山雄伟，后山秀丽"的地貌特征。黄山有典型的冰川地貌：苦竹溪、逍遥溪为冰川移动刨蚀而成的"U"形谷；眉毛峰、鲫鱼背等处是两条"V"形谷和刨蚀残留的刃脊；天都峰顶是三面冰斗刨蚀遗留下来的角峰；百丈泉、人字瀑为冰川谷和冰川支谷相汇成的冰川悬谷。

2. 奇异美

黄山以奇松、怪石、云海、温泉四绝著称于世，与埃及金字塔、百慕大三角洲同处于神秘的北纬 30°线上。黄山无峰不石，无石不松，无松不奇。黄山独特的花岗岩峰林、遍布的峰壑、千姿百态的黄山松、惟妙惟肖的怪石、变幻莫测的云海，构成了黄山静中有动，动中有静的巨幅画卷，塑造了黄山永恒灵性的神奇风采。

3. 变化美

黄山以变取胜，四季景色各异，烟云雾霭、晨昏晴雨，瞬息万变，黄山日出、晚霞、云彩、佛光和雾凇等时令景观各得其趣，变化无穷，可谓人间仙境。

4. 生物美

黄山兼有“天然动物园”和“天下植物园”的美称，山中植物 1 450 余种；动物 470 余种。尤其是黄山植物景观，一年四季风景各异，山上山下不同天，而且朝夕有别。初春繁花似锦，五彩缤纷，漫山杜鹃，争奇斗艳，十里桃花，姹紫嫣红；盛夏涌泉池清，峭壁飞瀑，层峦叠翠，绿荫遍地，奇花异草，芳香诱人；金秋丹枫如火，山花流芳，层林尽染，凝紫飞红，绚丽璀璨；严冬银装素裹，玉树琼楼，雾松冰挂，晶莹雅洁。

（三）观赏重点

1. 奇松

黄山延绵数百里，千峰万壑，比比皆松。黄山松以石为母，顽强地扎根于巨岩裂隙。黄山松针叶粗短，苍翠浓密，干曲枝虬，千姿百态，或倚岸挺拔，或独立峰巅，或倒悬绝壁，或冠平如盖，或尖削似剑。“无树非松，无石不松，无松不奇”。连绵的群峦之间布满着奇松异石，点缀着如画黄山，为之凭添秀丽之色。从天都峰经玉屏楼到莲花峰的一条路线上，巧妙地构成盼客、迎客、陪客、送客、望客的一组奇松，命名者以拟人的手法，完整地再现了黄山对游客真诚热情的好客之情。古木常以曲为美，直则无姿，黄山迎客松以其伸曲的臂膀，放弃大众化的均平之姿，屹立在玉屏楼旁，度过千载岁月，像一位热情好客的主人，欢迎八方宾朋，这已成为黄山的象征，黄山的化身。

2. 怪石

黄山千岩万壑，几乎每座山峰上都有许多灵幻奇巧的怪石，其分布可谓遍及峰壑巅坡，与松结伴，构成一幅幅天然山石画卷。黄山怪石从不同的位置、在不同的天气观看情趣迥异，可谓“横看成岭侧成峰，远近高低各不同”。站在半山寺前望天都峰上的一块大石头，形如大公鸡展翅啼鸣，故名“金鸡叫天门”，但登上龙蟠坡回首再顾，这只一唱天下白的雄鸡却仿佛摇身一变，成了五位长袍飘飘、扶肩携手的老人，被改冠以“五老上天都”之名。位于北海的梦笔生花以及“喜鹊登梅”（仙人指路）、老僧采药、苏武牧羊等，大都三分形象、七分想象，从人的心理移情于石，使一块冥顽不灵的石头凭空有了精灵跳脱的生命。似人似物，似鸟似兽，情态各异，形象逼真，惟妙惟肖，令人叫绝。黄山怪石既有观赏的形象美感，又能引起人们不尽的联想，获得种种精神的启示、人生的体味。

3. 云海

自古黄山云成海。黄山是云雾之乡，以峰为体，以云为衣，其瑰丽壮观的“云海”以“美”“胜”“奇”“幻”享誉古今。黄山云海波澜壮阔，一望无边，大小山峰、千沟万壑都淹没在云涛雪浪里，奇峰怪石和古松隐现云海之中，天都峰、光明顶也成了浩瀚云海中的孤岛。阳光照耀，云更白，松更翠，石更奇。流云散落在诸峰之间，云来雾去，变化莫测。风平浪静时，云海一铺万顷，波平如镜，映出山影如画，远处天高海阔，峰头似扁舟轻摇，近处仿佛触手可及，禁不住想掬起一捧云来；微风轻拂时，四方云慢，涓涓细流，从群峰之间穿隙而过；风起云涌时，波涛滚滚，奔涌如潮，浩浩荡荡，更有飞流直泻，白浪排空，惊涛拍岸，似千军万马席卷群峰。待到云海渐散，清淡处，一线阳光洒金绘彩；浓重处，升腾跌宕稍纵即逝。

4. 泉水

黄山温泉由紫云峰下喷涌而出，与桃花峰隔溪相望，是经由黄山大门进入黄山的第一站。黄山温泉对消化、神经、心血管、新陈代谢、运动等系统的某些病症，尤其是皮肤病，均有一定的功效。黄山之水，除了温泉外，尚有飞瀑、名泉、碧潭、清溪，每逢雨后，到处流水潺潺，波光粼粼，瀑布响似奔雷，泉水鸣如琴弦，一派鼓乐之声。人字瀑、百丈泉、九龙瀑并称为黄山三大名瀑，人字瀑古名飞雨泉，在紫石、朱砂两峰之间流出，最佳观赏地点在温泉区的“观瀑楼”；九龙瀑是黄山最壮丽的瀑布，源于天都、玉屏、炼丹、仙掌诸峰，自罗汉峰与香炉峰之间分九叠倾泻而下，形如九龙飞降。每叠有一潭，称九龙潭。古人赞曰：“飞泉不让匡庐瀑，峭壁撑天挂九龙”。

5. 日出日落

黄山日出景观别具一格。黄山距东海 400 千米，山势高峻，云海常铺。曙光亭、清凉台、狮子峰顶、丹霞峰顶、光明顶、玉屏峰附近均是观日出的最佳位置。黄山之夕，日薄西山，万山含金，亦仙亦幻，群峰巍峨，其道大光，万千感叹，尽系此山。观黄山晚霞以丹霞峰和排云亭为佳。

6. 动植物

由于黄山气候随着海拔高度的不同而呈垂直变化，在黄山上一年四季都有鲜花盛开。植物种类丰富多样，拥有多种国家级保护植物。黄山是野生动物栖息和繁衍的理想场所，拥有众多的野生动物资源。黄山风景区野生动物有着明显的区域分布和垂直分布的特性；在这些野生动物中，观赏鸟类占较大比例。黄山动植物是黄山珍贵的旅游资源。

黄山以其综合美培养了一批又一批的画家，从“黄山是我师”的石涛，到“得黄山之影”的梅清，还有“痞寐黄山五十年”的江注，最为称道的是刘海粟大师，他在23～93岁的70年间曾十次游画黄山，留下了大量有关黄山的图画和诗词，得益黄山之深，正如他第六次上黄山的感悟：“这座宝山在我心中一直是有生命的东西。我不断用爱滋润她，正如她长期用坚定的信念去勉慰着我一样。”

二、“人间天堂”——西湖审美鉴赏

（一）西湖概况

杭州西湖，是一处以秀丽清雅的湖光山色与璀璨丰蕴的文物古迹和文化艺术交融一体而闻名的国家级风景名胜区。它是我国著名的旅游胜地，被誉为“人间天堂”。西湖风景名胜区以秀丽的西湖为中心，三面云山，中涵碧水，面积为60平方千米，其中湖面为5.68平方千米。沿湖地带绿荫环抱，山色葱茏，画桥烟柳，云树笼纱，逶迤群山之间，林泉秀美，溪涧幽深。西湖主要由一山（孤山）、两堤（苏堤、白堤）、三岛（阮公墩、湖心亭、小瀛洲）、十景（曲院风荷、平湖秋月、断桥残雪、柳浪闻莺、雷峰夕照、南屏晚钟、花港观鱼、苏堤春晓、双峰插云、三潭印月）构成。90多处各具特色的公园、风景点中，有三秋桂子、六桥烟柳、九里云松、十里荷花，更有著名的“西湖十景”以及近年来相继建成开放的十多处各具特色的新景点，将西湖连缀成了色彩斑斓的大花环，使西湖的美，晴中见潋滟，雨中显空蒙。无论雨雪晴阴，在落霞、烟雾下都能成景；在春花秋月、夏荷冬雪中各具美态。

（二）西湖景观审美特征

1. 秀丽美

杭州西湖以秀美著称，“欲把西湖比西子，淡妆浓抹总相宜”，把西湖比作美女，使游人从美女的形象上想象西湖的秀美。曾有题诗：“昔年曾见此湖图，不信人间有此湖；今日打从湖上过，画工犹自见功夫。”西湖三面环山，千峰凝翠，洞壑深幽；中涵碧水，水平如镜。南北高峰遥相对峙。独居湖中的孤山，在碧波萦绕中显得舒缓精巧。苏堤、白堤仿佛是两条绿色缎带，飘逸在湛湛碧水之上，岸边长长的垂柳似少女的长发在微风中飘洒摇动。在湖的四周，繁花似锦，绿树成荫，把整个西湖打扮得花团锦簇，如同少女的绫罗绸缎；在绿荫丛中，则隐现着数不清的亭台轩榭，呈现一片秀美景色。

2. 朦胧美

景妙在模糊，美在朦胧。透过云雾看风景时，云雾中的景物若隐若现，模模糊糊，虚虚实实，令观者捉摸不定，于是产生幽邃、神秘、玄妙之感，引起许多遐想，这就是朦胧美所致。“水光潋滟晴方好，山色空朦雨亦奇。”在细雨迷朦中，西湖如同纤纤美女穿上一袭薄纱，隐隐约约显露出婀娜的体态，具有特殊神秘的魅力，引人无限遐想，这正是一种朦胧美。

（三）观赏重点

1. 苏堤春晓

“西湖景致六条桥，隔株杨柳隔株桃。”风光如画的苏堤，在苍翠蓊郁的花树丛中，隐翳着映波、锁澜、望山、压堤、东浦、跨虹等六座古朴美观的石拱小桥，人影绰绰，树影摇曳，恍如进入神仙幻境。苏堤景色四时不同，晨昏各异，而最富诗情画意的辰光，自然是春晓。每当春风吹拂，苏堤上杨柳吐翠，艳桃灼灼，长堤延伸，六桥起伏。晨曦初露时，湖波如镜，桥影照水，鸟语啁啾，柳丝舒卷飘忽，桃花笑脸相迎。漫步苏堤，但觉柳丝轻扬，碧桃吐艳，十里长堤弥漫着绿烟彩雾。置身堤上，湖山胜景如画图般展开，多方神采，万种风情，任人领略。

2. 柳浪闻莺

每到阳春三月，绿柳笼烟时节，万树柳丝迎风飘舞，宛若翠浪翻空，碧波汹涌。柳丝飘动似贵妃醉酒，称“醉柳”；枝叶繁茂如狮头，称“狮柳”；远眺像少女浣纱，称“浣纱柳”等。其间黄莺飞舞，竞相啼鸣，故有“柳浪闻莺”之称。在这里品茗小憩，远看湖山秀色，近听枝头莺啭，确是佳趣无穷。

3. 花港观鱼

前接柳丝葱茏的苏堤，北靠层峦叠翠的西山，碧波粼粼的小南湖和西里湖，像两面镶着翡翠框架的镜子分嵌左右。早在南宋时，有一条小溪从花家山经此流入西湖，此溪叫花港。当时内侍官卢允升在花港侧畔建“卢园”，园内叠石为山，凿地为池，畜养异色鱼，于是游人萃集，雅士题咏，称为“花港观鱼”，乾隆帝曾题诗赞道：“花家山下流花港，花著鱼身鱼嘬花。”杭州牡丹以花港观鱼的牡丹园最为繁盛，牡丹园里栽种着数百株色泽艳丽的牡丹，耸峙高处俯视，但见大大小小的花坛间红夹绿，那灿若云锦的牡丹花千姿百态，斗奇竞妍，令人流连忘返。

4. 曲院风荷

它是观赏“接天莲叶无穷碧，映日荷花别样红”的夏游名园。曲院最为精彩处在风荷景区，宁静的湖面上，分布着红莲、白莲、重台莲、洒金莲、并蒂莲等各种荷花。莲叶田田，菡萏妖娆，清波照红湛碧。从造型各异的小桥上且行且看，人倚花姿，花映人面，人、花、水、天相融，相亲、相恋，悦目、赏心、销魂。

5. 平湖秋月

西湖秋月之夜，自古被公认为良辰美景，充满诗情画意。高阁凌波，绮窗俯水，平台宽广，视野开阔，秋夜在此纵目高眺远望，但见皓月当空，湖天一碧，金风送爽，水月相溶，不知今夕何夕。前人有诗云：“万顷湖平长似镜，四时月好最宜秋。”其实美景又何止秋季，何止月夜，清骆成骧撰有一副楹联：“穿牖而来夏日清风冬日日，卷帘相见前山明月后山山”。

6. 南屏晚钟

南屏山横亘于西湖南岸，山上林木苍翠，秀石玲珑，且多空穴。每当山下净慈寺等寺庙梵钟鸣响，钟声回荡，随风远播，余音缭绕，经久不息。尤其在暮色苍茫时，那阵阵晚钟特别动人心魂，是西湖十景中最早成名、最具魅力的胜境。北宋画家张择端曾画过《南屏晚钟图》，记载于明人《天水冰山录》中。

7. 三潭印月

西湖是一颗璀璨的明珠，而湖中三岛，则是镶嵌在这颗明珠上的三颗绿宝石。三潭印月是由三座葫芦形石塔和“小瀛洲”两个部分组成。三潭印月自古以来就是赏月胜地。每到秋夜，月朗星稀，在石塔内点燃灯烛，沿口蒙上白纸，灯光从石塔的圆孔中透出，宛如一个个小月亮，与天上倒映湖中的月亮交相辉映，于是就出现了“天上月一轮，湖中影成三”的奇丽景色，这也是“三潭印月”得名的由来。此时只见月影、塔影、云影溶成一片，有说不尽的诗情画意。

8. 断桥残雪

断桥观瞻，四季美不胜收，尤以冬日雪残时分最为销魂。每当雪后初晴，伫立桥头西眺北望，孤山、葛岭一带，楼台铺琼砌玉，湖山晶莹朗澈，些许冷艳，些许凄清，胜却喧哗热闹、绿浓红盛。“晴湖不如雨湖，雨湖不如月湖，月湖不如雪湖”，断桥是最精当而又生动的注解。明末画家李流芳曾说：“往时至湖上，从断桥一望，魂销欲死，还谓所知。湖之潋滟熹微，大约如晨光之着树，明月之入庐。盖山水映发，他处即有澄波巨浸，不及也！”《白蛇传》中，白蛇娘子与许仙在雨中相逢，借伞定情，又在此邂逅重逢，言归于好，这段人神之间的奇情奇事，使断桥名望冠于西湖且蜚声天下，享湖上第一情人桥之誉。

9. 双峰插云

它指的是西湖南北两高峰奇异多变的云景。南高峰在烟霞岭旁，北高峰在灵隐寺后，两峰之间层峦叠嶂、重谷回合，绵延20余里，从远处看去，则双峰对峙，近若几尺，兀突争雄，秀出群峰。两峰的自然风光异常优美，峰势高峻磅礴，晴雨晨昏不同，尤在雨后或阴翳多云天气，彩云、白云或浓或淡，忽缠忽遮，似云似山，一片朦胧，如一幅壮观的水墨淋漓而浓淡有致的山水画卷展现在面前。清晨，缕缕薄雾从山下冉冉升起，遥望双峰，恰似一对面蒙轻纱、身披蝉翼的少女，娇怯含羞，好像有意使你看不清，猜不透，表现出一种飘逸的美；在春雨霏霏或秋雨绵绵时节，山间云雾蒸腾，势如潮涌，云浓似山，山淡似云，云山难分，表现出一种雄奇的美；雨后初晴，云铺山腰，絮掩峰顶，茫茫一片，翠黛的双峰若沉若浮，时隐时现，仿佛浩瀚大海中的两个仙岛，显示出一种神秘的美。诡异多姿的双峰云景，确实令人叹为观止。

10. 雷峰夕照

雷锋塔位于净慈寺之北，南屏山支脉夕照峰（亦称雷锋）上。雷峰山虽小巧玲珑，但颇具名气，因为山巅曾有吴越国王为庆黄妃得子而建的“黄妃塔”，即雷锋塔。此塔是西湖众多古塔中最为风光的塔，虽曾塔倒山虚，但夕阳西照时，塔影横空，彩霞披照，景象瑰丽，康熙曾提之为“雷锋夕照”，成为西湖十景之一。

【思考题】

1．山岳地貌景观类型有哪些？

2．山岳地貌景观的形象美包括什么？

3．水体景观类型有哪些？

4．查阅相关资料，谈谈古代先贤是如何赞美水的德性的。

第四章　气象与天象景观审美

【学习目标】

- 掌握气候气象景观的类型
- 了解不同气候气象景观审美视觉的相关知识
- 掌握天象景观的类型
- 了解天象景观的审美特征
- 从不同角度对典型景观进行赏析

【知识要点】

- 气象景观类型
- 气象景观的审美视觉
- 天象景观类型
- 天象景观的审美

第一节　气象景观类型与审美

车尔尼雪夫斯基说过："艺术作品在美的方面远低于自然的创造，"在自然界中，大气是最活跃最多产的艺术师。当谈到吉林雾凇、蓬莱海市、黄山云碑时，许多人都会惊叹不已。即使在市郊田野，那风和日丽的春色，银装素裹的冬景，月光似水的秋夜，凉风习习的夏日傍晚，也足以使人乐而忘忧。至于彩虹的艳丽，雪花晶体构图之精美绝伦，则是任何艺术品都无法比拟的。

一、气象景观类型

（一）云、雾奇景

云、雾所构成的气象景观是温暖湿润地区或湿润季节出现的景观。云在高空，雾接近地面，与地相连。其有两种景观美：一是薄云、淡雾，似轻纱叠加在一切景观上，赋予大自然一种朦胧美；二是流云、飞雾的变化莫测、气势磅礴的真切景观美。云雾是一种捉摸不定、瞬息万变的气象景观。流云飞雾、薄云淡雾，呈现出或是磅礴的气势、或是淡雅飘逸的柔情。云雾可独自成景，如“黄山云海”、“庐山云海”、“峨眉云海”、“衡山云海”、“泰山云海”等。云雾也可与山水相融，使其变得缥缈虚幻，若隐若现，形成独特的朦胧美。在中国的风景名胜山地均有规模不同的云海景观，其中最著名的要数黄山，此为黄山一绝。除此衡山的云海、庐山的云瀑也都是气象景观中的佼佼者。

（二）冰、雪奇观

冰、雪奇观是高寒地区或寒冷季节才能见到的气象景观。其以纯洁的白色覆盖大地，构成或是雄伟壮观，或是婀娜多姿的造型，给人以磁石般的引力，以至于化解了人们对寒冷气候的不适感觉。如长城南北冰雪覆盖大地的壮美和各风景名胜山地的奇美雪景都是很著名的，其中尤其值得一提的是哈尔滨的冰雪艺术，每个冬季都会吸引全世界各地的游客感受独特的北国风光。冰、雪与其他自然景观或人文景观交相辉映形成奇观景色，如北京的“西山晴雪”、太白山的“太白积雪”、杭州的“断桥残雪”、长沙的“江天暮雪”、台湾的“玉山积雪”、九华山的“平冈积雪”以及东北的“林海雪原”等。此外“冰城”哈尔滨“冰雪节”的赏冰雕、滑雪、滑冰、冰球赛、雪塑赛等旅游活动，吉林雾凇景观都闻名世界，成为冬季旅游的热点。

【知识链接 4–1】

中国·哈尔滨国际冰雪节

哈尔滨国际冰雪节由国家旅游局、黑龙江省人民政府、哈尔滨市人民政府联合主办，截止到 2011 年已经成功举办过 27 届。哈尔滨国际冰雪节是我国历史上第一个以冰雪活动为内容的国际性节日，持续一个月。中国哈尔滨国际冰雪节与日本札幌雪节、加拿大魁北克冬季狂欢节和挪威滑雪节并称世界四大冰雪节。自 1985 年 1 月 5 日创办以来，智慧、勤劳、勇敢的哈尔滨人化严寒为艺术、赋冰雪以生命，将千里冰封、万里雪飘的北国冬天，创造成融文化、体育、旅游、经贸、科技等多领域活动为一体的黄金季节，成为世界著名的冰雪盛会。哈尔滨国际冰雪节内容丰富，形式多样。如在松花江上修建的冰雪迪斯尼乐园——哈尔滨冰雪大世界、斯大林公园展出的大型冰雕、在太阳岛举办的雪雕游园会、在兆麟公园举办的规模盛大的冰灯游园会等皆为冰雪节内容。冰雪节期间举办冬泳比赛、冰球赛、雪地足球赛、高山滑雪邀请赛、冰雕比赛、国际冰雕比赛、冰上速滑赛、冰雪节诗会、冰雪摄影展、图书展、冰雪电影艺术节、冰上婚礼等。冰雪节不仅是中外游客旅游观光的热点，而且还是国内外客商开展经贸合作、进行友好交往的桥梁和纽带。

（三）雾凇

一种附着于地面物体（如树枝、电线）迎风面上的白色或乳白色不透明冰层。过冷水滴（温度低于零度）碰撞到同样低于冻结温度的物体时，便会形成雾凇。雾凇因其美丽皎洁、晶莹闪烁，像盎然怒放的花儿，被称为“冰花”；因为它在凛冽寒流袭卷大地、万物失去生机之时，像高山上的雪莲，凌霜傲雪，在斗寒中盛开，韵味浓郁，被称为“傲霜花”；因为它是大自然赋予人类的精美艺术品，好似“琼楼玉宇”，寓意深邃，为人类带来美意延年的美好情愫，被称为“琼花”；因为它像气势磅礴的落雪挂满枝头，把神州点缀得繁花似锦，景观壮丽迷人，激起文人骚客的雅兴，吟诗绘画，抒发情怀，被称为“雪柳”。

（四）烟雨

即俗称的“毛毛雨”，就气象学的角度解释为从层积云和层云中降落的大量小雨滴或极小雪花组成的降水，降水强度小于 0.25 毫米/小时，其实质是雾降雨，实为极其平常的自然现象，但在特定的地理环境和一定的心境作用下，就会具有更丰富更深层的人情味，降雨的过程则变成了赏景和品味的过程。江南烟雨、巴山夜雨都是我国著名的雨景。如江南烟雨出现在每年的三四月份，“清明时节雨纷纷”即是唐代著名诗人杜牧对江南烟雨的写照。每到此时，烟雨朦胧飘渺，如烟如纱，人们都随身携带雨伞，当细雨纷纷，大街上便盛开朵朵绚丽的“花”，也成为江南雨季的一道亮丽风景。

（五）极光

南北极地区特有的一种大气发光现象，在东西方神话传说中都有它们的美丽身影。极光的出现一方面与地球高空大气和地磁场的相互作用有关，另一方面与太阳喷发出来的高速带电粒子流有关。极光的出现有时转瞬即逝，有时则持续几个小时；有时像飘动的彩带，有时像一团熊熊燃烧的火焰；有的色彩绚丽，有的则一片银白……总之，极光的多姿多彩、变幻无穷使其成为自然界中最夺目的奇观之一。美国阿拉斯加州北部、加拿大北部、冰岛南部、挪威北部和新地岛南部，每年有 240 天左右可见极光。中国黑龙江省的漠河和新疆阿尔泰，每年可见 1 次极光，也成为吸引旅游者的主要景观之一。

（六）极昼和极夜

极昼和极夜是由于地球在沿椭圆形轨道绕太阳公转的同时还绕着自身倾斜的地轴自转而形成的一种天文现象。地球在自转时，地轴与其垂直线约成 23.5°

的倾斜角，因而地球在公转时便出现南极、北极长达 6 个月的白昼与黑夜的现象，即朝向太阳的一极在半年时间内，全是白天，而背向太阳的一极则全是黑夜。在南北极圈以内地区，都会出现连续 24 小时白昼或黑夜，分别被称为极昼或极夜。在南北纬 80°，极昼或极夜各有 3 个多月；在南北纬 70°，极昼或极夜各约 2 个月。南、北极这种神奇的天象景观是其他大洲没有的，目前已成为高纬度地区争相开发利用的旅游资源。

（七）佛光与蜃景景观

佛光又称宝光，其景观为外红内紫的七色光环围绕着人的身影，犹如传说中菩萨“真相”的显露，也如西方人心目中宝石外围的光环。中国人称佛光，西方人称宝光。这种现象在湿润地区的山区与林区都能发生。如黄山、庐山、武夷山，以峨眉山出现最频繁，故最著名。国外则以德国哈茨山脉的布罗肯峰的“布罗肯宝光”最著名。

蜃景即“海市蜃楼”，是由于密度不同的大气对远处物体反射来的光线经折射而形成的幻景景观。蜃景中幻景呈正像直立空中的称“上现蜃景”，此景以山东蓬莱海滨的最著名，多出现在春夏之交的季节。幻景呈倒像立于空中的称“下现蜃景”，此景多出现在夏季中的沙漠地区。

【知识链接 4–2】

峨眉佛光

又称峨眉宝光（图 3），有“天下秀”之称的峨眉山，千百年来一直蒙着一层神秘的面纱，尤其是主峰金顶一带偶尔出现的“佛光”，更增神秘和灵异之感。

金顶海拔 3 077 米，与相邻的千佛顶、万佛顶三峰并峙，犹如笔架一般。三峰东临悬崖，峭壁高达 2 000 多米，这种得天独厚的地势形成了峨眉山特有的“海底云”。在天气晴朗的日子里，人们登上金顶，但见白云茫茫，好像大海汪洋，游人宛如置身孤岛一般。正当游人对眼前如梦如幻的“仙境”赞叹不已时，突然面前的深谷云底中，出现一轮巨大的光环，光环开始为白色，渐渐地白色变成彩色。有时游人还会看到光环中有硕大的影子显现。影随人动，或抬手，或举足，栩栩如生，令人惊异。这一神秘现象，被佛家弟子称为“佛光”，也有的称之为“宝光”。

历史上，峨眉山佛光很早就有记载。相传东汉永平年间，有位采药蒲公被一只仙鹿所引，登上金顶后，惊奇地发现了佛光。后经印度宝掌和尚指引，认识到佛光就是“普贤祥瑞”。蒲公于是在金顶建造了普光殿（也称光相寺）供奉菩萨，从此开创了峨眉山佛教的历史。

二、气象景观审美

气象景观是长年天气特征的组合，它可以直接造景、育景，也可以与其他自然现象不断组合，形成不同的自然景观和旅游环境，如南方热带景观、北方冰雪景观、山地云雾瞬变景观、海洋和荒漠的蜃楼幻景、阴雨干湿变化、避暑避寒佳境等。此外，气候的变化，可直接影响到地貌、水文和动植物以及各种人文景观的变化。气象景观是人类重要的审美对象，是一项普遍而又具有特色的自然资源。

（一）变化美

大气中的物理现象和过程往往是瞬息万变、变幻无穷的。日出、日落等天文现象，本身有着非常稳定的天象运行规律，但在观赏过程中易受天气的影响，从而使这些现象变幻莫测而令人向往。典型的如一日内阴、晴、冷、暖的变化，之前还是倾盆大雨，即时就晴空万里，这些变化常常影响着景色的色彩、成型和明快度，使游人产生不同的多变的审美享受。例如佛光、流云和飞雾等都是变幻很快的气象景观，有些瞬间出现或消逝的气象胜景，游人必须把握恰逢最佳的时机，才能捕捉到奇观美景。

（二）地域性

由于地域分布的不同，即不同地区的地理纬度、海拔高度、海陆分布、地形起伏的差异，不同地区有着不同的气候特征，形成不同地方性小气候，在同一季节、同一时间都会产生不少差异。冬季，北国是一片“千里冰封，万里雪飘”的景色，而南国却是一派“繁花似锦，瓜果飘香”的景象。白居易的“人间四月芳菲尽，山寺桃花始盛开。”描写的则是不同地域的气象差异景观。

（三）季节性

不同的气象景观在一年内所出现的时间也各不相同，有明显的季节变化。气温的周期变化，会影响到气压、风的周期变化，进而影响云、雾、干、湿、雨、雪等气象要素的季节变化。如我国东北地区，冬季为严寒季节，银装素裹是欣赏冰雪景观的大好季节，夏季则气候温和，无烈日酷暑，是避暑的好去处。著名的黄山云海，主要出现在秋季至春季，太白山平安寺云海主要出现在夏、秋季节，云南大理点苍山玉带云主要出现在夏末秋初。气象旅游景观的季节性变化规律，对旅游者有一定的导向作用。

（四）配景美和借景美

气象景观与地质地貌景观和水体景观有一个明显的差异，就在于除冰雪外大多数气象景观没有具体的固化形象，许多气象景观的出现常常要与其他一些旅游资源相互配合，要借助于其他景观相互映衬方能形成。如高山云海，海上日出，沙漠蜃景，名山佛光等。使游人获得多种美感的气象景观，也必须要和山、水、植物等景观融合在一起，才能显示其飘渺、朦胧、多彩和变幻莫测的审美特性；气象景观的形成要借助于其他的旅游资源作为重要的支撑点和组成要素，否则难成美景，如蓝天白云要与山峦配合、日出或日落时要与海面相互辉映，由于配景和借景的差异也会使同一气象景观产生截然不同的审美韵味。“日出江花红胜火，春来江水绿如蓝。”就是不同气象背景下水体呈现的美。

第二节 天象景观审美

所谓天象是相对于宇宙间物质的存在形式而言的，是各种星体和星际物质的统称。天象又分为宏观天象和微观天象两类，宏观天象指的是有自身运行规律的，可以用数量词修饰的客观存在，如九大行星等；而微观天象也称天象物质，包括星际空间的尘埃和气体等星际物质、宇宙射线等。本书所谈及的天象景观审美是自然景观美的一大类别，是我们在多数情况下看到的天象景观，它是指具有美的形态，给人以审美愉悦的太空中日、月、星辰之美。

一、天象景观类型

（一）日出与日落景观

日出与日落的壮丽景观，不是产生于太阳本身的视形状和东升西降的视运动，而是由于大气折射作用产生的蒙气差的变化，所造成的硕大、椭圆的光盘影像和跃然而出而没的动态。这种景观只有在天地交界的地平线处才能看到。因此最佳观景点多是大海滨和山巅。著名的日出观景点有泰山的天日观峰，黄山东海的翠屏楼，华山的东峰，庐山的汉阳峰，衡山的祝融峰，峨眉的金顶，钱塘江的初阳台和北戴河的鹰角亭。日落以庐山的天池亭景致最佳。日出日没，月圆月缺，本来是自然界最一般的规律，然而却入诗入画。如泰山、庐山、峨眉山、衡山等名山都是我国观看日出的好去处；“卢沟晓月”、“洞庭秋月”等都是令人陶醉的明月美景。

霞景是指在日出或日落前后，在太阳附近天空由大气对阳光的折射、散射和选择性吸收，使天空的云层呈现出黄、橙、红等缤纷色彩的自然现象。简言之，霞光就是阳光穿过云雾射出的色彩缤纷的光芒。霞与霞光常与山地及云雾相伴随，十分美丽。

霞景的主要形式有朝霞、晚霞、彩云、霞雾等。当朝霞、晚霞与周围其他的风物景致交相辉映时，常会构成一幅幅壮美的画卷。霞景瞬息万变，五彩迸发，对游人有极大的吸引力。我国著名的霞景有泰山岱顶四大奇观之一的“晚霞夕照”，浙江东钱湖十景的“霞屿锁岚”，江西彭泽八景中的“观客流霞”，贵州毕节八景中的“东壁朝霞”，以及天子山四奇中的“霞日”。

【知识链接 4–3】

日月并升

日月并升指太阳和月亮从东方地平线上同时升起的罕见的自然天象，又称“日月合璧”、“日月合朔”。这一景观出现时，喷薄而出的红日与淡灰色的月亮冉冉升起，当两者重叠时，太阳的四周会出现一个光环，构成一幅奇妙而瑰丽无比的自然画卷。“日月并升”现象一般发生在每年的农历十月初一，每次持续20分钟左右。目前江浙一带可以看到这一奇观的地点有五个，分别是浙江省海盐县被胡云岫山、浙江省平湖县乍铺镇九龙山顶、浙江省杭州市西子湖畔葛岭初阳台、江苏省苏州市天平山莲花洞、江苏省苏州市洞庭西山山顶。在古代“日月并升”被当作吉祥如意的福兆而受到顶礼膜拜。如今每逢农历十月初一清晨，数以千计的游人、香客，赶来一睹“日月并升”的奇观。但并非每年一定会出现，也并非每个人都能亲眼目睹，最重要的条件是“天公作美”。

（二）日食、月食

所谓“食”，就是指一个天象被另一个天象或其黑影全部或部分遮掩的天文现象。作为地球的一颗卫星，月亮绕着地球不停地旋转，而地球又是太阳系中的一颗行星，它会带着月亮一起绕着太阳旋转。当三点一线或接近直线时会出现两种情况，即月亮在太阳和地球之间或地球在太阳和月亮之间。出现前一种情况时，月亮会遮住太阳，我们称其为“日食”；出现后一种情况时，地球遮住了太阳照到月亮上的光，月亮变暗，地球的影子投在月亮上，我们称其为“月食”。日食分为日全食、日偏食和日环食三种，这一现象只发生在农历初一（朔）。月食分为月全食和月偏食，月食发生在农历月半（望）。目前人们已掌握了月球、地球、太阳运转的规律，可以预先计算出若干年内发生日食、月食的时间和区域。这种天文现象无疑对广大旅游者有着极大的吸引力。

（三）流星雨

它是成群的流星坠落下来的特殊天象。在某些时间，可以看到一定数量的流星的反向延长线都经过一个很小的天区，即在短时间内有大量的来自某一流星群的流星体进入大气后产生较多数量的流星，即流星雨。

流星雨的成因与彗星有关，彗星是由冰块及沙石组成的球体，当彗星接近太阳时，会因太阳的热力而使表面物质升华，这些升华的物质就是日后的流星体，在彗星绕日运转中，部分流星体会和彗星分离，遗留在彗星的轨道上，流星体由于太阳光压及行星作用力不断扩散，互相远离，而且范围逐渐增大。当地球的运行轨道与彗星轨道相交时，流星体受地球地心吸力影响，会进入地球大气层并且燃烧，而燃烧时所产生的火焰亮光，就是人们看到的流星雨。如果散布在彗星轨道上的流星体又多又广的话，往往在彗星回归后的几年内，仍可看到由该彗星所产生的流星体造成的流星雨。一般来说，学术界普遍认为有七大流星雨，它们是狮子座流星雨、双子座流星雨、英仙座流星雨、猎户座流星雨、金牛座流星雨、天龙座流星雨、天琴座流星雨。

【知识链接 4–4】

流星雨之王——狮子座流星雨

每年 11 月 14～21 日，尤其是 11 月 17 日左右，都有一些流星从狮子座方向迸发出来，这就是狮子座流星雨。狮子座流星雨产生的原因是由于存在一颗叫坦普尔—塔特尔的彗星。这颗彗星绕太阳公转，同时它不断抛散自身的物质，就像洒农药那样，在它行进的轨道上散下许多小微粒，但这些小微粒分布并不均匀。有的地方稀薄，有的地方密集，当地球遇上微粒稀薄地方，出现的流星就少，遇到密集的地方，出现的流星就多。这些小微粒很容易受各种因素的影响而慢慢飘散，但在彗星回归时，地球会经过它近期释放出的颗粒稠密区。地球上的人们便会看到大规模的流星雨。

（四）陨石、陨冰

陨石是地球以外的宇宙流星脱离原有运行轨道或成碎块散落到地球上的石体，是从宇宙空间落到某个地方的天然固体，也称“陨星”。它是人类直接认识太阳系各星体珍贵稀有的实物标本，极具收藏价值。我国吉林降的陨石，就其数量、重量、散落范围以及科技含量，在世界上都是罕见，属当今世界之最。据科学分析，吉林陨石属于橄榄石，即古铜辉石球粒陨石。它由近 40 种矿物组成，含有 18 种元素，是极为珍贵的宇宙样品。吉林陨石雨降落时铺天盖地，落地的巨响和震波震碎了无数居民住宅的玻璃窗。场面之宏大，威力之巨猛，如同原子弹一般，然而竟无一人一畜伤亡，可谓一奇。

吉林陨石雨重量之巨，数量之多，形状之奇，标本收集之丰富均居世界首位，它为当代世界科学界带来大量宇宙信息的同时，也为北国江城吉林市的旅游业增添了奇彩，成为关东大地旅游观光的一道独特景观。

陨冰是彗核表面溅射出的一些碎冰块。彗星的彗核是以水冰为主的冰物质，其中也夹杂着一些尘埃物质，当彗星在太阳系中运行时，受迎面的流星体撞击，会从彗核的表面溅射出一些碎冰块，有的偶尔与地球相遇，穿过大气层到了地面，就是陨冰。陨冰与陨石一样，原先都是游荡在太空、绕太阳转动的“精灵”，由于某种原因及地球的强大引力，才使得少数这样的“精灵”闯进地球，被迫改变轨道落向地面。陨冰比陨石更为罕见，是千年难得一见的天象景观。

二、天象景观审美

（一）神秘莫测

日、月、星辰远离人间，具有“可望不可即”的特点，因而天象美显得十分神秘莫测。在科学尚不够发达的年代里，人们常常把这些天象景观看作“天公”的奖励或惩罚，赋予一定的凶吉意义。随着时代的进步和科学研究的深入，人们渐渐敢于走近它们，观赏它们，认识到这些天象景观和其他旅游观赏景观一样，具有一定的审美和欣赏价值，这样一来天象景观不仅可以使人得到审美享受，更重要的是它能够激发人们的好奇心和求知欲。

许多天象景观要在特殊时间或特殊地点出现，从而给人带来一种不寻常的怪异感受，如十分难得一见的“日月并升”和陨石、陨冰。作为旅游景观而言，除了具有与其他景观相同的观赏性和科教性等共同特点之外，很多天象景观的吸引力就在于其怪异、罕见和奇特。

（二）时限性

不同的天象景观要素在一年内所出现的时间各不相同，有明显的时间性。如“日月并升”现象一般发生在每年的农历十月初一；日食只发生在农历初一（朔）；月食发生在农历月半（望）。七大流行雨也分别出现于特定时间里：狮子座流星雨在每年的11月14～21日左右出现；双子座流星雨在每年的12月13～14日左右出现；英仙座流星雨每年固定在7月17日～8月24日这段时间出现；猎户座流星雨一般发生于10月15～30日，或者在11月20日左右出现；金牛座流星雨在每年的10月25日～11月25日左右出现，一般11月8日是其极大日；天龙座流星雨在每年的10月6～10日左右出现，极大日是10月8日；天琴座流星雨一般出现于每年的4月19～23日，通常22日是极大日。日出、日落和霞光等景观也有自身的时间限制，所以要想观赏到天象景观一定要严格遵守相关的时间，否则会一无所获。

（三）瞬时性

天象要素中的日、月、星辰等要素变化较为迅速，典型景象如日出、霞光、夕照以及日月同生等都是短时出现，一般不会超过20分钟，流星雨更是瞬间即逝的天象景观，旅游观赏者只有牢牢把握时机，在景观出现时很多游客都会屏住呼吸目不转睛，才能观赏到佳景，也正是因为这种短时性和可遇而不可求的特点，人们愈发珍惜观赏天象景观的机会。

第三节　典型景观赏析

一、吉林雾凇

吉林雾凇与桂林山水、云南石林和长江三峡并称为中国四大自然奇观。雾凇通常被称为“树挂”，是雾气和水汽遇冷凝结在枝叶上的冰晶。由于上游有丰富的水电站，环绕吉林市区的这段松花江冬季虽历严寒而不封江，在合适的气候条件下就会形成著名的吉林雾凇。每当雾凇来临，松花江十里长堤便会“忽如一夜春风来，千树万树梨花开”，柳树结银花，松柏绽银菊，玉树琼枝，晶莹闪烁。人在其中，如梦似幻，犹如仙境。雾凇之美，美在壮观，美在奇绝。吉林雾凇的观赏过程大致有三个阶段，即“夜看雾，晨看挂，待到近午赏落花。”在每一个时段内都能带给人不同的惊奇感受。

（一）夜看雾

它是指在雾凇形成的前夜，观看松花江上出现的江雾景观。一般在夜里10时左右，松花江上开始有缕缕雾气出现，继而越来越大，越来越浓，大团大团的雾气升腾着、翻滚着涌向松花江两岸。在很短的时间内江边的街道、建筑都被大雾所笼罩，游人置身于浓重的云雾之中；建筑物、树木在雾中若隐若现，灯光也变得扑朔迷离，整个街道仿佛成为云海仙境一般。一般来说，当夜的江雾越是浓重，次日的雾凇景观越是壮观，这也是出现吉林雾凇的重要征兆。

（二）晨看挂

指清晨起来看“树挂”（雾凇）。经过一夜的浓雾，清晨当人们再次来到雾凇观赏区时，前夜那十里江堤上黑森森的柳树、松柏和千年榆树，居然在一夜之间被江雾染得一片银白，在眼前豁然呈现出一个银色梦幻般的奇妙世界。江边的树木凝结了厚厚的雾凇，太阳被晨雾遮住。每一棵垂柳的枝条都晶莹闪烁，宛若玉枝垂挂，在微风中轻轻摇动。株株被雾凇装扮的松柏都似银菊牡丹盛开、寒冬腊梅怒放，就连路边的小草，也被雾凇包裹得毛茸茸的（图4）。

（三）待到近午赏落花

这是描述观赏雾凇脱落时的情景。一般在上午9点以后，由于阳光、微风对雾凇的作用，促使凝结在树枝上的雾凇开始脱落。最初只是一点一片的脱落，接着是成串的滑落。微风吹起脱落的银片在空中飞舞，明丽的太阳光辉映到上面，在空中形成五颜六色的雪帘。纷飞的雾凇会似雪花一样落到人们的头上、肩上，使人感到格外凉爽、清新。

由于得天独厚的自然条件，吉林雾凇持续的时间长、厚度大、次数多，一般从每年的11月下旬开始，到次年的3月上旬结束。从1991年开始，吉林市每年冬季都举办中国·吉林雾凇冰雪节，向国内外游客展示北国迷人的冬季景致和独特的人文风情。

二、泰山观日出

哪一座山都不如泰山沉淀了丰富的文化底蕴，从某种意义来说，泰山这棵大树缀满的都是文化的枝叶，所以在人们的心目中也就顺理成章地成为一种图腾，一种象征。这里节选了当代诗人、散文家大卫的一篇美文《泰山观日出》，体会一下诗人从什么角度来对泰山的日出进行审美观赏的。

“天麻麻亮了，看到有些雾支撑不住了，从树叶上坠下来，掉到头发上，感到那天空就在头顶，一伸手就能摸到。那个走得气喘吁吁的人，是你吗？但怎么走，她都走在泰山的怀里——怎么跳也跳不出去的样子。如何从十八盘爬上来的，你忘不了，只是现在不想说而已，太苦了，是那种两股却却的苦，苦得你不想回忆。现在，你只想说，当你到达山顶的时候，风更大了——也正是这大风，黑板擦子一般，把雾给擦去了许多。你对着东方伸长了脖子，你知道你在等待什么？像一场早就约定的相会。只不过，你来得太晚了，而在若干年以前，就有这样那样的人，把这日出看了无数次。日光底下并无新事，你先是看到一团鲜红，在云海里挣扎，仿佛有什么使她沉沦，又仿佛有什么在托举着她。你站到一块更高的石头上，看得更清楚了，云海苍茫，她身上像装了弹簧，自己撑持自己如此反复数次，她终于起来了，用得上‘冉冉’这个词，对，她正在冉冉升起，可这升起是那么艰难，与其说她是一颗太阳在上升，不如说是一句怒吼，一个呐喊在喷涌：低沉，压抑，坚定，执着。她在你的视野里，沉甸甸地升起，就像全世界硕果仅存的一砣黄金，谁都舍不得花，谁都不能花，她在云海里翻腾，她不属于某一个人，也不属于全人类，现在，她只属于她自己。她把光线铺开，金灿灿地耀眼，整个天空像被她镶上无数道金边。

此前，你在平原上所看到的太阳都是那么高，而在这儿，才 1 000 多米，你突然发现，太阳原来也可以与自己平齐的，你为曾经的仰视而感到不好意思，现在，她离你那么近，像邻居家那只淘气的红冠公鸡，此时就栖息在你想象的枝条上，是的，你此前所见到的太阳都离你那么远，比想象还远，不能说这是谁造成的过错，只是此前，你对太阳误解得太深，就一千多米，你就感到了不可思议的近。像一个吻，你曾经在一篇文章中写过这样的话：'天与地深情相吻，留下了太阳这个鲜红的唇印。'她贴在天边，掀开这扇红窗帘，就能看看是否天外有天？又好比最为坚韧的一片笛膜，如果有一管长虹作为长笛，那，吹笛者是谁？这一滴红墨水，灼人地热，烙在梅花一般的云层里，多美，你惊讶得闭上了双眼——你想到童年，像你小时候所见的姐姐衣服上的那个钮扣——天空是件衣服吗？进一步的想像是这样的：自己是一根针——于是你有了一种穿针走线的冲动，你要把这枚扣子牢牢地钉在天上。李太白说：'平明登日观，举首开云关，精神四飞扬，如出天地间。'是的，天地间，就这一轮太阳，是她垄断了全世界的光明，但她却又从不以功臣自居，甚至，她比我们还会早起，没人打卡，她也准时上班，不管风里雨里——当然，有时候我们看不到她，这不怪她，是云层遮住了她的身影。

太阳升得更高了，我相信，这轮旭日，与我相看两不厌。其实，我的这双眼，看到的哪是太阳，分明是另一颗心，红得不能再红，烫得不能再烫，如果再来一阵风，极有可能把我这颗心从胸腔里吹出来，但和那一轮红日相比，我的心多么轻，顶多是一个红色的汽球，但是，在泰山，在 1 545 米的玉皇顶，我的心，与那一颗心，相互看见。尽管那一颗心属于苍穹，但她的每一次上升，都是我的心在'砰砰'跳动。"

——大卫《泰山观日出》（有删节）

【思考题】

1. 简述气象景观的类型。

2. 根据所学理论知识，分析云雾、冰雪、雾凇、烟雨、极光、佛光、蜃景等景观的异同。

3. 就本章所介绍的气候天象景观，选出你最喜欢的景观分析其审美意义。

第五章　生物景观审美

【学习目标】

- 掌握生物景观概念及其特征
- 了解植物景观的审美特征及类型
- 了解动物景观的审美特征及类型
- 了解自然保护区景观的审美特征及类型
- 了解植物景观、动物景观、自然保护区景观实例

【知识要点】

- 植物景观
- 动物景观
- 自然保护区景观

第一节　生物景观概述

一、生物景观的概念及类型

生物是地球表面有生命物体的总称，按其性质可分为动物、植物和微生物。其中肉眼能看到的不少动植物的美学特征以其复杂的形态和由其自身生命节律所表现出的变化性构成了旅游景观的实体，具有较强的旅游吸引力，形成自然旅游资源中不可缺少的一大组份——生物景观旅游资源。生物景观除了具有观赏价值，还可供人们进行科研、医疗健身、环境美化等多种活动。生物景观与生物多样性保护、生态环境建设密切相关，因此它是生态旅游、专题旅游的主要对象，也成为今后一定时期内旅游开发的热点。 根据生物旅游资源的形成，将其分为动物旅游资源、植物旅游资源和自然保护区资源。

二、生物景观的特点

生物是自然界最具活力的组份。由生物的成景和造景作用所形成的生物旅游资源，具有以下七个方面的特征。

（一）丰富性

它是指生物旅游资源在空间分布上的广泛性和多样性这一特征，而其中的多样性通常包括遗传多样性、物种多样性和生态系统多样性。地球上任何地方，无论是陆地还是海洋，无论是天空或地下都有生物存在，而且生物种类、自然生态系统均丰富多样，都有较高的旅游价值。再加上各地区人工创造的各具特色的生物景观，使地球表面广泛存在着丰富的生物旅游资源。

（二）特色性

它是指生物受地域分异规律控制而形成的不同地方有不同生物景观的特点。可以说地球上不存在环境完全相同的地区，地区之间多少存有差异，大尺度的遵循纬度地带性、干湿差异性；中尺度的遵循垂直地带性；小尺度的遵循地方性等地域分异规律。生物是环境的产物，有什么样的环境就有什么样的生物。热带的植物叶大、常绿、秋冬不落叶，寒带的植物多为针状叶，秋冬落叶；热带的动物皮毛不如寒带的厚。各个地方都存在适应当地环境的生物奇观。人们一提到热带，就联想到陆地上茂密的热带雨林、独树成林的大榕树、大象和孔雀，海洋中的热带观赏鱼；提到两极就会联想到北极的北极熊、南极的企鹅；提到澳大利亚就会联想到袋鼠；这一系列的“联想”都来自各地特色生物在人们头脑中留下的深刻印象的自然反映。

（三）季节性

它是指生物随季节变化而发生的形态和空间位置变换而形成季节性旅游景观的特点。在不同的季节有不同的植物开花，如冬天的梅花、秋天的菊花等。不少植物的叶色也随季节变化而变化。如银杏的叶子，春夏季为绿色，秋季为黄色。一些动物的毛色也随季节而变化。如雷鸟在冬季为了与雪地的颜色保持一致，羽毛会退变为白色，作为防御敌人的保护色。许多动物如候鸟、蝴蝶、驯鹿等，为寻找更好、更舒适的生活环境，会随季节有规律地迁徙，从而出现生物空间位置随季节变化的景象。

（四）再生性

它是指由生物的繁殖功能、可驯化功能和空间移置性所决定的，由人与自然共同创造形成的生物旅游景观。人们在生物的可繁殖性基础上，借助生物的可驯化性和空间可移动性等特征，通过改变局部生态环境条件，运用人工干预的手段将许多动、植物进行驯化、移植、饲养、培育，形成人工生物景观。如我国通过人力作用保护了濒危灭绝动物大熊猫及其生存环境，并将它作为珍贵的礼物赠送给许多国家，让更多人可以目睹这一珍贵的“活化石”。

（五）脆弱性

它是指生物及自然生态系统在抗干扰的能力上较为脆弱的特点。动植物都是有生命的物质，灾害性环境变迁，会使不少生物死亡甚至整个物种灭绝，气候变化会改变物种分布度和丰富度，使一些物种灭绝、部分有害生物危害强度和频率增加，使一些生物入侵范围扩大、生态系统结构与功能改变等，如地质时期白垩纪时期灾变环境，使称霸一时的恐龙绝灭。

（六）观赏性

它是指由生物的色彩、形态、发声、习性、运动等特征引起人们美感的特性。这一特性也正是生物构成旅游资源的根本所在。观赏动植物的色彩是最引人注目、最具感染力的。云南的一棵万朵山茶树被誉为“树头万朵齐吞火，残雪烧红半边天”，十分壮观；北极熊雪白的皮毛；鸟类清脆、婉转的鸣啼声，使大自然充满生机和活力。猛虎下山、鱼游水中的生物运动曾令不少人浮想联翩。

（七）冶情性

生物的某些特征中蕴藏着某种备受人们推崇的精神，能够启迪人的心灵，陶冶人的情操，这就是生物旅游资源的文化价值所在。“岁寒三友”松、竹、梅不畏严寒的精神，成为人们不畏逆境的精神支柱；孔雀和大象成了傣族人民对美丽和威武追求的象征；不少动植物因其精神价值而成为一个国家、一个民族、一个城市的象征，国花、国鸟、市花都寄托着人们的某种精神追求。

第二节　植物景观审美

植物世界的美可谓姿态万千，其审美观赏途径可以从植物生态特征出发，如形色美、奇特美、嗅味美、寓意美等特征；也可以从不同植物景观类型角度出发，如古树名木、奇花异草、森林景观、草原景观等方面审美。

一、植物景观的审美特征

（一）形色美

它是指植物的形体、色彩等美学特征。种属繁多的植物，其外形千姿百态，或古朴苍劲，或婆娑多姿。如我国“黄山松”以形态奇美著名，有“迎客松”、“送客松”等，多以姿态得名。植物的色彩也极为丰富，白的玉兰、粉的桃花、紫的丁香等五彩斑斓、绚丽夺目。众多色彩中，绿色为生命之色，是植物的基本色彩，也是绝大多数旅游景区的主色调。

（二）嗅味美

许多植物的茎、叶、花、果能发散独特的香味，使旅游者获得新奇的感受。如非洲坦桑尼亚的木菊花，其花瓣味道香甜，摘一瓣品尝，很快能让人醉倒，被称为醉花；埃塞俄比亚有一种多刺植物，叶片可分泌芳香扑鼻的香脑油，人长时间闻它也会被熏醉，是一种醉草。此外，还有许多植物因香味而得名，如七里香、晚香玉、夜来香等。这些具有香味的植物在美化环境的同时，也以其特有的香味带给旅游者嗅味美的享受。

（三）奇特美

一些植物往往以独特奇异的特征吸引着旅游者。“奇特”可以指地球上绝无仅有的某一特征，如最高、最快、最大等。我国云南的“独叶草”仅有一片叶子，是世界上最孤单的植物；一些植物由于其数量或分布范围有限而被列为珍稀植物，如海椰子、百岁兰、王莲、金茶花、珙桐、水杉、望天树和木沙椤等。这些珍稀植物，除具有科研价值外，也具有极高的旅游观赏价值。珙桐又叫鸽子树，是我国特有的被子植物。珙桐每年四五月开花，其花生有头状花序，形似鸽子，每当山风吹拂，苞片摇晃，似鸽子点头振翅，跃跃欲飞，别有情趣。

（四）寓意美

在长期的审美活动中，很多植物被人们赋予了某种寓意，使人们的旅游活动和欣赏行为更具文化色彩和精神意义，从而可开展文化旅游活动。如翠绿挺拔的竹子，给人刚强谦虚的感受；古老苍劲的树木，让人产生一种抗争的心境和百折不挠的精神。有些花草树木所蕴涵的含义在我国得到普遍的认可，代表人们共同的价值取向。如“岁寒三友”松、竹、梅，其不畏严寒，成为不畏逆境、勇敢向前的精神象征；“花中四雅”菊、兰、水仙、菖蒲，则象征着圣洁高雅。生物所蕴涵的这些备受人们推崇的精神，能够使人们陶冶情操、启迪心灵，从而获得精神上的鼓励。

二、植物景观的审美类型

（一）古树名木

指多呈单体存在，以树龄、规模、形姿、故事传说和所处环境等为特色来吸引游客观赏的树木，在重要景点景区随处可见。如黄山的迎客松，树冠扁平，飘逸多姿，针叶短而密，苍劲古雅，给人一种刚毅挺拔之感，被称为“四绝之冠”。山东曲阜孔林，古木参天，茂密幽深，现有古树两万多株，占地30公顷，树龄多在数百年至两千年，为我国最大的古树园。我国作为世界公认的“世界树木宝库”，保留一批古老和稀有的孑遗树种，如被列为世界三大“活化石”的水杉、鹅掌楸、银杏，以及特有的金钱松、台湾松、银杉、珙桐、金钱楠等。它们在人类了解地球历史和植物演化方面有很强的直观性，因此对旅游者的吸引力极大，往往一个单体就能吸引来源源不断的人流。

（二）奇花异卉

我国人民自古以来就注意以自然植被和奇花异卉装点自己的生活环境，栽培花卉的历史悠久，花卉名品众多，拥有名贵花卉六千多种，约占世界总数的3/4。其中梅、兰、竹、菊被称为“四君子”；水仙、菖蒲、兰、菊被誉为“花草四雅”；玫瑰、蔷薇、月季被誉为“园中三杰”。我国春夏秋冬都有不同的观赏花卉，而且长期以来形成一些花卉的最佳观赏地，兴化、高淳、瑞安桐浦暮春时节看油菜花；洛阳、菏泽、竹溪赏牡丹；无锡梅园、杭州孤山、南京梅花山观梅。

（三）森林景观

有原始森林、次生森林景观和人工森林景观之分。中国的天然森林主要分布在东北的大、小兴安岭和长白山，西南的横断山地和藏东南以及长江上中游的山地丘陵地区。根据树种结构和外貌特征，可把我国的天然森林分为寒温带落叶针叶林、中温带针阔叶混交林、暖温带落叶阔叶林、亚热带常绿阔叶林、热带雨林季雨林五种自然结构类型。我国东北山区和西南山区的原始林区，地形复杂，交通不便，因而动植物种类保存较完好，在科学考察、探险探奇及采集狩猎方面的旅游价值较高。在交通条件相对有利的广大东部次生林区及部分原始森林边缘区，则更适合开展大众观光、康乐度假及科普求知性旅游活动。

（四）草原景观

草原是在干旱、半干旱气候下，由旱生或半旱生的草本植物组成的植被类型。中国的草原类型以温带、暖温带和高山的草甸、草原为主，主要分布在内蒙古、新疆、西藏、甘南和四川西北地区。阴山以北、大兴安岭以西的内蒙古草原是中国最典型的温带草原，其风光之美被历代诗人所称颂。人们有“天苍苍，野茫茫，风吹草低见牛羊”和“蓝蓝的天上白云飘，白云下面马儿跑”的美好形容，是理想的草原旅游场所。在新疆天山南北坡一定的海拔高度上，高山草原呈地带性分布。淳朴的少数民族牧民，赶着成群的牛羊到处放牧，山坡上的点点毡房、鲜艳的民族服装、随风飘扬的阵阵牧笛和豪放的牧歌，有机地融为一体。游人至此，无不被这里迷人的草原风光所陶醉。青藏高原的高山草原和高山草甸，高旷开朗、坦荡无垠。每逢夏季，盛开的百花、点点帐篷、雪白的羊群、矫健的骏马、乌黑的牦牛，以及蓝天、白云、雪山共同构成一幅无限壮丽的美妙图画，强烈地吸引着旅游者。

第三节　动物景观审美

与植物景观相比，动物景观更为复杂、灵活，最基本的观赏途径是形、色、态、声、珍。动物景观审美可以从审美特征出发，如珍稀美、奇特美、表演美、象征美等特征；也可以从不同动物景观类型角度出发，如珍稀动物、观赏动物、迁徙动物等方面审美。

一、动物景观的审美特征

（一）珍稀美

“物以稀为贵”，动物越是珍稀，就越有观赏价值。珍稀动物有很多种，如马达加斯加岛上的象狐猴，因为该岛在1亿年前与非洲大陆相脱离，独立形成珍贵的自然生态环境，处于绝境中的象狐猴成了该岛独有的物种。此外，还有新西兰南北岛上的几维鸟，我国的大熊猫、金丝猴等珍稀物种。这些珍稀动物集保护价值与旅游观赏价值于一身，往往能引起旅游者的游览兴趣。

（二）奇特美

“奇特”是相对于某一自然生态环境下的旅游者而言。如澳洲的袋鼠、树袋熊等有袋类动物，因地壳演化、海洋阻隔、古地理环境变化等影响，只分布在澳洲大陆。对世界其他地区的旅游者具有吸引力。当然“奇特”也可指动、植物的一些奇异的生理、生态现象。索马里的太阳鸟——小红鸟，飞到树枝上展翅或使劲抖动羽毛时，即预示着要下雨了；美洲的角蟾，在遇险时能从眼里喷出鲜血，射程1米以上。这些奇特的动、植物极为珍贵，是宝贵的旅游资源。

（三）形态美

许多动物经过人工饲养和训练，会摹仿人的动作、声音或在人的指挥下做出某些技艺表演，这些特征具有吸引游人的观赏价值。如香港海洋公园的海豹、海狮、海豚等能在驯兽员的指挥下，随音乐跳跃、顶球、钻圈；泰国北部有一所大象学校，每年有6头3～5岁的幼象接受“教育”。该校的目的是经过6年时间，把大象训练成“森林产业工人”，教它驮人，用鼻子和象牙砍树、拖木头等。对于动物的训练和培养不仅凝聚着人类的智慧，也是人类开发和利用动物资源的形式，这种形式对旅游业的发展具有重要的意义。

（四）象征美

某些具有典型特征的动物，被人们作为民族追求的象征与吉祥物，成为国鸟、国兽。如智利的国鸟是山鹰；缅甸的国鸟是孔雀等。同时受宗教文化的影响，一些动物被视为圣物、神灵而受到敬奉，成为具有宗教特点的动物。如印度将牛视为“神牛”，每年要举行一次敬牛的节日活动。这些动物具有独特的旅游观赏价值和寓意性，受到宗教保护的同时，也成为旅游活动，特别是宗教旅游活动的观赏对象。

二、动物种群的审美类型

（一）珍稀动物

它是指野生动物中具有较高社会价值、现存数量又极为稀少的珍贵稀有动物。这些稀少珍贵的动物深受世界人民喜爱，有的被视为民族精神的象征，有的被视为国宝。我国幅员辽阔、环境多样，具有不少珍禽异兽，许多动物是属于世界性的珍稀动物。中国政府极为重视野生动物的保护，据 1987 年 9 月 1 日公布的《国家保护野生动物名录（草案）》中，一类保护动物 68 种，二类保护动物 53 种，三类保护动物 27 种。其中一类保护动物中的大熊猫、金丝猴、白鳍豚和白唇鹿被称为四大国宝动物。

（二）观赏动物

它是指体态、色彩、运动和发声等方面特征能引起人们美感的动物。根据观赏动物的美学特征将其划分为观形动物、观色动物、观态动物和听声动物。

【知识链接 5-1】

观赏动物分类

观形动物——动物的体形千奇百怪、各具特色，特别是一些体形奇异的动物，蕴藏着一种气质美。如虎，体形雄伟，给人以王者之气概，我国的东北虎颇有山中之王的气度；腿修长、头高昂的长颈鹿的体态给人以典雅华贵的感觉；尤其是尾巴似马而非马、角似鹿而非鹿、蹄似牛而非牛、颈似骆驼而非骆驼的“四不像”麋鹿，其体形更是耐人寻味，极具观赏价值。

观色动物——世界上以斑斓色彩吸引旅游者的动物比比皆是。有的为纯一色彩，如北极熊雪一般的白色绒毛给人以洁白无瑕的感觉；黑叶猴从头到脚闪亮的黑色如乌金一般。更多的为彩色组合，如黑白条斑排列极具韵律的斑马；更为有趣的是海南岛的坡鹿，背部有一条黑褐色的条带，条带下面点缀着若干平行排列的白斑，肋和腿呈土黄色，腹、胸、脚趾则呈一片雪白，色彩极为美观。

观态动物——动物的行动也能引起人的美感，猛虎下山之威武、鱼游水中之自由、骏马奔腾之矫健、猿猴攀缓之灵巧、象出深林之雄壮、雁过蓝天之整齐、熊猫行走之憨态孔雀开屏之美丽，常令人赞叹不已。猴、熊、狗和海狮等聪明的动物，经过人们的精心训练，可进行杂技表演，更是老少皆宜的旅游娱乐项目。

听声动物——不少动物发出的悦耳之声能激发人们的听觉美。“鸟语花香”一词导出了绝大多数鸟是大自然“歌唱家”的奥秘。夜莺之鸣声，悠扬婉转、娓娓动听；黄山八音鸟之鸣声，音调尖柔多变，音色清脆悦耳，一声能发出八个音；善仿人言的鹦鹉历来更受人宠爱；有的动物能发出奇特的声音，澳大利亚的国鸟——笑笑鸟发出像人一样爽朗宏亮的笑声、云南鸡足山的念佛鸟发出“弥陀佛”的叫声、峨嵋山万年寺的弹琴蛙，叫声如委婉动听的古琴声。

（三）迁徙动物

为繁殖、捕食和寻找更为舒适的环境，许多野生动物都有集体随季节变化而迁徙的本能。这种大规模的集体远征，使某一物种的动物在某一时段具体空间内形成极具观赏价值的旅游胜景。如青海湖地区由于独特的自然条件，每年夏季吸引大批的鸟类在此聚集，形成奇特的景观。每年4～6月间，当青海湖冰雪消融时，各种鸟类便离开南方越冬地，不远万里会聚到这里，生儿育女，繁衍后代。青海湖为群山所环抱，大大小小的河流奔涌汇聚其中，湖畔的湖滨平原、沼泽草甸和湖中的小岛为鸟类提供了良好的栖息地和繁殖场所。丰美的水草、藻类和水中肥美的湟鱼为鸟类提供了充足的食料，因此这里成为了鸟儿的乐园。青海湖观鸟已成为国内知名的旅游品牌。

第四节　自然保护区景观审美

自然保护区是全球广泛设立的自然保护的区域，是地球上自然生态系统保存相对较完整的地段。现全球已形成了较为完整的自然保护区网络，自然保护区优良的自然生态景观对游客具有较强的吸引力，世界及各国的许多名胜地均位于自然保护区内，随着旅游需求的增长，更多的自然保护区将成为旅游开发的对象。

一、自然保护区的审美特征

（一）典型性

具有典型性的生态系统和动植物才能被纳入保护区的范畴，步入其中才能看到真正典型的景观。如内蒙古锡林郭勒草原自然保护区是我国最典型的温带草原系统，是真正的草原旅游地。同时它还具有很强的珍稀性，甚至可以形成垄断性。如佛坪大熊猫保护区在国内是大熊猫野外密度最大的，同时也是世界上少有的保护区。

（二）自然旅游资源突出、综合性强

自然保护区中各种自然资源综合交错，既包括珍稀动植物品种的集中分布区，候鸟繁殖、越冬和迁徙的停歇地，以及饲养、栽种野生动植物近缘种的集中产地，还包括风光旖旎的天然风景区，具有特殊保护价值的地质剖面、化石产地、冰川遗迹、喀斯特、瀑布、温泉、火山口以及陨石所在地等，类型多样。同时还有优美独特的人文旅游资源，如民族风情、民居建筑等。

（三）脆弱性

作为保护生态系统、生物物种、生物多样性的自然保护区，特别把珍稀、濒危野生动植物的天然集中分布区放在设立保护区首条，可见其脆弱性之严重。一旦破坏了一个生态要素就会引起其他要素的连锁反应，一旦破坏超出自我调节限度，生态系统失衡，就会损害整个保护区系统。

二、不同类型的自然保护区景观审美

根据我国自然保护区的对象和保护目的划分为综合型自然保护区、以保护珍稀孑遗植物和有特殊价值的植物原生地为主的自然保护区、以保护珍稀动物及其生态环境为主的自然保护区等。

（一）综合型自然保护区

主要保护地带性或区域性生态系统和在其间生活的生物、珍稀物种及人文历史遗迹，如云南西双版纳自然保护区保护热带森林生态系统和珍稀动植物。

（二）以保护珍稀孑遗植物和有特殊价值的植物原生地为主的自然保护区

主要保护植物，不单是树种。如内蒙古西鄂尔多斯自然保护区保护四合木、半日花及古老孑遗濒危植物和荒漠系统，贵州赤水桫椤自然保护区主要保护国

家一级保护植物——桫椤。

（三）以保护珍稀动物及其生态环境为主的自然保护区

如新疆巴音布鲁克自然保护区主要保护天鹅等珍稀水禽及其栖息繁殖地，陕西周至自然保护区保护金丝猴等珍稀动物及其生态环境。

（四）以保护区域性特有野生生物及其生活环境为主的自然保护区

如宁夏沙坡头自然保护区主要保护特有野生动植物及其生存繁衍环境、沙漠自然生态系统，青海可可西里自然保护区保护青藏高原特有野生动植物及其生存环境。

（五）以保护自然遗迹为主的自然保护区

主要保护重要地质遗迹、奇特地貌景观。如山东即墨马山自然保护区保护火山岩柱状节理和硅化木；广东丹霞山自然保护区保护丹霞地层、丹霞地貌和自然环境。

【知识链接 5-2】

世界上第一个自然保护区——美国黄石国家公园

美国黄石国家公园是世界第一个自然保护区公园，成立于 1872 年。位于美国中西部怀俄明州的西北角，并向西北方向延伸到爱达荷州和蒙大拿州，面积达 7 988 平方千米。1978 年被列为世界自然遗产。最显著的特征是地质方面的地热现象，与世界上其他所有地方相比，这里拥有更多的间歇泉和温泉、彩色的黄石河大峡谷、化石森林，以及黄石湖。同时还拥有灰熊、狼、野牛和麋鹿（不同于中国麋鹿）等野生动物而闻名于世。

第五节　典型生物景观实例赏析

一、植物景观实例——海南琼山东寨港红树林

（一）总体介绍

位于海南省琼山市东北部的东寨港，红树林在这里的海滩上绵延 50 千米，面积 4 000 多公顷，是我国建立的第一个红树林保护区，1986 年 7 月 9 日，经国务院审定晋升为国家级自然保护区，中国七个被列入国际重要湿地名录的保

护区之一。因陆陷成海，形如漏斗，海岸线曲折多湾，泻湖滩面缓平，红树林就分布在整个海岸浅滩上，共16科32种。东寨港红树林自然保护区不仅是中国最大的红树林自然保护区，也是海南省十大旅游开发区。

（二）审美重点

红树林 区内生长着全国面积最大、种类齐全、保存最完整的红树林，共有红树植物16科32种，红树林是热带滨海泥滩上特有的常绿植物群落，由于其大部分树种都属于红树科，所以生态学上将其称为红树林。其中水椰、红榄李、海南海桑、卵叶海桑、拟海桑、木果楝、正红树、尖叶卤蕨为珍贵树种。海南海桑和尖叶卤蕨为海南特有植物。本区主要红树林群落有木榄群落、海莲群落、角果木群落、白骨壤群落、秋茄群落、红海榄群落、水椰群落、卤蕨群落、桐花树群落、榄李群落、红海榄+角果木群落、角果木+桐花群落、海桑+秋茄群落。涨潮时分，茂密的红树林被潮水淹没，只露出翠绿的树冠随波荡漾，成为壮观的“海上森林”。红树林是热带海岸的重要标志之一，能防浪护岸，还是保护浅海海产资源及鸟类资源，维护海洋生态的理想植物。

候鸟 风光秀丽的东寨港红树林保护区还是候鸟的乐园。每年秋冬，一批批各种各类的候鸟，不远千里，飞到东寨港。鹤类总是在12月捷足先登，来年5月才返回。白鹭年年姗姗来迟，到3月才来聚会。如今这里的鸟国居民共有几十种上万只大天鹅、小天鹅、鹤类、鹳类、海鸥、海鸡、水鸭和其他鸟类，它们在空中翱翔，水上嬉戏，给红树林区的景观增添了色彩和生机。

【知识链接5-3】

森林景观——红树林

红树林是分布于热带和部分亚热带的滨海地区、受周期性海水浸淹淤泥海滩上的一种耐盐的常绿乔灌木植物群落。它能起扩展滩涂、防御风浪潮汐袭击和保护海岸等作用。具有生态保护、经济和科学研究价值。红树林主要分布在北纬32°至南纬44°之间。我国的红树林分布在海南、广东、广西、福建、台湾和浙江等地。其中位于我国广西合浦县的山口红树林，于1990年建为生态保护区，是首批国家级海洋类型的自然保护区之一。保护区面积达0.8万公顷，红树林面积达0.72万公顷，有红海榄、秋茄、桐花树等12种红树林植物，其中成片的红海榄纯林，在我国极为罕见。

二、动物景观实例——云南野生动物园

（一）总体介绍

云南野生动物园位于昆明市东北部，地处金殿国家森林公园之中，建设面积约 3 000 亩，是云南省唯一以野生动物养殖、观赏、散放展示为主体，集观光旅游、科普教育、迁地保护为一体的新型旅游景区。整个园区的格调定位是“三分人工、七分自然”，建设因地制宜，群山起伏，林木青翠，展现出一片自然、原始、野趣和纯朴的风貌，真正体现出了野生动物园的“野”性。

（二）审美重点

云南野生动物园现有各种珍禽异兽 200 余种 10 000 余头（只）。动物展示以云南及西南物种为主体，突出云南的特有动物——滇金丝猴、亚洲象、小熊猫、绿孔雀的大群体，散放式展示将使游客耳目一新。同时也包含了许多“世界之最”的动物，如飞得最高的鸟（17 680 米）——斑头雁，寿命最长的笼养鸟——葵花凤头鹦鹉，还有马达加斯加的珍稀动物节尾狐猴等极具个性、特色和魅力的动物。

滇金丝猴 又名“黑白仰鼻猴”，属于世界瞩目的珍稀濒危动物，是金丝猴属中最为特殊化的一个物种，仅分布在我国喜马拉雅山南缘横断山系的云岭山脉，金沙江、澜沧江之间面积约 2 万平方千米的区域内，是除人类外唯一拥有红唇的动物，也是地球上最大的猴子，体重可达 30 千克左右，且生态行为极为特殊，终年生活在冰川雪线附近的高山针叶林带之中。

亚洲象 是亚洲大陆现存最大的动物，一般身高约 3.2 米，体重可超 5 吨。现分布于北纬 24.6°以南的我国云南西双版纳勐腊县及南亚、东南亚部分地区。列入《国际濒危物种贸易公约》濒危物种之一的动物，也是我国一级野生保护动物，我国境内现存仅 300 余头。

三、自然保护区实例——九寨沟国家级自然保护区

（一）总体介绍

九寨沟国家级自然保护区位于四川省阿坝藏族羌族自治州九寨沟县境内，1992 年被联合国教科文组织批准列入“世界文化与自然遗产名录”，1997 年被联合国纳入世界生物保护区网，该保护区面积约为 6 万公顷，是我国第一个以保护自然风景为主要目的的自然保护区。区域气候属于北亚热带与暖温带的过渡地区，景观分布在树正、诺日朗、剑岩、长海、扎如、天海六大景区，以 3 沟 118 海为代表，包括 5 滩 12 瀑，10 流数 10 泉等水景为主要景点，与 9 寨 12

峰联合组成高山河谷自然景观。保护区内四季景色迷人，动植物资源丰富，种类繁多，原始森林遍布，栖息着大熊猫等十多种珍稀野生动物，共同构成了优美而神奇的自然风景，成为闻名中外的旅游胜地。

（二）审美重点

奇特的水体景观　九寨沟以高原钙华湖群、钙华瀑群和钙华滩流等水景为主体的奇特风貌，其水景规模之巨，景型之多，数量之众，形态之美，表局之精和环境之佳等指标综合鉴定，位居中国风景名胜区水景之冠。

类型多样的地貌景观　九寨沟地处青藏高原向四川盆地过渡地带，地质背景复杂，碳酸盐分布广泛，褶皱断裂发育，新构造运动强烈，地壳抬升幅度大，多种营力交错复合，造就了多种多样的地貌，发育了大规模喀斯特作用的钙华沉积。以植物喀斯特钙华沉积为主导，形成九寨沟艳丽典雅的群湖，奔泻湍急的溪流，飞珠溅玉的瀑群，古穆幽深的林莽，连绵起伏的雪峰，这些地貌景观的和谐组合，构成独具特色的风景名胜区。

保存完好的冰川遗迹　九寨沟角峰峥嵘，刃脊璀嵬，冰斗、U 字谷十分典型，悬谷、槽谷独具风韵。槽谷伸至海拔 2 800 米的地方。谷地古冰川侧碚、终债垄发育，成为我国第四纪冰川保存良好的地方之一。

生物种质资源的基因库　九寨沟为多种自然要素交汇地区，山地切割较深，高差悬殊，植物垂直带谱明显，植物资源丰富，有高等植物 2 576 种，其中国家保护植物 24 种；低等植物 400 余种，其中藻类植物 212 种。植被类型多样，隐藏着不同气候带的地带性植被类型。植物区系成分十分丰富，几乎包括了所有大的世界分区。许多古老、孑遗植物保存良好，形态上原始的领春木、连香树、金连花、独叶草等对于研究植物系统演化及植物区系的演变均有一定的科学价值。九寨沟野生珍稀动物资源共有 17 种。其中一类保护动物有大熊猫、牛羚、金丝猴等；二类保护动物有毛冠鹿、白唇鹿、小熊猫、猕猴、林爵、红腹角雉、绿尾红雉、大天鹅等；三类保护动物有鬃羚、斑羚、碉羊、蓝马鸡、血雉等。

【思考题】

1. 我国动、植物旅游资源主要有哪些类型？
2. 简述我国动、植物旅游资源的分布特点。
3. 结合海南的旅游资源开发谈一谈如何打造海南旅游形象。
4. 简述动植物旅游资源的生态旅游意义。
5. 我国有哪些具有观赏和科考、旅游价值的世界珍稀动物？

第六章 园林景观审美

【学习目标】

- 掌握园林景观及其特征
- 掌握园林意境
- 了解园林审美的要素及其培养
- 了解古典与当代典型的园林实例

【知识要点】

- 园林特征
- 园林意境
- 园林审美

第一节 园林景观及其特征

一、园林景观概念

我国的造园艺术及其营建已有数千年的历史，文献记载的相关词汇颇为繁多，一般单词常见的有园、苑、囿、圃、庭、院、墅7个；以复词出现的有园圃、苑囿、园林、园亭、匠庭、庭院、林园、林圃、林泉、园圃、园池、园宅、田园、别墅、山庄、山居、山池、草堂等18个。它们的性质和规模虽不完全一样，但都具有一个共同的特点，即在一定的地段范围内，和用并改造天然山水地貌或者人为地开辟山水地貌，结合植物的栽植和建筑的布置，从而构成一个供人们观赏、游憩、居住的环境。

园林一词在古籍及诗词中屡见不鲜，宋代周密撰写的《吴兴园林记》就以园林为名。明代计成著的《园冶》一书中，多次用园林一词，如“园林巧于因借”，“园林书屋，一室半室，按时景为精”……诗中更是常见，如西晋张翰的

《杂诗》:“白日照园林”，唐代白居易《春尽归》中:“春归似遗驾留语，好住园林三两声”，宋代黄庭坚《咏相》:“雪后园林才半树，今春花乌作边愁”等。古人所谓的园林，大多泛指当时的宅园或风景圣地。

“园林”二字的广泛使用是从建国以后才开始的。随着旅游事业和环境科学的发展，尤其是近 20 多年来，园林建设和研究又进入了一个崭新的阶段。现代园林的内容更为广泛，类型更为繁多，甚至包括了更大范围的区域性或国土性的生态景观，发展成为一门综合性的环境学科。当前的研究范畴包括传统园林、城市绿化和大地景观三个层次。现在所谓的“园林”可以解释为在城市建设中，凡是借靠植物改善环境的地方一律可以称为园林。这种改善有两方面的含义，即城市环境美的改善和城市生态条件的改善。

日语中“造园”是指庭园与公园两大范畴的建造，是一个动名词。美国造园方面的词汇主要有“garden”（庭园)、“park”（公园)、“landscape”（风景，指花园、公园和大面积风景区的自然景观和人力加工的面貌）等，引申出来的“landscape art”(造园艺术)、“landscape architecture”(景观学)、“landscape design”（景观设计）等词汇。

二、园林艺术风格及比较

园林是人类出于对大自然的向往而创造的一种富有自然情趣的游憩玩赏的环境，是一种审美享受的手段。世界上各个民族都有对自然美的审美要求，因此文化发展到一定程度的民族，都有自己的园林创作。如中国古典园林，法国古典主义园林，希腊、罗马的文艺复兴园林，英国自然风景园，伊斯兰园林，日本园林等。这些园林都自成体系，各有明显的特点和很高的成就。但概括地说，前两种园林风格最典型也最引人注目，可以分别作为中、西方造园艺术风格的代表。而且这两种园林风格恰到好处在相反的两极上，拿它们作比较更有助于深入理解中国传统园林艺术的特点。中、西方园林都是人类为了改善自身的生存条件而营造的人造环境。为什么从开始就会循着不同的道路、走向相反的两极呢？两种造园风格的最主要差异表现为，后者着眼于几何美或人工美；前者着眼于自然美。

（一）人工美——法国古典主义园林

代表西方园林风格的 17 世纪下半叶的法国古典主义造园艺术，其特点是一切园林的题材的配合讲求几何图案的组织，在明确的轴线引导下做左右前后对称布置，甚至连花草树木都修剪成各种规整的几何形状。形式上整齐一律，均衡对称。总之，一切都纳入到严格的几何制约关系中去，一切都表现为强调人工美或几何美，认为人工的美高于自然美，从而形成了欧洲大陆规则式的造园风格。西方园林所体现的是人造美，不仅布局对称、规则、严谨，就连花草都修整得方方正正，从而呈现出一种几何图案美，如法国著名的凡尔赛宫殿（图5），中轴线长达三公里，自西往东伸展，规模巨大的十字形水渠及阿波罗水池都在中轴线上。中轴两侧的喷泉、植坛、池沼、雕像，都对称地展开，一条条笔直的通道，如横线、竖线或斜线交叉，呈直角或锐角的形状，其总平面图也基本上是对称的几何形，表现出图案式的统一整体之美。被中国造园家称为“水法”的喷泉，更喷射着高度的技能之美。水往低处流，这是自然规律，而凡尔赛宫中往高处喷的各类喷泉，竟有1 400座，这是多么显赫的人工技能美的大型展览。从本质上看，观者所叹赏的正是人的意志、力量、智慧、创造、才能……

（二）自然美——中国古典园林

中国古典造园艺术是中国文化艺术长期积累的结晶，充分反映了中华民族对于自然美的巨大而深刻的理解力和鉴赏力。中国古代园林与西方传统规则的几何形园林迥然不同，是以自由、变化、曲折为特点。它源于自然，却高于自然，将人工美与自然美相结合，从而做到“虽由人作，宛自天开”，形成了自然式山水风景园的独特风格。18世纪英国使团副使乔治·斯当东在《英使谒见乾隆纪实》一书中是这样写避暑山庄的：“他们尽量地使这个花园具有一种天然风景，除非为了交通和其他的方便，不用人工加以改造。园内的自然结构似乎天造地设地使它生长在那里点缀风趣，而人工加工部分看上去似乎没有使用工具而只是人的双手创造。”斯当东的记述颇有见地，在和西方园林系统的比较中，他基本上把握了中国园林系统在宏观和中观上崇尚天然美而不崇尚人工美的特点。虽然中国园林从形式和风格上看属于自然式园林，但实际在造园的过程中并非只是简单地再现或摹仿自然特征，而是在深切领悟自然美的基础上将自然界的众多元素加以萃取、抽象、概括、典型化，且这种创造并不违背蔼然的天性，恰恰相反，是顺应自然并更加深刻地表现自然。以中国园林“力图摹仿自由的大自然”的布局风格来说，在“久在樊笼里，复得返自然”的情境孕育下成熟的苏州园林有着充分的体现。例如拙政园中部，是以四面厅远香堂为布局中心的（图6），两侧完全打破了均衡对称的布局。这个南北向的主体建筑远香堂，西面是倚玉轩、曲廊，东面则是绣绮亭、墙；西南是水院，东南则是旱园，两面竟如此故意地避免对称，真可谓是“其形各异”。

从以上的比较分析说明，西方园林系统与中国园林系统是全然不同的两大园林系统。这两大系统之所以如此地对立，从外部关系来看，不但受时代、社会存在的影响，而且出于受到邻近的精神形态——哲学、美学、科学、艺术的渗透；从内部关系来看，主要是由园林中建筑与自然的关系所决定的，于是园林从微观到宏观，从造型结构到整体布局，都产生了一系列的对立。西方园林是一切服从建筑，或一切有如建筑，因此它具有布局均齐、秩序井然的风格特征，具有规整性、统一性、抽象性的艺术形态，并显现着强形式的人工之美和技能之美。中国园林则是一切服从自然，或一切如自然，因此它具有天趣盎然、气韵生动的风格特征，具有自由性、多样性、具象性的艺术形态，并从总体上显示出弱形式的人工之美和技能之美。

第二节　园林审美思想

一、园林审美来源

人类的审美活动包括审美者与被审美对象两方面，简言之就是主体与客体的关系。所谓审美意识是客观存在的现实美在人们头脑中的能动反映。园林美感也是一种主客观统一的满足感和愉悦感，是人们对园林艺术作品进行审美时所产生的一种高级的、复杂的心理活动。园林美属于自然美，具有一定的社会性、阶级性、时代性等。具体来说就是将自然美加以保存或加工改造或摹仿再现供人们享用，即是园林美。如果列成一个简式即“自然美+社会美+艺术美=园林美”，虽然加工或再现都含有较高的艺术要求，不过园林美始终属于自然美的属性。

我们去欣赏各种艺术表演，比如闭目静听音乐旋律，看绘画作品或欣赏艺术雕像，许多种艺术都是在相对固定的位置欣赏，从而获得美的感受。即所谓“静观”。唯独自然风景的审美，客体不动而主体在移动，即所谓“动观”。这是园林欣赏方式比较独特的地方。“旅游”二字的含义从“从容的行走为游”来看，园林欣赏少不了移动的观赏。

高尔泰曾说：“如果在你的心中找不到美，那么你就没有地方可以发现美的踪迹。”自园林艺术产生以来，园林艺术家们一直在探索着如何使作品能引起更多、更大、更深刻的美感；园林艺术史的主要脉络就是由园林美感（认识）史构成的。自然美是客观存在，不以人的意志为转移，这个客观存在如果引起自己的美感，然后才有兴致进行摹仿或再生，最后引起人的美感才有可能。所以主观上找到美和发现美是很重要的因素。

园林美该如何发现？人们在游赏园林时所渴望达到的精神满足和生理快感经过意象典型化转化成美的观念，然后与眼前的美景结合，联想起昔日审美经验，才会形成并以某种程度的突发性、非自觉性（直觉）震颤着人的心灵，或持续地吸引着他长久玩味而留连忘返。以唐代诗人张籍的《酬白二十二舍人早春曲江见招》为例，一般人有关早春的美的观念多是“风和日丽、烟柳残冰”之类，而张籍应白居易之邀游园曲江池时所遇到的恰好是符合这种观念的美景，于是写出了下面的诗句：“曲江冰欲尽，风日已恬和。柳色看犹浅，泉声觉渐多。紫蒲生湿岸，青鸭戏清波。仙掖高情客，相招共一过。”那种盼得春归和急切赴约共游曲江的心情融于对早春景物的美感，即使过了一千余年，我们也能分享。

在园林艺术创作中，美的观念的形成和美的观念的满足（在许多环节上，身心愉悦在一定程度上淡化了），在时间顺序上不能机械地划分先后，而常常是交织在一起，随着构思的成熟才逐渐清晰地分为两种心理状态的。对园林艺术起过重大作用的石涛有两句话很能说明这一点：“搜尽奇峰打草稿也”与“山川与予神遇而迹化也”。第一句说的是典型意象的来源，第二句说的正是这种结合过程。不过多数园林艺术家的构思都必须让“山川”与游赏者的“神”相符合，他们的“迹化”才能得到承认，只有少数园林巨匠能使自己的“神”在游赏者的心灵中引起巨大的反响。

游赏者的美感中除了对包括艺术化的典型环境美感到满足和愉悦外，还包括对巧妙的艺术构思和高超的艺术技巧的赞赏和折服。艺匠们所说“造烛求明，观艺求精”，以及鲁迅说的“使闻其声者，灵府朗然，与人生即会”都可以借用到对园林美感作概括地描述。

园林美感当然包括生理快感的因素，却不能归结为生理快感。生理快感可以成为园林美感的材料和阶梯，但生理快感只有经过综合并摆脱物欲的羁绊才能上升为心灵愉悦。与精神满足和心灵愉悦相比，生理快感不仅处于表层，而且处于从属地位，只有在某种思想感情的统率下才能成为园林美感中的激发因素和组成因素。五代南唐词人冯延巳有一首《清平乐》：“雨晴烟晚，绿水新池满。双燕飞来垂柳院；小阁画帘高卷。黄昏独倚朱栏；西南新月眉弯。砌下落花风起，罗衣持地春寒。”正因为风振罗衣，芳心自普，景中见人，初春的园中黄昏之间的清丽、幽寂才引发并烘托出潇洒自在又微露怅意的美感。

二、园林审美要素

音乐是听觉艺术，绘画是视觉艺术，电影是两者兼有的综合艺术。但是自然风景的属性就复杂多了，那里泉水淙淙，鸟鸣啾啾，有听觉艺术；植物的体形、线条、色彩充满了视觉艺术；溪流、潮汐、飞鸟、落叶，自然界充满了动的艺术；青青河畔草，郁郁园中柳，那里是静的艺术；自然界的四季变化、晨昏变化、阴晴变化，是时间的艺术；园林的创造又离不开组织空间、布置空间，当然少不了空间艺术。但归纳起来，构成园林审美的有四个基本要素，即筑山、理水、植物配置、建筑营造。它们按照不同比例、不同方式、不同组合，构成了中国古典园林丰富多彩的美感。山景是园林风景形成的骨架和支托，是孕育景观的母体；水景为园林景观的脉络，赋予各种景观要素以活力、生气和韵律；花木为园林景观的肤貌，蕴含生命力的宝库，是影响和制约其他景观要素的纽带；建筑起着联系人文景观与自然的媒介作用，成为体现园林文化与历史的重要象征。

（一）叠山理水

山水是园林美的第一要素，也是造园的第一步。“园林之盛，唯是山水二物。”“山贵有脉，水贵有源，脉源贯通，全园生动。”成功的名园都充分注意到了山石水流的脉理，“山不在高，贵有层次；水不在深，妙于曲折；峰岭之胜，在于深秀。”据此，古代的能工巧匠们构筑出“水随山转，山因水活”，山水相依的自然意趣。

山作为园林中的基本景观，除了少数大型苑囿常包入真山或者引入山的部分山脉来造景外，多数园林主要依靠叠假山来营造山林景观。园林假山的主要功能在于造景，形成可游可观的立体景观，“片山有致，寸石生情”。园林中有了山，才形成了有高有低、有曲有折、有险有峻、有平有坝的立体图画。堆筑假山包括土山、土石山、石山三种情况。土山垒土版筑而成，坡度不能太陡，山愈高则占地愈大，多见于大型的人工山水园，往往利用挖池的土方堆筑。土山的取材、施工较为容易，又便于种植花木，收到较好的山林效果。但山体形象比较缺乏写意性和表现力。土石山是土与石相结合，先筑土山，再于其上堆叠石块。比之土山，坡度可陡一些，占地少一些，也有一定的写意性和表现力。石山全部使用天然石块堆筑而成，这种特殊的堆筑技艺叫做“叠山”。“石为山之骨”，造园家往往依据自然界岩石的不同形状纹理，在园中分峰用石，以突出假山不同的气势和风格。南北各地现存许多优秀的叠山作品，无论摹拟真山的全貌或截取真山的一角，都能够以小尺度给峰、岚、岭、洞、谷、悬崖、峭壁等以形象的写照。从它们的堆叠章法和构图经营上面可以看到天然山岳构成规律的概括、提炼。如黄石质坚，形如刀削斧劈，棱角分明，气势浑厚奇诡，因而用它叠成了豫园中的“江南第一假山”。苏州环秀山庄的假山堆叠奇巧，山体起伏，危石高耸，沟涧纵横，洞睿幽深。登临峰巅，可俯视沟壑盘纡；置身幽谷，可仰视重峦叠嶂。诸如此类的例子，不胜枚举。叠石成山的风气到后期尤为盛行，几乎是“无园不石”。此外，还有选择一整块天然石材陈设在室外作为观赏对象，一般安置在人们视线集中的地方，这种做法叫做“置石”。用作置石的单块石材不仅造型优美奇特，而且能够引起人们对大山高峰的联想，即所谓“一拳则太华千寻”。现存江南名石有苏州清代织造府（在今苏州第十中学）的瑞云峰、留园的冠云峰、上海豫园的玉玲珑和杭州花圃中的皱云峰；而最老的置石则为无锡惠山的“听松”石床，镌刻唐代书法家李阳冰篆“听松”二字。

水体在大自然的景观构成中是一个重要的因素，它既有静止状态的美，又能显示流动状态的美。因而是中国古典园林艺术中最有灵气的活的灵魂。它同山石景观动静辉映，相得益彰。中国虽有着漫长的海岸线，但由于种种历史原因，中国古典文化中的内陆型的成分远比海洋型的成分多。这种情况反映在园林理水方面，人工开凿的水体摹拟海景的很少，基本上是内陆大自然界的湖泊、池沼、河流、溪涧、渊潭、泉水、瀑布等的艺术概括。造园家往往根据假山峰石的脉络走向，设计水的源头流向，构筑成各种形式的湖池溪泉，表现自然山水、削峰飞瀑、峡谷深渊、曲岸平湖、幽陵涧溪等不同的共生风格。而潺潺、汩汩、叮咚的水流清音则尤似自然的天籁之声，使游人俨然身处自然，神魂俱醉。园林理水务必做到“虽有人作，宛自天开”，哪怕再小的水面亦必曲折有致。清代著名画家恽正叔在《南田画论》中说：“境贵乎深，不曲不深也。”园林中的水面忌做成正方形、圆形、椭圆形等几何图形，园林中的水池多为自然的形态，特别是江，自由的曲线，岸边驳石，高低错落，虚虚实实。这种艺术手法既顺应自然，又深含哲理。

（二）植物配置

花木作为古典园林造园四要素之一，是园林组景的素材。中国古典园林作为自然山水园，常师法自然，模拟大自然的植物景观入园。即使是在面积很小的园林中，也模拟“三五成林”，创造“咫尺山林”的意境。圆明园就是按照陶渊明《桃花源记》的描述，在园林中创造“武陵春色”；或者把田园风光搬进园林，设置“稻香村”等。充分反映出中国古代“以诗情画意写入园林”的特色。花木能够赋予园林时空变化与生气。花木四季变化与生长发育使园林环境在春、夏、秋、冬四季产生相应的变化，花木还可以分割空间，隐蔽建筑物。譬如颐和园西侧平直呆板的围墙，割断了颐和园与玉泉山和西山的视觉联系，但造园者巧妙地用西堤垂柳挡住墙体，将中景玉泉山和远景西山纳入园中，从而将不同距离的景色连结起来，扩大了游人的欣赏空间。

中国古典园林花木配植有自身的特点。第一，注重花木与园林其他要素配合得当。无论山石、水体、园路和建筑物，都以植物衬托，甚至以植物命名，以植物命名的建筑物如藕香榭、玉兰堂、万菊亭、十八曼陀罗馆等，建筑物是固定不变的，而植物是随季节、年代变化的，这就加强了园林景物中静与动的对比。使园中四时有不谢之花，达到四季繁花不绝、活泼明快的景观效果。第二，花木选择注意地方特色和四时变化。各地园林配植花木时多选当地物种，因为土生土长的花木存活率高，生长快，效果明显，地方特色突出。另外还考虑时令的变化，使园林景色四季常新，力求做到细竹迎春，柳嫩桃红，榆烟杏雨，玉兰飘香，梨树添白，牡丹阶前，荷花一片，榴开碎锦，菊花烂漫，腊梅迎雪，松柏常青。第三，注重花木的象征意义。园林造景中常用不同花木的相配来比喻高尚的人格精神，寄托美好的生活祝愿。譬如松、竹、梅以其傲霜雪的习性而被文人誉为“岁寒三友”，莲之“出污泥而不染”，梅花之“香自苦寒来”，菊花之“傲霜独放”等，均比喻为君子、高士的品格。牡丹以其雍容华贵的形象而被誉为“国色天香”。玉兰、海棠、牡丹和桂花四种花卉种植在一起表示“玉堂富贵”等。造园家往往根据观赏树木和花卉的生态习性和表现形态，赋予景观一种人格化的比拟，因此在园林中着重欣赏植物的个体美，以孤植方式多，且极少修剪。

（三）建筑经营

园林建筑在中国古典园林中是一个重要的组成要素。除了满足游人遮阳避雨、驻足休息、生活起居等方面的实用要求外，园林建筑还常与山池、花木密切结合，组成风景画面，有时还起着园林景象构图中心的作用。中国的园林建筑多采用木结构，建筑空间通透畅达，建筑类型丰富多样。主要的建筑类型有殿、厅、堂、馆、亭、台、楼、阁、榭、轩、廊、舫等，并获取与自然环境的山、水、花、木密切嵌合的多样性。中国园林建筑的形象之丰富不仅在世界范围内算得上首屈一指，而且还把传统建筑的化整为零、由个体组合为建筑群体的可变性发挥到了极致。它一反宫廷、寺庙、衙署、邸宅的严整、对称、均齐的格局，完全自由随宜、因山就水、高低错落，以这种千变万化的面上的铺陈更强化了建筑与自然环境的嵌合关系。

匠师们为了进一步把建筑谐调地融合于自然环境中，还发展、创造了许多别致的建筑形象和细节处理。譬如亭这种建筑物在园林中随处可见，其形象因地制宜，变化多端，不仅具有点景、观景的作用，而且通过其特殊的形象体现了以圆法天、以方象地、纳宇宙于芥粒的哲理。苏东坡《涵虚亭》诗云：“惟有此亭无一物，坐观万象得天全”。再如临水之“舫”和陆地上的“船厅”，即摹仿舟船以突出园林的水乡风貌。江南地区水网密布，舟楫往来为城乡最常见的景观，故园林中这种建筑形象也运用最多。廊本来是联系建筑物、划分空间的手段，园林里面的那些楔入水面、飘然凌波的“水廊”，婉转曲折、通花渡壑的游廊，蜿蜒山际、随势起伏的“爬山廊”等各式各样的廊子，好像纽带一般把人为的建筑与天成的自然贯串起来。后期的中国古典园林，建筑物较多，建筑密度较大，因而匠师们得以充分发挥建筑在以下两方面的突出作用：其一，“点景”和“观景”，即利用建筑物来点缀风景，甚至画龙点睛成为一处景域的构图中心，同时又借助建筑物来观赏他处风景，包括园内之景和园外借景；其二，组织园林空间，即由建筑物配以山石、花木围合组织而成的半建筑空间，它们既不同于庭院的纯建筑空间，也不同于山石、植物围合的自然空间。许多优秀的园林作品，就是一系列的自然空间、半建筑空间和建筑空间的整合。

三、园林审美意境

（一）园林意境的概念

园林意境是中国园林美学思想所独具的一个范畴，是中国园林独有的精神性建构。园林意境美是衡量园林整体美的一个标准。所以中国园林之美和高度的艺术成就，不仅仅体现在物质性建构，而更主要的是创造了不是自然胜似自然的园林意境。

台湾学者姚一苇在《论境界》一文开始就说：“‘境界’或‘意境’一词是我国所独有的一个名词，作为艺术批评或文学批评的一个重要术语。但是它的语意非常抽象和暖昧，因此在比较实际的西洋美学或艺术学的体系中，几乎找不出一个可以概括它的所有内含的一个用语。”美籍华人、著名新闻记者梁厚甫在《民族自大狂》一文中也说过：“中国诗词的意境，有时外国最好的文学作品也不能及万分之一。”这说明熟悉西方文学的海外学者也认为：“意境论”为中国所独有，中国古典诗歌的意境魅力，西方的优秀文学作品往往难以企及。

以上援引两例，旨在说明意境或意境论是中国美学对于世界美学思想独特而卓越的贡献，是中国着重表现的美学思想结晶，中西园林艺术在这方面的分野十分明显。中国园林，尤其是中国古典园林艺术，十分强调创造园林意境。中国古典美学的意境，在园林艺术、园林美学中得到了独特的体现。可以说中国园林美学，尤其是中国古典园林美学的中心内容是园林意境的创造和欣赏。

谈中国园林意境，不能不谈诗画。这不仅是中国园林历来与诗画有着密切的关系，还因为意境首先就是中国古典诗画的美学范畴。诗画的指引既为园林的意境提供了深厚的文化内蕴，又便于人们更深刻地领悟园林的意境，是中国园林艺术的精华所在。园林内的匾额、楹联、诗文、碑刻，不仅是一种能烘托远景主题的装饰，同时又作为一种文学载体记述典故，抒情喻志，对园林景象起着画龙点睛的作用。拙政园的扇面亭，仅一几两椅，却借宋代大诗人苏轼“与谁同坐？明月、清风、我”的佳句，表达一种高雅的情操意趣。在古典园林中，这样的例子比比皆是。

那么什么是园林意境呢？即通过园林的形象所反映的情感，使游赏者触景生情，产生情景交融的一种艺术境界，称之为园林意境。叶朗在《中国古典园林的意境》中指出：“中国古典园林的美，不是一座孤立的建筑之美，而是艺术意境之美。”意境是园林追求的目标，是展现园林旅游审美价值的主要标志。中国园林讲究意境，并由于其与诗画的综合性、三维空间的形象性，其意境内涵的显现比其他艺术门类就更为明晰。园林中意境主客统一的极致是“物我两忘”。我国的颐和园正是这一审美特征的典范。当作为审美主体的自身与审美客体的颐和园风景相融合，这种意境就完成了时间和空间的转换，使人超越了时间和空间的制约，得到了审美的心灵自由，眼前的景致唤起了记忆中的景，唤起了思想中的景，产生了虚幻的景，使人的内心解放，随景致在意境的时空中遨游，体验一种完美的审美感受。

（二）园林意境的创造

园林是一门时空综合的艺术。中国古典园林由于其与诗画的综合性、三维空间的形象性、写意性，而使得其意境含蕴既深且广，达到所谓的“诗情画意”。

诗情 正如清代钱泳在《履园丛话》中说：“造园如作诗文，必使曲折有法，前后呼应，最忌堆砌，最忌错杂，方称佳构。”一言道破造园与作诗文无异，从诗文中可悟造园法，而园林又能兴游以成诗文。匾题和对联既是诗文与造园艺术最直接的结合而表现园林“诗情”的主要手段，也是文人参与园林创作、表达园林意境的主要手段。它们使得园林内的大多数景象达到“即景生情”的效果。如苏州的拙政园内有两处赏荷花的地方，一处建筑物上的匾额为“远香堂”，另一处为“留听阁”。前者得于周敦颐咏莲的“香远益清”，后者出自李商隐“留得残荷听雨声”的诗句，一样的景物由于匾额的不同却给人以两种感受。当然园林匾额文字创作，乃是文人的一项高雅文化活动，需要鉴赏者也应具有一定的文化素养，否则难以领会。

画意 凡属风景式园林都或多或少地具有“画意”，都在一定程度上体现绘画原则。但绘画艺术对于造园影响之深远，莫过于中国古典园林。这种关系之密切，形成了“以画入园、因画成景”的传统，甚至不少园林作品直接以某个画家的笔意、某种流派的画风为造园的摹本。如扬州以前的片石山房和万石园，相传为画家石涛所堆叠。明代画家文征明是苏州拙政园主人王献臣的密友和座上宾。而园林中四大要素也都体现出了这一特点。建筑物的露明木梁柱、屋顶举折起翘表现出的线条色彩美；山石幽若皴擦、水池曲岸的曲折美；花木枝干虬曲的天然美组合而成的山水风景，给人以置身画境、如游画中的感受。

三维空间 中国古典园林把作为大自然的概括和升华的山水画以三度空间的形式复现到人们的现实生活中来。并运用延伸空间和虚复空间的特殊手法，组织空间，扩大空间，强化园林景深，丰富美的感受。所谓延伸空间的手法，即通常说的借景。利用借景来造成景外之意的意境美。《园冶》中有云："巧于因借，精在体宜。"而"借者，园虽别内外，得景则无拘远近"。就园内景物来说，不仅要因势取势、随形得景，还要从布局上考虑使它们能互相借景，来扩增空间，达到景外有景。如北京颐和园，主要部分是昆明湖和万寿山，但通过远借西山，近借玉泉山，达到"湖山真意"的曼妙景象。而虚复空间并非客观存在的真实空间，它是多种物体构成的园林空间，由于光的照射通过水面、镜面或白色场面的反射而形成的虚假重复的空间，即所谓"倒影、照影、阴影"。它可以增加空间的深度和广度，扩大园林空间的视觉效果，丰富园林空间的变化，创造园林静态空间的动势，增强园林空间的光影变化。尤其是其水面虚复空间形成的虚假倒空间，它与园林空间组成一正一倒，正倒相连，一虚一实，虚实相映的奇妙空间构图。水面虚复空间的水中天地，随日月的起落，风云的变化，池水的波荡，枝叶的飘摇，游人的往返而变幻无穷，景象万千，光影迷离，妙趣横生。如"闭门推出窗前月，投石冲破水底天"这样的绝句，描绘了水面虚复空间而创造的无限意境。

写意 这个概念的思想渊源可以追溯到东晋唐宋年间，文人士大夫寄情于山水，在游览大自然的壮观美景后，注入人的主观感受。形成中国古典园林特有的"虽由人作，宛自天开"，以表现一个精练概括的自然和典型化的自然，这就是写意。《园冶》所说"多方胜境，咫尺山林"实际上就是真实自然山水的缩影。像园林中的山水要素，石山能够以小尺度而创造峰、峦、岭、岫、洞、谷、悬岩、峭壁等形象的写照，能够在很小的地段上展现咫尺山林的局面。如扬州个园"四季假山"的叠筑，是最好的实例。园林中开凿的各种水体都是自然界的河、湖、溪、涧、泉、瀑等的艺术概括，即所谓"一拳则太华千寻，一勺则江河万里"。正是造园艺术常用的比拟和联想手法，使意境更为深邃。当然，由这种比拟而产生的联想，只有借助文学语言，借助文学作品创造的画面和意境，才能产生强烈的美感作用。

【知识链接 6-1】

扬州个园“四季假山”

个园叠山立意颇为不凡，它采取分峰为石的办法，创造了象征四季景色的“四季假山”，这在中国古典园林中实为独一无二的例子（图 7 至图 10）。分峰用石又结合不同的植物配置：春景为石笋与竹子，夏景为太湖石与松树，秋景为黄石山与柏树，冬景的雪石山不用植物以象征荒漠疏寒，则四季的景观特色更为突出。它们以三度空间的形象表现了山水《画论》中所概括的“春山淡治而如笑，夏天苍翠而如滴，秋山明净而如妆，冬山惨淡而如睡。”以及“春山宜游，夏山宜看，秋山宜登，冬山宜居”的画理。这四组假山环绕于园林的四周，从冬山透过墙垣上的圆孔又可以看到春日之景，寓意于一年四季，周而复始，隆冬虽届，春天在即，从而为园林创造了一种别开生面、耐人玩味的意境。

（周维权. 中国古典园林史[M]. 北京：清华大学出版社，2010：614.）

（三）园林意境的审美培养

园林审美历来被认为是一种“外供耳目之娱，内养仁智之性”的高雅脱俗的精神文化活动。所以观赏者需要有相应的生活经验、科学文化知识和艺术修养，才能提高审美能力，感受美的真谛。

生活经验　对于园林美的欣赏者来说，生活经验越丰富，其审美视野就越扩大。生活经验丰富的欣赏者能够更加深入地了解园林景观的审美价值和审美情趣；能使园林美的审美联想更加丰富，从而使审美意蕴深邃而宽阔，使园林更加耐人寻味；有时还能赋予客体以某种人格和灵性，进行审美主客体之间的审美情感交流，从而达到“物我相亲、情景交融”的境界。活化山水、情景交融的典型形式是源于春秋战国时期的“比德说”。宋代朱熹说：“比者，以彼物比此物也。”比，大多是“心”的情意在先，借比为“物”的表达在后。如《论语》中孔子提出“智者乐水，仁者乐山”。把山、水比作智者、仁者，把自然山水人格化，使审美主客体间达到了情感交流。用品德来为建筑命名的更多，如苏州拙政园的“得真亭”，前有隙地栽植圆柏四株，成为亭前主景。柏树经霜不凋，比拟人的坚强性格，故取左思《招隐》诗句：“峭蒨青葱间，竹柏得其真”之意而命亭之名。

科学文化知识　观赏园林美，应具备一定的社会科学知识，如文学（特别是诗词、游记等）、历史、宗教、绘画等，一定的自然科学知识，如生态、生物、园艺、建筑、地理等，还有一些边缘科学知识，如民俗等。掌握的知识越丰富，对园林的审美感受就会越深刻，获取的审美价值就会越高。因为园林是自然景观和人文景观的复合体，一座古典园林就是一段历史鲜活的写照。

艺术修养 园林作为时空综合的艺术，需要运用各个艺术门类之间的触类旁通。因为园林是人工造园的艺术环境，其中的叠山、理水、植物、建筑都是经造园家按照诗情画意精心构思配置而成。特别是经过历代文人的诗文题咏，是园林中最为宝贵的人文遗产。所以欣赏充满人文精神的园林主体时，只有具备一定的艺术修养，才能得到园林美的艺术享受。

审美心境 园林审美是一项极为复杂而微妙的心理活动，需要有与之相生相应的心境。只有相应的接受心境，才能完成审美活动。在接受心境中，主要有闲静、平和。如苏州南半国有一对联："园虽得半，身有余闲，便觉天空海阔；事不求全，心常知足，自然气静神怡。"上联的"闻"与下联的"静"是相对应的。因为闲暇的心态是求知的必要条件和重要保证，人只有在闲的条件下，才能全身心地投入到包括审美在内的充分现实的自由境界里。在自然美或园林美面前，奔波忙碌于事务的人，无暇顾及美丽的景色而压制了对美的精神需要。而静是心态的放松，只有虚静的心境，才能接受外界的万物，才能以虚心、专一、宁静的心理状态去审美，特别是园林的审美静观，使生成的园林意境更富有美的魅力。闻静的心态，如同"神愈静则泉愈喧"一样，是获得园林审美中意境美的基础。同样，园林审美也离不开"平和"的心境。陶渊明"心远地自偏"的审美经验告诉人们，只有"冶其心"，才能使心灵得到净化，内心呈现出一片平和与清莹明净，以这样的审美心境去观赏自然美和园林美，必然会达到"思与境谐"、"乘物以游心"的境地。

第三节 园林美的鉴赏

一、古典名园鉴赏——中国皇家园林颐和园

（一）总体介绍

颐和园是我国现存规模最大、保存最完整的皇家园林，为全国重点文物保护单位。其前身为北京三山五园中的清漪园，后在英法联军火烧圆明园时也遭到严重破坏。光绪十四年（1888年）慈禧挪用海军军费修复此园，改名为颐和园，其名为"颐养太和"之义。颐和园规模宏大，总面积达294公顷，主要由

万寿山和昆明湖两部分组成，其中水面占 3/4。全园以万寿山上的佛香阁为核心，形成一个建筑与自然相结合的和谐整体。

（二）审美赏析

颐和园集传统造园艺术之大成，万寿山、昆明湖构成其基本框架，借景周围的山水环境，饱含中国皇家园林的恢弘富丽气势，又充满自然之趣，高度体现了“虽由人作，宛自天开”的造园准则。

主要景点分区　以庄重威严的仁寿殿为代表的政治活动区，是清朝末期慈禧与光绪从事内政、外交政治活动的主要场所。以乐寿堂、玉澜堂、宜芸馆等庭院为代表的生活区，是慈禧、光绪及后妃居住的地方。以万寿山和昆明湖等组成的风景游览区，也可分为万寿前山、昆明湖、后山后湖三部分。以长廊沿线、后山、西区组成的广大区域，是供帝后们澄怀散志、休闲娱乐的苑园游览区。

佛香阁　前山以佛香阁为中心，组成巨大的主体建筑群。万寿山南麓的中轴线上，金碧辉煌的佛香阁、排云殿建筑群起自湖岸边的云辉玉宇牌楼，经排云门、二宫门、排云殿、德辉殿、佛香阁，终至山颠的智慧海，重廊复殿，层叠上升，贯穿青琐，气势磅礴。巍峨高耸的佛香阁八面三层，踞山面湖，统领全园。

昆明湖　碧波荡漾的昆明湖平铺在万寿山南麓，约占全园面积的 3/4。昆明湖中，宏大的十七孔桥如长虹偃月倒映水面，湖中有一座南湖岛，十七孔桥和岸上相连。蜿蜒曲折的西堤犹如一条翠绿的飘带，萦带南北，横绝天汉，堤上六桥，婀娜多姿，形态互异。涵虚堂、藻鉴堂、治镜阁三座岛屿鼎足而立，寓意着神话传说中的“海上仙山 ”。

二、现代景观鉴赏——美国纽约中央公园

（一）总体介绍

自 19 世纪下半叶开始，由于移民的蜂拥而入，美国人口剧增，城市发展迅速，城市环境日益恶化，为了解决城市环境问题，美国政府建造了大量的城市公园。1858 年纽约中央公园设计竞赛公开举行，由奥姆斯特德与沃克斯提交的“绿箭”（Greensward）方案在设计竞标中获得第一名，成为实施方案。中央公园坐落在纽约曼哈顿岛中央，采用了英国风景园的风格，占地 843 英亩，种植 1 400 多种树木花卉，有湖泊、林地、草坪、山岩等多种丰富的自然景观。公园甚至一直保留着 1857 年规划之初一片原始形态的森林。与此前欧洲各国的城市公园相比，中央公园更符合广大居民的要求，它能够满足人们投身自然，寻求

慰藉与欢乐的愿望，标志着普通人生活景观的到来，至今依然被誉为现代公园规划的最杰出作品。

（二）审美赏析

第一，保护自然风景，并根据需要进行适当的增补和夸张。第二，除非建筑周围的环境十分有限，否则要力戒一切规则呆板的设计。第三，开阔的草坪区要设在公园的中央地带。第四，采用当地的乔灌木进行特别浓密的边界栽植。第五，穿越较大区域的园路及其他要设计成曲线形的回游路，基本上要穿过整个庭院。

【知识链接 6–2】

奥姆斯特德

弗雷德里克·劳·奥姆斯特德（Frederick Law Olmsted，1822—1903）被普遍认为是美国景观设计学的奠基人，是美国最重要的公园设计者。1858 年，奥姆斯特德与建筑师沃克斯合作，赢得了纽约中央公园设计竞赛第一名，自此开始了他的公园与风景园林设计之路。中央公园也成为风景园林史上里程碑式的设计。更为重要的是，由此而掀起了全国性的城市公园设计与建设运动，使他成为美国现代城市规划的先驱。他也被誉为美国风景园林之父。

（沈守云. 现代景观设计思潮[M]. 武汉：华中科技大学出版社，2009: 12.）

三、当代景观鉴赏——广东中山岐江公园

（一）总体介绍

广东中山市岐江公园总体规划面积 11 公顷，其中水面 3.6 公顷，建筑 3 000 平方米。是一个在粤中造船厂旧址上改建而成的主题公园。岐江公园在设计上保留了粤中船厂旧址的许多旧物，并且加入了很多和主题有关的创新设计，既保护了造船厂的工业元素和生态环境，体现环保节约、概念创新等设计理念，取得了以最小成本实现最佳效果、建筑与环境和谐统一的效果；又发挥了展现与承载创业历程、记录城市记忆等功能。该公园建成后，其设计于 2002 年 10 月获得了美国景观设计师协会 2002 年度荣誉设计奖。此外，该公园的设计还陆续获得 2003 年的中国建筑艺术奖，2004 年的第十届全国美术作品展金奖、中国现代优秀民族建筑综合金奖，2009 年 11 月 6 日获得 ULI（国际城市土地学会, Urban Land Institute）全球杰出设计与开发全球奖等多个奖项。

（二）设计赏析

岐江公园彻底抛弃了园无直路、小桥流水和注重园艺及传统亭台楼阁的一贯手法，代之以直线形的便捷步道，遵从两点最近距离，充分提炼和应用工业化的线条和肌理。与西方巴洛克及新古典的西式景观相比，岐江公园不追求形式的图案之美，而是体现了一种经济与高效原则下形成的“乱”。蜘蛛网状结构的直线步道、“乱”的铺装，以及空间、路网、绿化之间的自由均为基于经济规则的穿插。与环境主义及生态恢复相比，岐江公园借鉴了其对工业设施及自然的态度，即保留、更新和再利用，如采用原有船厂的特有元素铁轨、铁舫、灯塔等进行组织，反映了历史特色。但同时又强调新的设计，采用新的工艺、材料、技术构筑部分小品及雕塑，如孤囱长影、裸钢水塔和杆柱阵列等，形成新与旧的对比，并通过了新的设计来强化场地及景观作为特定文化载体的意义，揭示人性和自然之美。

【思考题】

1．什么是园林景观？
2．什么是审美情感？
3．简述中国园林的艺术风格以及中西园林的差异性。
4．园林审美由哪些要素构成？
5．什么是园林意境？
6．简述中国古典园林意境创造的手法。

第七章　艺术流变及审美

【学习目标】

- 掌握艺术活动发生的各种理论学说
- 学会鉴赏艺术美
- 了解艺术流变过程

【知识要点】

- 艺术发生的各种学说
- 艺术的概念及演变
- 造型艺术的审美
- 表演艺术的审美

第一节　艺术流变

一、艺术活动的发生

艺术活动的发生指在人类社会刚刚出现的时候，艺术活动是怎样随着原始社会的发展，从无到有的生成过程。这是一个从非艺术到艺术的漫长的历史生成过程，在理论上常把它称为原始艺术，艺术前艺术，即艺术的起源。当最初的文化人类学的学者第一次发现了欧洲的原始洞穴壁画，这才为人们找到了一条理论研究的通道。其后，史前考古学发现了越来越多原始人类的文化遗迹，对一些尚处于原始部落形态的原始民族的考查，与这些文化遗迹互相验证，使一些基本问题得到了合理解释。

（一）摹仿说

艺术摹仿发生说认为艺术起源于人类对于自然或现实生活的摹仿，它的主要观点是先验地设定人类具有一种“摹仿本能”，并从这种本能出发，认为通过对自然和社会生活的摹仿而产生了艺术。古希腊哲学家赫克利特、德谟克利特、苏格拉底、柏拉图和亚里士多德等人对此都有论述，德谟克利特说："从蜘蛛身上我们学会了织布和缝补；从燕子身上我们学会了造房子；从天鹅和黄莺等歌唱的鸟身上我们学会了唱歌。"其后的亚里士多德则照样首先肯定人类的"摹仿本能"，并进一步把艺术的起源，艺术的本质都论断为"摹仿"，一方面是人类有摹仿的天性，另一方面这种摹仿活动又能引起人的快感，于是由此产生了艺术。

在原始艺术中，摹仿的确是一个十分突出而又普遍的特征。在西班牙阿尔塔米拉洞中发现的史前壁画，大都是旧石器时代动物的形象，如野牛、野猪、母鹿等，描绘得很逼真，也很生动，其中《受伤的野牛》线画，极为精彩，可以看做是对当时人类捕猎野牛活动的真实的摹仿和写照。因此摹仿说对西方影响十分深远，形成了一个源远流长的现实主义文艺路线。

（二）游戏说

首先由德国古典美学的奠基者康德提出，后由席勒、斯宾塞等人发展、加以完善。游戏说认为，艺术本质上是一种游戏，是由游戏发展而来的。一方面，艺术和游戏具有虚构的力量，富有拓展性和能动性；另一方面，它们所引起的快感是消除了一切主观偏见和现实差异的，是忘我的。席勒更认为，人有感性冲动和理性冲动，二者是矛盾分裂的。人要成为具有完美人性的人，就必须把二者结合起来。游戏冲动不是动物精力过剩似的纯粹体力的发泄，而是创造力的自由表现，进而游戏是消除人性分裂的一种特有的理想活动，"只有当人是完全意义的人时，他才游戏；只有当人游戏时，他才完全是人。"①游戏的根本特点是自由活动，使人的感情和理性达到统一。审美就是游戏，艺术起源于游戏。

根据近现代有关学科的研究成果证实，原始人类虽然生产力低下，但的确仍有剩余精力，有着运用剩余精力进行的嬉戏活动，在这种嬉戏活动中很有可能启示了原始人类作审美或艺术的思考与创造。由此可以说明，游戏是艺术起源的重要动因之一。后来的成熟的艺术活动也证实，艺术创造与接受需要主体在心理上、生理上和环境上都具有嬉戏、游戏或远离功利的状态，进入一种独特的自由境界。所以德国哲学家康德认为："自由是艺术活动的精髓"，"艺术与游戏相通"。

（三）表现说

19 世纪后期，艺术源于人类情感表现和交流的需要的说法，成为整个西方

① 席勒．美育书简集[M]．北京：中国文联出版公司，1984: 90.

艺术观念的主流。因此艺术起源于表现的理论，获得了众多学者的关注。持这一观点的主要有法国美学家维隆，意大利美学家克罗齐，英国史学家科林伍德，美国学者苏珊·朗格等。系统提出这一学说的首推者是意大利美学家克罗齐，他的美学的核心命题是“直觉即表现”，他认为艺术的本质是直觉，直觉的根源是情感，直觉即情感表现。克罗齐甚至认为，艺术归根结底是情感表现，因而真正的艺术活动是在艺术家的心灵过程中完成的。

英国美学家科林伍德认为艺术总是指向情感表现，他举例说一个部落在和它的邻居打仗之前，总要跳起战争舞，这种舞蹈的目的在于激发战斗情绪，使人冲锋陷阵，不畏牺牲。因此他认为，只有表现情感的艺术才是真正的艺术，艺术就是艺术家对事物的主观想象和情感的表现。西方现代艺术以表现说为理论支柱，认为艺术是人本身生命的形式，表现就是展示人生的生命体验。

中国古代的艺术理论，总的倾向是看重表现说。如《毛诗序》说：“情动于中而形于言，言不足故嗟叹之，嗟叹之不足故咏歌之，咏歌之不足，不知手之舞之足之蹈之也！”这就是说，一切艺术皆源于感情，情在本性上是要表现的，因此在艺术活动中，一字一画，一形一色，无不渗透了情感。

（四）巫术说

20世纪以来，随着人类学、考古学、文化学、民族和民俗学的发展，原始巫术活动受到极大关注，学术界一些人认为艺术起源于原始巫术活动，这是西方有关艺术起源的最有势力的理论。首创这一理论的人是英国著名人类学家爱德华·泰勒，此外还有弗雷泽等人。巫术说指出，原始人认为万物有灵，为了控制自然和祈求自然的恩赐，普遍进行巫术活动。巫术又分摹仿巫术和交感巫术。前者的依据是认为通过摹仿活动就可以产生自己所希望达到的任何效果。如摹仿描绘某一对象且占有这一摹仿对象，便等同于占有了真实的对象。交感巫术则认为，巫术施行者可以利用某人接触过的任何东西，来对此人施加影响。无论何种巫术活动，都要借助绘画、偶像、假面、雕刻和摹仿性舞蹈等手段，而这些手段毕竟同实际生产有所不同，它们多少带有想象和创造的成分。尽管它们最初都同巫术活动完全融为一体，但在今天看来，它们都可归于艺术形态范畴。

美国著名学者托马斯·门罗在《艺术的发展及其他文化史理论》一书中指出，原始歌舞常常被原始人用来保证巫术的成功，祈求下雨就泼水，祈求打雷就击鼓，祈求捕获野兽就扮演受伤的野兽等。艺术史学家希尔思在《艺术的起源》一书中，介绍了原始舞蹈与交感巫术的联系，在希尔思看来，当印第安人、卡菲尔人或者黑人在表演舞蹈时，这种舞蹈全部都是对狩猎活动的摹仿，但这些摹仿有着一种实践的目的，因为世界上的所有猎人都希望能把猎物引入自己的射程之内，按着交感巫术的原理，这是可以通过摹仿来办到的。

关于艺术起源的问题的学说林林总总，应当说这些说法都从某一个角度或某一个侧面探讨了艺术的产生，有助于揭示艺术起源的奥秘。在艺术诞生的最初阶段，可能就是由多种多样因素所促成，使得在追溯它得以产生的原因时不能不带有多元论的倾向，至于各门原始艺术形式的出现，更是难以被归结为某种单一的原因。

二、艺术概念及演变

（一）艺术与技艺

“艺术”（art）一词，源自拉丁文 ars，原意接近“技艺”，是和“制作的艺术”相同的，不仅希腊文中的“艺术”一词的原义有“技艺”的意思，其他语言中的艺术一词，如英文的 art；法文的 lart；德文的 kunst；俄文的 HcRyccTBO 等，原来的涵义也都是技术的意思。因而可以说，最初所说的“艺术”就等同于“技艺”。希腊人把人的精神活动和实践活动的一切领域都叫艺术。因而古希腊时期所说的艺术就非常广泛，包括各种技艺或手工艺在内，凡是凭借专门知识学会的东西都可归到艺术之下，其中建筑、雕刻、绘画、音乐、诗歌是“艺术”；而手工业、农业、医药、骑射、烹调也是“艺术”。

【知识链接 7–1】

文艺女神

希腊神话中有掌管文艺的女神，叫作缪斯（Musae），共有九位，分别掌管一门艺术。她们是泰勒（Thalia）司喜剧，梅奥朴迈尼（Melpomene）司悲剧，伊拉特（Erato）司哀歌，波利姆尼亚（Polyhymnia）司抒情诗，卡利奥波（Caliope）司雄辩术和英雄诗，尤特波（Euterpe）司音乐，特普希斯瑞（Terpsichore）司舞蹈，卡里奥（Clio）司历史，尤拉尼拉（Urania）司天文学。其中的历史与天文学不在现代意义的艺术的行列之内，而在古希腊发展得无比辉煌的雕塑却被缪斯排斥在文艺之外。

中国古代的“艺”最初指的是技艺。“艺”字最早见于甲骨文，甲骨文中的“艺”字是一个人跪蹲着栽种植物的形象“”。这是一个象形字，一个人手持小苗把它种到地里。“艺”字在金文（青铜器上的铭文）中演变成为“”，其字意为“持木植土上”。这是“艺”字的原始形态，它的本意是“种植”。《诗经·楚茨》里就有这样的诗句："自昔何为？我艺黍稷。"这里的"艺"用的就是种植的意思。这表明"艺"的含义最初是与技术相联系的，而所说的"六艺"指的是礼、乐、射、御、书、数。其中乐就包括音乐、舞蹈和诗歌，可见"乐"、"书"和射箭、驾车一样，也都属于一种技艺。

古希腊和古罗马时期人们对艺术作了初步的区分，有了自由艺术和机械艺术的简单分类。如属于斯多噶派的塞内加的著作中就出现了"自由艺术"的称谓；而盖伦把艺术分为"平民艺术"和"自由艺术"两种。其中平民艺术是要耗费体力劳动，它是"手艺的"，如建筑、雕塑就属于"平民艺术"；而自由艺术则不需要耗费体力劳动，它是"智力的"，如修辞学、天文学和音乐就属于"自由艺术"。到了中世纪时期，艺术和实用性技艺的区别更为明确，这时已经不再把文艺和手工、冶铁、外科手术、雕塑、制器等技术相混淆，有了"自由艺术"和"机械艺术"的区别，并且又把"自由艺术"分为两类，一类是低级的艺术，包括文法、修辞和逻辑；而另一类是高级的艺术，主要有算术、几何、天文和音乐。

（二）美的艺术

西方真正具有现代意义的文艺观是在 18 世纪期间形成的。1747 年，法国美学家夏尔·巴托在《统一原则下的美的艺术》中提出了"美的艺术"（fine art）的观念，即优美的艺术，并把诗、绘画、雕塑、音乐、艺术和修辞等纳入七种"美的艺术"之中。

夏尔·巴托把广义的艺术分为三类：第一类是以满足人们的需要为目的的艺术，如农业、纺织等；第二类是以引起快感为目的的艺术即"美的艺术"，它们联结了音乐、诗歌、绘画、雕刻和舞蹈；第三类是兼有效用和快感的艺术，如雄辩术和建筑。

巴托认为"美的艺术"的"统一原则"，即把上述三门美的艺术联结在一起的统一原则是对自然的摹仿。巴托用"美的艺术"的概念，把三种艺术联结在一起，并划分出了一个独立的"艺术世界"，从这可以看出夏尔·巴托已经开始把"美的艺术"与"机械艺术"、广义的艺术区别开来，这标志着艺术从技艺和文化中分离出来，文艺的审美性质开始得到重视。

就在夏尔·巴托提出"美的艺术"的同时，鲍姆嘉通在 1750 年也建立美学（Aesthetics）学科。夏尔·巴托和鲍姆嘉通提出"美的艺术"和"美学"学科这两个"事件"发生在同一时期不是偶然的。它表明一方面，美学家们开始注意到美的艺术和其他技艺、学问的区别，艺术以美为核心，脱离了实用性、装饰性和学问的功能，艺术开始逐渐独立，获得了自身的独立价值，这是艺术实践的发展，与宗教、道德和科学等其他人类精神活动区分开来的结果；另一方面，理论家们也开始认识到，艺术作为人类文化活动的一种独特意识形式，有别于其他意识形态。鲍姆嘉通说："美学作为自由艺术的理论、低级认识论、美的思维的艺术和与理性类似的思维的艺术是感性认识的科学。"这里所谓"自由的艺术"，也就是巴托的"美的艺术"。这是艺术哲学理论的发展，是美学或艺术哲学形成的过程。于是在艺术实践的发展和美学家的理论自觉的双重推动下，西方狭义的文艺观开始形成。

（三）艺术终结

一战以后，以先锋派运动为代表的现代艺术兴起，所谓先锋派广义的泛指最新的，具有反叛性的文学艺术现象，狭义的特指第一次世界大战前后在欧洲出现的，反对艺术体制和艺术自律的一些艺术流派。20 世纪初以来艺术中先锋派概念变得更加宽泛，先锋派成为对过去排斥和对新事物崇拜的所有艺术流派的总称。

1917 年 2 月在纽约举办的一个艺术展上，法国现代艺术家，达达艺术运动创始人杜尚（Marcel Duchamp）从第五大街的一家器皿店里买了一个陶瓷的小便池，并在这个器具的底部签上一行字："R · Mutt 作于 1917 年"。在艺术展开幕前两天派人送往纽约独立美术家协会美展厅，取名为《喷泉》（Fountain）（图 11），这成为现代艺术史上里程碑式的事件。

杜尚这一作品的出现改变了西方现代艺术的进程，打破了自美的艺术提出以来关于艺术的观念：第一，艺术是手工制作的；第二，艺术是独特的；第三，艺术应该看上去是美观的或美的；第四，艺术应该表现某种观点；第五，艺术应该需要技术或技巧。这里的"规范、经典、标准"皆被瓦解，杜尚摘掉了戴在传统艺术品头上的光环，直接将来自现实生活的产品纳入到艺术系统之中，激进地打破了非艺术与艺术的分界，在此事件以后，"现成品"成了创造的一种方式，艺术与生活的界线开始消解，并影响了整个文艺界。

【知识链接 7–2】

《4 分 33 秒》

先锋派大师，著名作曲家约翰 · 凯奇在音乐厅推出自己的新作《4 分 33 秒》。演出开始，他请钢琴师上台在钢琴前坐下，观众们坐在灯光下安静地等着。1 分钟，没有动静，2 分钟，没有动静，3 分钟，人们开始骚动，左顾右盼，想知道到底怎么了，到了 4 分 33 秒，钢琴师站起来谢幕："谢谢各位，刚才我已成功演奏了《4 分 33 秒》。”这段有名的乐曲被评为世界上音符最少的乐曲，也是最著名、前所未有的无声音乐。在凯奇看来，艺术和生活的界限应该被抹平，世界本身就是一件艺术品，音乐是一种从希望到失望到绝望的过程，《4 分 33 秒》就是这样的一个过程。

艺术在 20 世纪的发展表明，艺术一直在寻找自身的方向和意义，在过去百年让人目不暇接的艺术运动中（如野兽派、立体主义、超现实主义、达达主义、抽象表现主义、波普艺术和其他），各个不同流派都不约而同地追问：什么是艺术？并且在努力地回答。随着每一次艺术运动重新提出这个问题，都把自身当作最可能的最终答案推出来。每个艺术运动流派当日益深入地探索自身本质时，都产生了自己的艺术理论，“不过这些前不久的作品显示了另一种特色，那就是对象接近于零，而其理论却接近于无限，因此一切实际上最终只是理论，艺术终于在对其自身纯粹思考的耀眼光芒中蒸发掉了，留存下来的仿佛只是作为自身理论意识的东西。”①艺术家从事的不是艺术，而是艺术的反思，艺术的价值也在于此，艺术不断的发展就是为了使自身成为反思，终结为一种哲学。

三、日常生活审美化

在古典文化中，美学或艺术往往被视为少数有教养的阶层所拥有的特权。中国古代士大夫阶层才有闲情逸志和趣味去舞文弄墨，赏画观景；西方亦然，贵族订购艺术家的作品装点自己的豪宅和庭院。所谓文化，在传统社会中被认为是一种资格、标志和地位。拥有艺术趣味和审美品格的人并不是黎民百姓。

环视当今艺术，在主张精英和先锋的现代主义艺术家那里，艺术的阳春白雪不得不退守象牙塔，远离了大众和日常生活。所以奥尔特加断言，现代主义艺术乃是社会的“催化剂”，它把艺术区分为少数理解和赞赏它的人，以及绝大多数不理解也不欣赏它的“大众”。特别是二战以后，情况似乎发生了深刻的变化：现代主义的精英主义日渐势弱，大众文化吞噬了高雅文化，雅俗界限日趋模糊，艺术和生活的边界变得难以辨别。于是出现了一个新的文化景观，正像杰姆逊所描述的那样。

“在 19 世纪，文化还被理解为只是听高雅的音乐、欣赏绘画或是看歌剧，文化仍然是逃避现实的一种方法。而到了后现代主义阶段，文化已经完全大众化了，高雅文化与通俗文化，纯文学与通俗文学的距离正在消失。商品化进入文化界意味着艺术作品正成为商品……总之，后现代主义的文化已经从过去那

① 阿瑟·丹托. 艺术的终结集[M]. 欧阳英，译. 南京：江苏人民出版社, 2005: 100.

种特定的‘文化圈层’扩张出来，进入了人们的日常生活，成为消费品。”①

这个通常被称之为“消费社会”、“后工业社会”或“后现代社会”的文化，似乎一切特权和区分都被消解了，高雅与通俗，艺术与生活，艺术品与商品，审美与消费，传统的边界断裂了。今天在艺术的疆域里面，“审美日常生活化”力图去消抹艺术与日常生活的界限，从而聚焦于“审美方式转向生活”。这在后现代艺术里面似乎都成为了一个“公分母”，似乎不被这个原则整除一下，就不能称其为“后现代”的艺术。

20 世纪 60 年代之后，波普艺术以其“通俗的（为广大观众设计的）、短暂的（短时间解答的）、可消费的（容易忘记的）、便宜的、大批生产的”品质，成为了大众文化的“同谋”。可以看到，大众日常生活的任意题材（特别是商业广告等）都堂而皇之地进入到了艺术领域。更随着一批“消费偶像”的出现，比如电影明星、歌星、主持人、模特、记者、艺术家、公共形象设计师、广告人等，通过自我形象向公众推广某种生活模式和审美趣味，将自身作为一种象征或符号将大众的日常生活理想化和标准化，进而造就特定的生活模式及其消费者。例如通过电视、杂志、图片等各种媒介，设计典型的完美家居和室内格局，表征不断变化的服装时尚，描述理想的爱情故事，规划意味无穷的种种旅游休闲生活……这些“消费偶像”不但是特定的形象产品的生产者和传播者，而且是这些产品所代表的生活方式乃至意识形态的塑造者，普通社会公众消费取向和审美趣味的塑造者。这样似乎大众文化的渣滓、被贬值的消费商品都能成为艺术，波普艺术的分支也合流于大众文化，甚至被大众文化无情地利用。

与西方社会相似，当今中国的社会文化正在经历着一场深刻的生活革命。日常生活的审美化以及审美活动日常生活化，它对于传统文学艺术与审美活动的最大冲击是消解了审美活动与日常生活之间的界限，审美与艺术活动不再是少数精英阶层的专利，也不再局限于音乐厅、美术馆、博物馆等传统的审美活动场所，它借助现代传媒，特别是电视普及化、民主化以后，更是走进了人们的日常生活空间。甚至可以说，如果非艺术专业的城市居民有什么审美活动的话，那么它会发生在如百货商场、街心公园、主题乐园、度假胜地、美容院、健身房之类的场所（而不是专门的音乐厅、美术馆等）以及购物、家居装修、看电视、早晚的散步锻炼以及对自己的身体进行美化、塑造、修理等行为（而不是阅读经典文学艺术名著）之中。艺术活动与审美活动在很大程度上已经转移到了工业设计、广告和相关的符号与影像的生产工业之中。任何日常生活都

① 杰姆逊. 后现代主义与文化理论集[M]. 西安：陕西师范大学出版社, 1986: 147-148.

可能以审美的方式来呈现，更不论什么高雅艺术与大众文化之间的界限了。

【知识链接 7–3】

安迪·沃霍尔与波普艺术

波普艺术（Pop Art）最早起源于 1950 年的英国，之后因为以安迪·沃霍尔为代表的一批明星级艺术家的影响力而在美国得到巨大发展。安迪·沃霍尔完全取消了艺术创作中的手工操作观念，直接用制版印刷的方法把照片形象移到画布上。还应用了古典主义者和现代主义者视为大忌的“重复”，甚至于推向极端，可口可乐瓶无尽无休的排列，以及明星们的照片都成为了最好的创作主题和素材。安迪·沃霍尔的作品内容与美国社会的消费主义、商业主义和名人崇拜紧密相连，是针对消费社会、大众文化和传播媒介的产物。1975 年，沃霍尔直截了当地说：“赚钱是艺术，工作是艺术，而成功的商业是最棒的艺术。”沃霍尔对某一个时代，特别是我们这个年代有着惊人的洞察力。

第二节　造型艺术审美

“造型艺术”一词在 17 世纪欧洲开始被使用时，主要泛指具有美学意义的绘画、雕塑、文学等艺术形式，是一个为了与具有实际用途的工艺美术等形式相区别而提出的一个艺术概念。18 世纪德国美学家莱辛在他的美学著作《拉奥孔》中，通过对雕塑作品《拉奥孔》（图 12）和诗歌文学的分析比较，把“造型艺术”概念放在视觉艺术的空间艺术范畴里，而把文学等非空间性的非视觉性的艺术形式排除在造型艺术概念之外。我国在“五四”运动后，开始普遍使用这一概念。

一、造型艺术的审美特征

造型艺术是指运用特定的物质材料（如纸张、颜料、泥石、金属、木料等），通过塑造直观的静态的视觉形象来反映自然界、社会生活和表现艺术家思想情感的一种再现性空间艺术形式。它主要包括绘画、雕塑、书法、摄影等，根据人们的习惯，造型艺术也称“空间艺术”和“视觉艺术”。

所谓造型，就是在一定的空间条件下塑造形体。按照中国古代画论的观点，就是“应物象形”、“以形写神”，在一定的空间内“经营位置”，作为一种既可以是三维空间中的存在形式，也可以是二维空间的存在形式，造型艺术在“以静寓动”的形象的展示方式上显示出一种虚拟的运动性。因为造型虽然能在一定的空间内塑造直观的视觉形象，但却必然使它失去客观事物和主观情致的基本的自然形态——运动。总而言之，它的审美特征如下。

（一）在形象的存在方式上，具有空间上的真实性

记得歌德说过，造型艺术是对眼睛提出形象。只有眼睛，只有视觉，才能感受到点、线、面、体和各种各样的颜色。人们可以用语言来称赞一幅画、一座雕刻或者一件书法作品，但任何言语的描绘都无法代替直观形象给观赏者带来特殊的美的感受。人们所说的“百闻不如一见”，说的就是空间艺术在造型上的视觉直观的真实性、生动性，这是语言和声音无法替代的。

造型艺术是在空间中塑造艺术形象，人们的视觉可以毫无障碍地感受到它们的存在，从而引发审美感觉。绘画、雕刻、书法、摄影、建筑等，都是以造型为基础的空间艺术。一方面，造型艺术的作品占有二度（绘画、摄影、书法）或三度空间；另一方面，造型艺术在展示自然、社会生活、人物形态的时候，往往必须表现它的空间性质。只不过雕塑、建筑和一部分工艺美术品具有实际存在的三度空间，而绘画、摄影的造型则是平面中的一种幻觉而已。“应物象形”、“以形写神”是造型艺术的基本功。一是在具象化作品中要抓住具有典型意义的外部特征；二是注意采用以有形表现无形和以无形丰富有形的间接表现方式，充分调动观赏者的想象和联想能力。如中国画中的“计白当黑”、“无画处皆成妙境”等就是提出的特点。

（二）在形象的展示方式上，具有虚拟的运动性

造型艺术是通过塑造可视性和空间性的静态形象来反映生活，因此就其反映客观社会生活的本质而言，它是不适合表现事物的运动和发展状态的。它无法像文学、戏剧那样完整地展示事件的发展过程，无法像电影那样令人赞叹地表现自然界和人类社会生活的各种运动状态，也无法像音乐那样运动地表现情感的发展变化。造型艺术只能在空间里展开，却不能在时间上发展延伸。但是造型艺术并非绝对不能表现运动状态，艺术家在长期的实践中总结了一套“以静寓动”的规律，就是抓住事物运动状态中“最富有孕育性的那一顷刻”，“从这一顷刻可以最好地理解到后一顷刻和前一顷刻”，也就是说能暗示出表现的事物的运动的“将来时态”和“过去时态”，即抓住事物在运动中将要到达顶点的那一瞬之间的动态美。造型艺术在空间中展示形象，并不是完全排斥时间性，相反它只有抓住事物运动过程的瞬间状态才有价值。例如体育摄影，就是用静态艺术手段去反映运动的动作。奥运冠军刘翔跨栏的运动过程就是以他即将攻到栏上的动作予以展现的。无论是绘画、雕塑还是工艺美术，都需要有对时间上瞬间性的把握，否则造型艺术就会毫无生气。米隆的《掷铁饼者》（图13）、列宾的《意外的归来》、米勒的《倚锄的男子》都是以静寓动的经典之作。怎样表现最富于孕育性的那一顷刻呢？造型艺术形象的展示就是避开“顶点”，表现事物在运动状态中即将到达顶点而又没有到达顶点的那一顷刻，以未定形态预示顶点的情形，将“空白”留给观赏者去想象去填补，使空间形象展示方式具有一种运动的虚拟性，给人栩栩如生之感。莱辛对此有过深刻论述：“在一种激情的过程中，最不能显出这种好处的莫过于它的顶点。到了顶点就到了止境，眼睛就不能朝更远的地方去看，想象就被捆住了翅膀，因为想象跳不出感官印象，就只能在这个印象下面设想一些较软弱的形象，对于这些形象，表情已达到了看得见的极限，这就给想象划了界限，使它不能向上超越一步。”也就是“不经看”，没韵味，因此“最能产生效果的只能是可以让想象自由活动的那一顷刻了。”①

【知识链接7-4】

米　　隆

古希腊著名的雕塑家，著名雕塑《掷铁饼者》的作者米隆，被认为是希腊艺术的黄金时期——古典时期的开创者。米隆善于运用写实的手法创造性地刻画人物在剧烈运动中的动态，他的作品大多是传说中的神、英雄和运动员、动物等，但原作都已遗失，现在我们看到的都是罗马时期的复制品。据说米隆本人就曾受到过良好的体育训练，力大无穷，能肩扛公牛，所以他对体育有着真切的感受，这为他创作优秀的体育类雕塑作品提供了很好的生活体验。他的代表作品除了《掷铁饼者》还有《雅典娜和玛息阿》《维纳斯》等。

（三）在形象的感知方式上，具有情感体验的蕴藉性

从传统角度看，造型艺术是长于再现而拙于表现的。莱辛曾说过，绘画所处理的“是一个眼见的静态，其中各部分是在空间中并列而展开的。绘画由于所用符号或摹仿媒介，只能在空间中配合，就必然要抛开时间；所以持续的动作因为是持续的，就不能成为绘画的题材。绘画只能满足在空间中并列的动作

① 莱辛. 拉奥孔[M]. 朱光潜，译. 北京：人民文学出版社，1981: 243.

或是单纯的物体，这些特体可以用姿态去暗示某一动作”。[①]这说明造型艺术在再现事物的形象方面是具体的、明确的。但作为一种静态的造型，它不能像文学艺术那样可以通过语言直接抒发人物的内心世界，表现人物的思想感情。也不能像音乐那样，直接表现作者浓烈真挚的情感。但是造型艺术并不是只提供视觉形象而不蕴含情感的艺术。在对造型艺术形象的感知中，人们不仅可以看到其所再现的艺术形象，而且也能通过对外在形象地感知，去体验艺术家们在所塑造的形象中所欲表现的意识和情感。跟其他艺术不同的是，造型艺术的思想情感具有更大蕴藉性。绘画中的“以形写神”、“形神兼备”、“虚实相生”、“无画处皆成如境”,就是让欣赏者在有形的空间之内去感悟和领略无形的思想与情感蕴藉。例如中国画《蛙声十里出清泉》、《竹锁桥边卖酒家》、《深山苍古寺》就是如此。达芬奇的《蒙娜丽莎》、《最后的晚餐》及毕加索的《格尔尼卡》也是如此。

绘画讲究意味、意趣、意境，中国的书法也同样讲究意味，强调“计白当黑”，甚至把书法中字的结构也称之为“布白”。书法是通过笔墨表现线的运动。杨雄说：“书，心画也。”书法在黑与白的关系中处理每个字内部的间架结构和整个尺幅的疏密有间，从而使欣赏者获得美的感受，在想象中显现出“千里阵云”、“一夜横舟”、“高峰坠石”、“飞鸟出林”、“惊蛇入草”、“骤雨旋风”等艺术境界。所以书法之神恰恰在尺幅之外。

建筑艺术也讲究虚实相生的意境构筑，中国建筑匠师们的艺术构思，主要倾注在那些虚无空间的组合方面。雕刻艺术，也是通过营造空白与未定的意境，让人们去感受“象外之象”、“景外之景。”正如宗白华先生所言：“西洋最清醒的古典意境——希腊雕刻，也要在浑圆的肉体上留有清癯，让人们心中手中波动一痕相思和期待。阿波罗像那极端清朗秀美的面庞上在额眉眼象之间仍流动着沉沉的梦意。”[②] 显然，以有形之象蕴藉无形之意是一切造型艺术共同追求的目标。

二、雕塑艺术的审美特征与欣赏

（一）雕塑是自然美与艺术美的综合

雕塑是占有三维空间的立体艺术。它所塑造的形象具有实际的高度、宽度、深度，是真正的静态艺术，具有艺术本身的形式美。雕塑之美是通过艺术形象

① 莱辛. 拉奥孔[M]. 朱光潜，译.北京：人民文学出版社, 1981: 247.

② 宗白华. 艺境[M]. 北京：北京大学出版社, 1997: 194.

的瞬间动作和表情来引发观众的想象和联想的。因此雕塑是十分凝练的艺术语言，它通过静态的造型表现运动的一个片刻，以极其单纯的形象概括地反映生活。雕塑艺术的生命，就在于通过空间的形象传达出某种寓意化的情感，赋予作品以真实生命的感觉，使人从冰冷的物质材料中感到肌肤的温暖。要达到这种艺术效果，就需要雕塑艺术家对体积和体积变化有高度的敏感，要善于利用和强调体积的组合变化，从而使没有生命的石头、金属等获得生命，成为灵气飞动的艺术品。

雕塑艺术品具有恒久的生命力。因此选择材料非常讲究，而且雕塑的形式美首先表现在物质材料本身具有的天然形式美的因素上。这些属于物质材料本身的朴素、天然、简单的形式美，是自然形态的形式美。将这种自然形式美与艺术美融合，就会增加作品的审美价值。雕塑使用的物质材料有不同的质感，大理石的细腻润滑，花岗岩的粗糙坚硬，木料的质朴和纹理趣味等，可以和一定的造型和情感表达恰当地结合起来。如罗丹塑造的《老妓欧米哀尔》就是用青铜作为材料又增添了作品的沧桑、悲凉的意味。而塑造少女的《思》及青年男女的《吻》使用的是大理石材料，有一种纯洁、无邪的感觉。由于这些材料本身具有与作品意蕴相一致的审美特性，极大地提高了作品的感染力。

（二）雕塑以静态表现出运动

雕塑以象征化、寓意化的特征表达人对生命敬畏和对世界的认识，并使雕塑形象具有崇高美。雕塑作为塑造静态空间形象的艺术，只能表现人物动作或事物情态的一个瞬间，而不可能自由、充分地叙述、描绘人物的性格、命运或所处的环境及相互的关系，在再现环境和色彩表现上也有很大的局限性。这就使得雕塑艺术在取材上必须是以单纯取胜，高度精炼、浓缩生活的素材，从而使作品在有限的空间形象里蕴含丰富的内容，雕塑公司通过艺术形象的瞬间动作和表情引发观赏者的审美想象。

雕塑一方面具有稳定性、凝固性，与动态的时间艺术相比呈现出静态的特征；另一方面，雕塑又具有想象性，它以静为动，并在静中求动，使观赏者由眼前的静态形象，想象出它的过去和未来。可以说雕塑提供了一个可供观赏者想象和创造的三维空间，以静态的造型表现出运动的姿态。人们在欣赏过程中从雕塑一个瞬间的造型上想象静态向动态的转变，想象人物行为的连贯，持续的活动过程，从中感受雕塑表现出的活力和精神，雕塑用冷冰冰的物质材料塑造出能够让人产生情感的形象，说明雕塑具有极大的艺术魅力。它抓往动静转换的一瞬间来表现，实现了静态与动态的有机结合，因此雕塑又被视为“凝固的舞蹈”。

三、绘画艺术的审美特征与欣赏

（一）绘画以色彩、线条、形状作为媒介，在二维的平面上，感性具体地展现广阔的社会生活图影

绘画艺术一方面偏重于对象的客观再现；另一方面又突出了艺术家的主体表现，这两者使绘画更为个性化。色彩、线条、形状往往既是展现个性化的客观对象的形式，又是个性化的艺术家主体表现的形式，它们都是线与面在二维空间中的展开，相对说来，色彩长于认识，线条长于表情，这使绘画艺术既能个性化地、具体地透视客观对象的本质与必然，又能细致复杂地展示主体的主观意象与精神情感。

绘画的艺术形象展现在二维的平面之中，这使它作为一种独特的艺术形态，具有了自己的存在价值和相异于其他艺术类型的审美特征。这一方面决定了它以艺术家自身存在的主体性为基本原则；另一方面也为充分运用艺术材料，如色彩、线条、形状等提供了更广阔的空间，因而在客观地反映对象方面有了更大的可能性。单就色彩而论，赤、橙、黄、绿、青、蓝、紫的不同，深浅浓淡极其细微的差别，便可把主体方面的情绪、情感、精神、心理状态都渲染出来。同时，绘画可以反映社会生活极其丰富多彩的内容，它可以容纳自然的天地造化，人工的精巧创造，也可容纳面目各异的人物，社会生活的方方面面；它不但能够描绘各色人物的容貌神态，而且能够表现人物在复杂社会环境中的内在心灵冲突和情感色彩。绘画艺术可以淋漓尽致地展现人类生活中的某些细节，但此种展现并不在于单纯地描摹人物和客观事物的外貌，它主要是通过人物的神情与活动等可视的因素，来完成对人物性格的刻画、人物内心世界的展示，同时也实现主体内在情感的传达与表现。绘画中艺术形象的建构与每一根线条、每一点色块的具体运用相联系，这使它最适于描绘生活的细节，使艺术家能够借用刻画生活中某一可视的瞬间，来概括事物发展过程中与之密切联系的前后阶段，从而使定型化的艺术形象在观赏者头脑中引导对事物发展过程的联想，激发对动态过程前因后果的丰富想象。绘画在二维平面上去再现与反映生活，不但追求视觉上的逼真性、精确性，还力图借助视觉形象的描绘，表现人类主体的精神风貌与心灵情感。为了使绘画形象摆脱对客观事物外貌的单纯机械的描摹，它必须以形写神、状物表意，表现渗透进主体审美理想的内在审美意象。画家之所以被称为艺术家，就在于它不但写形，而且传神，不但组合线条，而且寓于情思，不但建构形体，而且融于意蕴。

【知识链接 7–5】

色彩的三要素

任何色彩都具备三个基本特性，即色相、明度和彩度，一般被称为色彩三要素。

（1）色相：就是区分色彩的名称，即色彩的名字，如红色、黄色、紫色等。

（2）明度：色彩的明暗强度，明度高是指色彩较明亮，而相对的明度低，就是色彩较灰暗。

（3）彩度：是指色彩的纯度，通常以某色彩的同色名纯色所占的比例来分辨彩度的高低，纯色比例高为彩度高，纯色比例低为彩度低。彩度由于色相的不同而不同，而且即使是相同的色相，因为明度的不同，彩度也会随之变化。

（二）偏重刻画展示人的本质的特殊性、个性、现实性

如果说雕塑艺术更偏重展示人的本质的普遍性、概括性、理想性，那么绘画艺术则更偏重刻画与展示人的本质的特殊性、个性、现实性。雕塑的客观性、物质实体性强，而绘画的主观性、精神自由性强。黑格尔曾说："绘画的基本原则在于内在的主体性"，其见地是颇为深刻的。那种认为绘画与雕塑只是艺术表现形式不同，而其选取的题材、表现的内容是一致的说法，并不符合实际。绘画的取材范围极其广泛，表现的内容也极为丰富，人物及其社会生活的诸多方面，自然界的飞禽走兽，花草林木等。

由于绘画通过色彩、线条、形状来反映客观事物，表现主体内在的审美意象，它虽然没有雕塑艺术的三维空间的实体性，但绘画中的形体建构比雕塑更能自由地支配色彩、线条与形体，所以在某些方面可以远比雕塑表达更好的艺术效果，引起观赏者如临其境的感受。与雕塑舍弃不必要的外貌细节不同，它要求以异常具体的、个性化的生活场景，创造某种情感的氛围和精神，表现艺术家的审美理想与情感。绘画尽管要求细节的具体、个性化，但这并不是说摹仿与再现某一具体个性形象就是绘画艺术的主要任务。酷似客观对象的画面，实际上是经由画家主观心灵折射了的，它融入了深沉的精神意蕴。二维平面性，使绘画不可能真切地再现人物的活动及其具体背景，而只能以贴近现实生活画面的视觉效果，呈现社会生活中的矛盾和人物的内心冲突以及作为背景的关系"场"，呈现艺术家以情观物所见的世界或凝聚着艺术家审美理想的心灵画面。因此在实践——精神地把握世界的整个艺术家族所形成的序列中，较之雕塑，绘画是更偏向精神的，是更偏于表现内在主体性的。这就使人们可以对艺术家的内在审美意象进行较为自由的体验，在较明晰的方向引导下，具体地想象艺术家的内在审美意象。

四、碑刻艺术的审美特征与欣赏

古人歌功颂德、祭祖追先或作诗纪胜，都要有所记载，以求垂之长久，于是或镂鼎彝，或书竹纸，或镌碑碣。但是竹木易磨灭，纸帛易破损，青铜器虽牢靠，但质地易蚀且镂刻不便，于是最妥善长久的保存方法便是铭之于石，碑刻由此产生，成为今人了解古代政治、经济、军事、社会、历史、人物、书法艺术的宝贵资料。这些镌刻于崖壁、石碑之上的各种各类碑刻，也为山川增色、为景观添彩，成为今人游赏的重要景观。

碑刻在产生之初只是石刻文字的一种，后来人们将碑刻的含义加以引申、扩展，将所有刻有文字的石刻统称为碑。碑刻有广义、狭义之分，广义的碑是指镌有述德、铭功、纪事等文字的刻石，例如碑碣、摩崖、造像记与墓志等；狭义的碑是指东汉以后，立于纪念地、建筑或墓前、刻镌文辞的长方形石板。从旅游景观欣赏的角度而言，指其广义。碑刻一般具有以下审美特征。

（一）石材质感之美

碑刻以石为材，耐损力强，不怕风吹雨打、阳光暴晒，便于长期保存，在我国各地比比皆是。无论其内容多么丰富、形式多么多样，各种碑刻都表现出共同的材质之美，即质朴、敦厚、古拙、深沉。从形制来看，摩崖类碑刻由于其依据天然形势，碑体或倾斜、碑文或凹凸，字体或草或篆、或大或小，都与崖壁体量、形状、气势等自然状况相辅相成，因此与人为而制、规整划一的立地之碑相比，更具有潇洒宏大、浑然天成的自然美的特点。可以说碑刻都是自然的石材之美，是人文的文学、书法艺术之美的结晶。

（二）文辞含蓄之美

碑刻多出自历代名家、文人墨客或统治者，他们或文采过人、书法精深，或睿智通达、修养高深，由此而得的碑文则成为高度的语言概括和精确传神的文字点化，寥寥数字之中或蕴含了上下千年的历史变迁、呈现了世间悲欢离合之情，或表达了志向高远、品德高尚的理想追求，文辞优美含蓄。

（三）与环境和谐统一之美

碑刻虽然形式多样，但其存在无非置身两个环境，即自然山水之间和人文建筑之中，无论是自然环境还是人文环境，碑刻都是其中的一个组成部分，其位置、体量、形态、字体、高低、宽窄、厚薄，以及气势、韵味等方面都要与环境相融相通，达到统一和谐。例如岱顶大观峰、天然巨擘，唐玄宗的《纪泰山铭》中南面端坐，题咏周匝，参差错落，浑然天成。

（四）书法艺术之美

碑刻以文字的形式附着于各种石质材料之上，是美化后的文字，是书法艺术的呈现。书法中合法度、具筋骨、善变化、贵和谐以及律动、神韵之美的特征，在碑刻中体现得淋漓尽致。例如刻于泰山斗母宫东北处山谷溪床之上的著名摩崖石刻《泰山经石峪》，字体介于隶楷之间，用笔圆润可人，结构舒博壮健；字存近千，洋洋洒洒，浑如天书曝页，气势磅礴，是现存摩崖石刻中规模空前的巨制。

旅游景观中留存大量的碑刻遗迹，其审美价值和作用是多重的，既可以渲染环境、加深意境，又可以点明主题，调动游人的审美情趣，加深审美体验，在赏心悦目的同时，达到物我两忘、心与物游、物我合一的最高审美境界。

五、摄影艺术的审美特征与欣赏

摄影也是一种静态的再现艺术，它的美是通过真实、优美的造型再现现实、反映生活。它不像音乐、舞蹈、绘画等艺术种类那样，在远古时代就开始了自身的历史，而是随着物理学、光学、化学的进步，随着科学技术的发展而出现的，至今不过一百多年的历史。法国人尼普斯在1826年用白蜡板摄制出世界上第一张照片，也是最早的照片。此后，随着科学技术的迅速发展，摄影技术也随之日新月异地发展起来。如今人们掌握了崭新的技术手段，摄影艺术更出现了蓬勃发展的局面。可以说，没有近代科学技术，就没有摄影的诞生；没有科学技巧的发展，也就没有摄影艺术的大发展。

摄影艺术家根据自己的艺术构思，运用摄影艺术的技巧，经过暗室的加工，制作成富有感染力的、典型的艺术作品，它与绘画有许多共同之处，而以形象逼真见长，并在再现中表现艺术家的思想情感和审美理想。摄影艺术所表现的对象，如新闻、人物、风景、事件等都必须是真实的。纪实性是摄影艺术的一个特点。

摄影艺术通过画面构图，光线的明暗和对比，影调等手段构造艺术形象，还可以通过选择拍摄的距离、方向、角度、速度，或仰拍或俯拍等，来组织、安排画面以及各部分景物的位置及关系，以取得令人满意的效果。作为美的存在方式，摄影是静态的，不受时间因素的影响；作为语言材料，存在又都是动态的，对具体作品来说，稍纵即逝，不可复制。因此摄影艺术又被称为“瞬间艺术”，这是摄影的又一特点。

摄影艺术可以通过一些特殊加工，使其具有绘画般的感染力与表现力。香港著名的摄影家简庆福的作品《水波的旋律》（图 14），就是追求绘画的意味，表现了海面富有节奏和曲线的美，宛如音乐的旋律。“画面上那浮动着的轻舟的位置，恰到好处，使构图更趋丰富，富有诗意。”这种富有诗意的构图和景物位置，已经具有了绘画的表现力和意境，从而突破了实物局限，使之具有很强的表现力和深邃的意境。

第三节　表演艺术审美

一、表演艺术的审美特征

表演艺术是通过人的演唱、演奏或人体动作、表情来塑造形象、传达情绪、情感从而表现生活的艺术。表演艺术代表性的门类通常包括舞蹈、音乐、戏剧。表演艺术是通过表演来传达情感体验和审美意蕴的。

（一）表现性

再现生活与表现情感是艺术的两种基本功能。有的艺术种类如造型艺术，长于再现而拙于表现，常常通过直接再现社会生活中的人物和事情，来间接地表现艺术家的审美情感。而表演艺术，却长于表现而拙于再现，往往直接表现和揭示内心情感，间接地反映社会生活。

表演艺术，长于表现或传达创作主体的情感情绪，具有强烈的感染力和表现力。舞蹈中有大量的抒情舞蹈，尤其是当今欧美各国广泛流行的现代舞，这些舞蹈作品中几乎没有任何具体的情节或事件，主要是表现某种特定的情绪，通过强烈的情感氛围来震撼观众的心灵。音乐更是最擅长于表现情感的艺术。音乐的这种特殊性，根源于音乐特殊的物质媒介和表现手段，它以乐音为材料作用于人的听觉，可以直接传达和表现音乐家的感情起伏、变化和波动。戏剧艺术矛盾的冲突性则很好地说明了它的表现性。观众会随着舞台上演员的表演或紧张或焦虑，或欣喜或悲伤，戏剧情节的起伏跌宕时刻牵动着各种情绪，深深打动观众的内心。

（二）表演性

表演艺术应包括一度创作和二度创作两个过程，而且二度创作（实际的表演、演奏或演唱） 常常需要多次进行。对于音乐、舞蹈或戏剧来说，首先需要一度创作即作曲、作词、配器、编剧或编舞，同时也需要指挥家、演奏家、歌唱家、舞蹈家和演员的二度创作。对于同一个表演艺术作品，由于表演者对作品的理解不同、艺术风格不同和表现形式不同，完全可以产生十分不同的艺术效果。从这种意义上说，表演艺术的形象塑造，必然依赖于二度创作的表演。

二、音乐的审美特征与欣赏

音乐是以人声或乐器的声音为材料，通过有组织的乐音在时间的流动中创造审美情境的表现性时间艺术。

（一）音乐意象的流动性

音乐艺术是以时间为存在方式的艺术。它在其声音流动过程中，表现其起伏不平、丰润多彩、有头有尾、从部分到整体的音乐意象。它不像绘画艺术那样直接再现生活情景，以整体的形式和意象进入人们的视觉；而是以乐音的律动为生命，或蜿蜒流淌或九曲连环或一泻千里，在运动中形成审美意象，使人们产生丰富的联想和想象。

（二）感知过程的听觉性

音乐是听觉的艺术。它是以音响信号为中介，直接刺激审美主体的听觉感官，唤起审美主体的联想和幻想，使审美主体得到赏心怡神的美的精神享受。其音响信号刺激的次数越多，想象就越丰富，对音乐意象的认识和理解就越深刻、越完美。因此音乐艺术也是参与艺术，其艺术境界需要审美主体通过听觉的感知，融入主观情感和思想活动才能真正领略。同时音乐艺术也是宽泛的艺术，不受视觉的限定，全凭听觉的感知去展开想象，从而获得令人愉悦的审美感受。

（三）内在情感的直接性

审美的感受是由感知、想象、情感、思维等要素相互融合的心理过程。而音乐则是“心情的艺术”，其声响与特定的内在情感具有不可分割的联系。从音乐创作上看，它是作曲家内心深处思想和情感的独白；从欣赏者来看，只有那些富有时代精神和情感的音乐，才能引起人们情感的共鸣。因此音乐艺术不仅可以表达历史所凝结的思想情感，同时也可以表达与时俱进的时代精神，而且具有唤起人们情感和强烈激情的巨大能量。音乐可以强烈地作用于人的情感领域，使人心驰神往、如醉如痴，同时也使人陶冶情操、净化心灵。

（四）审美创造的再现性

音乐的审美实践活动由音乐创作、音乐再现和音乐欣赏三个环节构成。由作曲家创作出的乐谱作品本身的音乐美，对于一般的审美主体来说很难直接把握，必须借助表演或演奏者的表演才能使乐谱作品真正成为音乐作品。没有表演艺术家的审美创造和艺术表现，没有表演或演奏者将乐谱作品流动化、立体化的再现过程，就没有音乐的审美活动。因此同一音乐作品，因演奏、演唱者的主观演绎不同，音响介质、场地、时间、心境、氛围不同，其审美效果也必然有所差异。

（五）艺术欣赏的理解性

因为音乐语言的非明确语义性特点和音乐审美创造再现的多种风格特征，给欣赏者拓展了一个广阔的想象天地。欣赏者可以通过自己的听觉去感受；用自己已有的知识积淀去理解；用自己独特的情感去融合，去把握音乐作品的整体意象。因此欣赏者的理解性，即欣赏者的音乐修养水平不同，其音乐审美的效果会有较大的差异。

三、舞蹈艺术的审美特征

舞蹈是人体动作的艺术。它通过有节奏、有组织和经过美化的流动性动作来表情达意。舞蹈有三大基本特征，即舞蹈的动态美、舞蹈的意蕴美和舞蹈的神韵美。

（一）舞蹈的动态美

舞蹈作品是通过舞者的肢体不断运动发展变化而形成的，舞蹈动作是否具有美的形态直接影响观赏者的审美心理，所以动态美是舞蹈美的首要条件。大多数舞蹈作品是对生活的原型加以创作，将生活中的原型经过编导者依循舞蹈本体特性和美学观念，将生活中的事物和人的内在心态加以提炼、升华、扩大和美化，是对生活美的一种升华，它将美的形态、感情高度浓缩并加以升华，因此产生舞蹈动态美的艺术魅力。

（二）舞蹈的意蕴美

每个舞者创作作品时都以美化舞蹈语言为手段，塑造完整的具有性格特征的舞蹈形象，展示其中所蕴含的思想、情感、意义、观点、哲理等因素，并表达其美学观点及独到的审美意识。充分体现舞者内心的情与理，这就是意蕴美。它是舞蹈美的核心，它决定了一部舞蹈作品的审美价值。舞蹈艺术是把具有节奏性、造型性的人体动作作为主要表现手段，所以它不可能像歌唱家那样直接运用语言全面表达自己的思想情感。舞者是通过对生活美与丑的本质理解和认识，转换成一种带有造型性、节奏性的人体动作语言来体现内心的情感，努力开拓和深化主题思想，从而创造舞蹈美的深邃意蕴。

意蕴美在舞蹈艺术中也称为“浓缩的美”。它表达的方式受民族传统习俗所制约，尤其是我国的汉族，人们在表达感情的方式上是比较含蓄的，在舞蹈作品的表现上大都是通过情节来表现一定的思想及内容，通常以载歌载舞的形式强调对美的意蕴展示。同时也利用各种道具扩大和强化对感情的升华，强调舞蹈表情性，通过喜怒哀乐直接传递人物的思想感情。

（三）舞蹈的神韵美

一部好的舞蹈作品有其鲜明的人物个性与风格特点，也是动态美和意蕴美相互结合共同演绎的产物，从而升华到另一种审美特性，这就是舞蹈的神韵美。观赏者可以从整体舞蹈的艺术结构和舞蹈语汇中明显地感受其独特的神韵，那是一种出神入化、超凡脱俗的意象。《水中月》就表现出舞蹈外在的美姿，内在的灵气，妙韵的意蕴。这是一部诗化的作品，描绘了少女美丽、善良、纯朴的形象。这样的舞蹈艺术精品充分显示出舞蹈美的“动中有韵”，“韵中有情”，“情中有意”，“意中有神”的艺术神韵。

舞蹈以高度虚拟化和程式化的动作来表达情感，舞蹈情感不是直露的、写实性的，而是含蓄的、写意性的。具有某种朦胧、宽泛的色彩，这使舞蹈艺术境界具有某种空灵感与不确定性，有利于人们在观赏舞蹈时拓展想象的空间，获得较大的审美愉悦。

四、戏剧的审美特征与欣赏

（一）戏剧是客体与主体内在统一的艺术

戏剧是通过人物的对话（或歌唱）和行动集中概括地反映客观社会生活中的矛盾，体现人类主体自由创造精神的艺术。这使它作为一种艺术形态，把客体结构与主体结构内在地统一起来，正如黑格尔所说，戏剧将史诗的客观性质与抒情诗的主观原则在实际上统一了起来。

剧中人物的对话与行动是戏剧的核心内容，但戏剧的舞台演出，又不仅仅是通过人物的对话和语言来实现的。还需要在导演的统一组织与安排下，借助戏剧特殊的艺术传达手段，与布景、服装、道具、音乐、灯光等紧密配合，这就使各种艺术家诸如剧作家、导演、演员、作曲家、美术家、灯光师、服装师等以及其他一切舞台工作人员，为着一个共同的目标在各自的领域中充分施展才能。戏剧的审美特征正是在这种共同性活动的过程中充分体现出来的。剧本是舞台演出的根据，这就要求剧作家既要有文学上的素养与才华，又要熟悉以至通晓舞台演出的实际。导演是剧本的解释者、演出的组织者，是舞台演出的灵魂。舞台上从不见导演出面，但处处都体现着导演的人格，导演的审美理想与艺术追求。同样的剧本由不同戏剧艺术家导演，往往能产生截然不同的艺术效果。演员是戏剧舞台演出的焦点，剧作家、导演以及一切戏剧工作者的作用，都要通过演员的出色表演集中地体现出来。优秀演员的表演，不仅要体现剧作家的创作意图，体现导演的安排和意旨，而且要进行积极能动的再创造活动，正是在这种再创造活动中充分发挥与施展其艺术的才华，完成剧中人物性格的塑造。可见在戏剧这种创造活动中，艺术的客体与主体始终是有机地统一在一起的。

（二）戏剧通过角色集中地展示社会生活中的矛盾冲突

矛盾冲突的发展变化，是戏剧艺术的基础，没有尖锐的、典型的矛盾冲突的曲折变化，就没有戏剧。戏剧的矛盾冲突在空间中展开，在时间中运动，它以相对完整的发展过程直接呈现，观众成为亲临其境的观察和体验者，同时戏剧的对话、歌唱与作为思想外壳的语言相联系，使戏剧把主体的情感与理智内在地融合为一。它一方面可以给人以深沉的理性启迪，一方面又可激发人们强烈的爱憎感受。

戏剧中角色的言论与行动在展示社会生活矛盾冲突基础之上的统一，实际上也就是情节与性格、理与情在内在审美机制中的统一。戏剧通过角色的言行集中地展示社会生活中矛盾冲突的审美特征，使它既不是对社会生活的简单客观复现，也不是脱离剧中角色活动的主观抒情言志，而是把展示矛盾冲突的过程与剧中角色的个性发展有机地结合在一起，使它获得一种独特的感染力。

【思考题】

1. 阐述艺术发生的各种学说，说说你更倾向于哪种说法。
2. 简述艺术终结的内涵。
3. 谈谈造型艺术的审美特征。
4. 对比雕塑艺术和绘画艺术的异同点。

第八章　社会生活审美

【学习目标】

● 了解服饰之美、饮食之美

● 学习旅游工艺品之美

● 理解当代城市旅游的审美

【知识要点】

● 服饰艺术的审美特征

● 饮食文化的审美构成

● 工艺品的分类

● 工艺品的审美特征

● 城市形象的审美特征

● 城市旅游的特点

第一节　服饰之美

一、服饰艺术的审美特征

人类对于物质和精神追求的最高境界就是美，它强调的是美的表现形式，展示人们的理想、信念和追求以及美的对象所蕴藏的精神力量。服饰艺术包含着艺术门类中重要的形式美感，又以最生动、最直观、最具体化的特点呈现出来，因此服饰作为物质与精神追求的综合形态，向人们展现其独有的审美特征。

（一）服饰是造型艺术

所谓造型，就是服饰总表现为一种几何形状。这种几何形状，我们称之为款式，就是根据特定的实用审美需要及尺寸要求，将面料裁剪为点、线、面（条块），根据颜色、色调、花纹、图案的特点，用特定的缝制加工技术或工艺，拼接成特定的样式。这种造型，虽千变万化，但并非随心所欲，它是人类特定的文化圈的产物。所以同样是夏装，因为民族的、地域的文化圈不同，其样式也各不相同。

（二）服饰是重组的艺术

服饰作为一种审美客体，不能成为独立的审美对象，它必须与穿着者重新组配，才能显示其美的光彩。换句话说，服饰与使用它的人体再构，形成新的审美对象，展示其鲜明的与主体整合的、全新的视觉形象，给人以美感。这里的重组，有四个必须重视的基本层面。

一是色彩重组　服饰色彩斑斓，然而却必须遵循原色、间色、复色和补色的形成规律，讲究色相、明度和纯度，处理好色彩的对比关系，把握主题、主旨和衬托的变化，实现协调性、整体性，体现动感、层次感。

二是服饰之间的重组　在长期的社会生活过程中，各个民族、各个地区人们的着装，形成了传统的搭配形式，进而形成一定的规范，讲究领、袖、三围以及襟、摆、扣等多项比例关系，同时一定的服装，还要求一定的鞋帽、巾袜及其他相应的装束与之相配。

三是服饰与环境的重组　人们总是在特定的环境中生活，服饰不与环境匹配，就搅乱了人与自然、人与人之间的协调关系，看起来有一种大煞风景之感。因此这里所谓的环境，就是人们着装生活、工作的空间，包括自然环境和人文环境两个方面。

四是服饰与人体的重组　服饰应该与着装者的年龄、性别、身份及爱好、审美要求一致，形成和谐的服饰与人体结合的新体，成为一个跃然于社会生活的审美对象。男子因其合体的服饰得以伸阳刚、显帅气、助倜傥；女士则以得体之装尽显九曲、温柔、性感之美。

（三）服饰是综合艺术

服饰的面料及其裁剪艺术、缝制艺术、款式、色彩、色调、着装方式，兼容诗歌、绘画、雕塑、剪纸、书法、音乐等艺术样式，凝聚哲学、社会学、民俗学、美学诸多信息，体现信念、情操和志向，是一个时代、一个民族、一个地区的经济、文化、科技的写真。

【知识链接 8–1】

时装大师伊夫·圣洛朗

伊夫·圣洛朗（Yves Saint Laurent）18 岁初闯巴黎时就开始扬名，21 岁时被任命为迪奥（Dior）的首席设计师，30 岁就被公认为世界顶级时装设计师，他是世界知名时装品牌 YSL 的创始人。

1960 年，圣洛朗以法国歌手 Juliette Greco 和垮掉一代的音乐为灵感，设计了 Beat 系列，如鳄鱼皮夹克、运动剪裁的迷你袖子、黑色大外套等出格的样式；他在 1965 年创作的《红黄蓝构图》（图 15），灵感来自荷兰风格派画家皮特·蒙德里安的作品，首次将时装设计与艺术巧妙结合。此后他还推出了毕加索、达利等艺术家系列，这种风尚在今天引发了时尚与艺术跨界设计的风潮。1976 年，伊夫·圣洛朗进入前所未有的高峰时期，推出一系列具有国际村特色的 Cossack 服装系列，同时含有吉普赛式、印度、高加索、斯拉夫、土耳其等样式，圣洛朗的服装流露着他对历史、艺术、文学的热爱。

（四）服饰是再造型动感形象艺术

服饰通过点、线、面的布局，安排色彩，构思整体，实现造型，并随着人体运动，建立起一种动感形象，显示节奏、韵律、流动的形式之美。必须注意的是，这种动感形象凭借多种手段的综合运用，并且只有与人体的重组才能实现，所以它属于形象再造型艺术。

（五）服饰是视觉艺术

服饰在人们心目中的形象，主要不是通过韵律或想象、抽象形成，而是凭视觉直观产生的。虽然服饰有韵律感、抽象性和逻辑性，但是人们在欣赏时，不是以理性的、逻辑性的方式去把玩，而总是以直觉的、感性的认知方式，接受视觉冲击力所产生的震慑。

（六）服饰是典型的个性艺术

服饰及其审美元素的选择、取舍和组配，完全取决于穿着者的意志，且唯有成功的着装意志，方能显示其出彩的审美效果。鲜明的个性特征，是服饰的天然要求。概括地说，服饰美的特点就是得体、入时、适地、个性八个大字。服饰必须和着装主体协调，即服饰的面料、款式、色彩必须与主体的年龄、身份、肤色、体态、身材相一致。入时，就是服饰必须合乎时代特色，体现时尚性。适地，就是服饰及其着装主体与所在空间的自然、人文环境协调。个性，就是因人而异，由和谐独特而尽显美的韵味。

值得重视的是，由于人类经济、文化、科技的交流，世界上不分种族和地域，形成了十分类似的、惊人的款式基调和色调搭配传承特色。例如世界大多数国家的男子，推崇的都是阳刚、庄重、脱俗；女性则倾向于显示女性的温柔和体形美，着装有含而不露或露而虚掩的特点。

在色调上，世界各民族，也有着传统的配色要求。例如目前，无论哪一个国家，套装之类的职业服，多以蓝色为主调。流行不衰的牛仔裤从它问世至今，从未离开过蓝色。礼服款式和色调要求高雅、庄重，推崇气派，讲究风格，给人以文明典雅之感；运动服以轻质、适体为度，显示力量和健美；旅游服饰则讲究款式自由、轻便，适于户外活动等。这些就是服饰美的共性审美特征。

二、服饰艺术的审美评价

服饰美的审美感受是从主体的角度，探讨审美心理感受发生、发展的一般程序，服饰美的审美标准则需从客体即审美对象的角度，探讨审美感受层面的评价过程，即人们按照哪些层面去界定服饰的美与丑。根据审美要求和人们的一般认识习惯，服饰审美评价大致可以从以下十个层面逐一深入。

（一）款式美

它是服饰造型因素给人的美感，这是服饰几何图形剪裁、组合给人的第一印象，是审美主体通过对服饰形式美的观察，同自己的审美标准及文化修养而产生的审美界定。款式既是服装设计师所追求的审美理想的现实表现，也是消费者对服饰所刻意追求的基本形式要求。款式美，可以是服饰传统美的再现，也可以是创新美的塑造；款式美，理所当然地不能脱离服饰文化内涵的约束，也不能离开服饰的质料、色彩、工艺等方面的要求，它正是上述几个方面的完美结合所产生的美的结晶。

（二）色彩美

它是服饰的外部色彩、格调给人的美感。这主要指服装色彩要明朗、靓丽、醒目，带有鲜明的节奏感和韵律感，有浓厚的韵味。服装配色，应根据人的体形、肤色、性别、年龄来选择。色彩美是服饰的色彩冲击力产生的视觉效果，它既是服装设计师必须掌握的服饰外表美的基本要求，也是消费者极为重视的首选条件。色彩美的表现形式多样，既可以是单一的颜色或无色素的，也可以是色彩纷呈的；既可以是天工造物，也可以是印、编、染、织等人为制品；既可以像花一样的开放式布局，也可以是格子、条纹、花边之类勾勒，还可以是设计师的巧妙搭配总成。

（三）质料美

它主要是服饰面料、辅料因素给人的美感。服饰离不开质料这个基本载体，它既是款式的依附体，又是色彩的寄驻者。服饰的质料美，表现为服饰质料的色彩和肌理两个方面的完美结合。色彩，特别是面料，张扬的是外表，肌理则反映材质的纹理基质，两者的和谐结合，可以展现服饰的生化性质、空间存在的风格和特征。现代质料可以提高服饰的透气性、挺括性、柔软性、悬垂性，伸缩性等，产生美好的手感、肤感，引起人们翩翩的联想，因而成为消费者极为追求的美的目标。

新颖、美观的服饰，其配色和款式，与善于择料有密切关系。设计新颖的款式和色调，如果没有合适的面料来体现，或者再佳的面料，如果设计的款式不配套，都达不到审美的意图，无法引起人们的审美情趣。只有配色、款式和面料协调统一，才能共生共增服装的光彩。

（四）工艺美

它是服饰加工因素给人的美感。成衣的工艺有手工、机制、半自动化、自动化等，加工的方法不同，产生的审美效果也不同。一般来说，加工工艺是生花之笔，往往产生出奇制胜的魅力。人们对此想入非非、追求不倦，口味越来越高。可喜的是，随着科技的发展，服饰的加工工艺日新月异，而将领角、袖口、纽扣、口袋、边纹等细微之处，表现得尽随人意，来提高服饰的审美水准。

（五）时尚美

它是服饰具有时代推崇的审美特征因素给人的美感。所谓时尚，指在一定时期内，人们广为接受并喜欢的服装款式、色彩、质地、装饰等。随着经济的发展，社会的进步，人们生活水平的不断提高，加上科技进步而平添的工艺发展、材料翻新，服饰的流行和紊乱周期渐短，为迎合人们生活、工作的自然环境和人文条件的需要，服饰越来越现代化、适应化，追求时代的崇尚、潮流美，便成为人们服饰美追求的重要目标，从而成为服饰审美的一个十分重要的指标，而纳入审美的重要层面。因此也就有了流行款式、流行色。时尚美也就是流行美。时尚美的表现内容和形式极其广泛，可以是款式，也可以是色彩，还可以是质料以及各种不同文化内涵的其他设计等。探讨时尚的审美因素及其表现力，主要在于服装的审美取向，一是时代气息，款式新颖；二是色彩鲜丽，配置合理；三是民族风格，有所创意。

时尚美又具有变动性、相对稳定性的特征。所以备制服装时要关注这两种特征，既能赶上时尚，又不为时尚所困扰，穿着感觉比较自由自在。

（六）个性美

它是服饰存在的不同于人的差异特色给人的美感。个性美形成，本质上是由于科技革命、经济发展、人们生活水平的提高、人文理性的张扬所致。其中人文理性的张扬最为重要。个性美就是服饰适应不同文化层次的人们审美的特定要求，在款式、色彩、质料、工艺上，体现消费者的年龄、职业及其文化层面的个性化差异，不拘一格，注重特殊性，反对雷同、单一。表现个性化的手段很多，主要通过款式、色彩、质料、工艺方面的创新、变化，实现多元化。

（七）外表美

它是服饰以其款式、色彩、质料、工艺等外部因素给人的美感。服饰的外表美主要产生于主体的视觉、触觉、听觉、嗅觉，来源于眼睛、皮肤、鼻子、耳朵对服饰的信息反馈。外表美是服饰的空间存在方式，即服饰的外部形式结构的物质外表，是服饰其他美感产生的基础条件，是引起主体美感的基本要素，要求服饰的款式、色彩、质料、工艺实现完美的统一、和谐、一致，并且做到时尚、个性化。

（八）内在美

它是服饰蕴藏的个性特征、文化取向等精神因素给人的美感，能够充分张扬穿着者的性格特征、风格特点、文化修养、职业特点和个人审美观。服饰的内在美来源于服饰的文化底蕴和科技含量，靠设计师对社会经济、生活、社会人文以及不同群体的洞察深度和消化理解，寄驻于消费者的精神追求。

（九）整体美

服饰要符合人的整体形象美。整体美是服饰的表现内容与形式的整体结合给人的美感，也就是说，服饰美所体现的是一个完美的肌体，是服饰的物质形态与精神形态、内容与形式的和谐统一、完美结合。这是服饰给主体的整体映像，也是主体对服饰的总体要求。如果一件服饰，不能从整体上形成美的映像，也就不能称为美的服饰。人的服饰应与其心灵、形体、风姿形成有机统一；服饰的造型与形体要和谐统一；服饰的整体美还要求巧妙地整体搭配。

（十）组合美

它是服饰通过主体重组给人的美感。服饰需要穿着者的二次重组。也就是说，消费者的穿着是第二次设计。一件美的服装，需要同穿着者的其他服装、配件、箱包、饰物、鞋帽、巾结、佩戴相匹配，并与穿着者的外部条件、生存活动空间相一致，才能绚丽夺目，充分显示其美的风格与特点。因此服饰组合的形式与层面，主要体现在两个方面：一是服饰与主体存在、活动的空间条件，即主体的自然环境与人文环境相匹配；二是服饰与穿着者的肤色、身材、气质，穿着方式、化妆以及其他服饰相匹配。但不是所有的服饰都有匹配性，所以研究服饰的可组合性，是服饰的设计者、生产者、经营者、代理商与穿着者必须慎重考虑，值得特别注意的重大课题。

三、实例赏析——华服之美与文化象征

“华服”，即中华服饰之意。“华”，“中华”之名。“华”代表“文化”之含义，而“文化”在中华民族的历史长河中，是德行、智慧、绝地通天的总称。

“服”，衣服、服装、服饰。“服”具有两个含义：其一，它区别于中国文化的其他艺术形态，以直观性、形象性、实用性、展示性等为特征，是一种亲切可见、明示可辨、为人体装扮造型的视觉形象；其二，它凭借多姿多彩、各具形态的外在形象来折射时代与文化背景，体现人类服饰文化的差异。

华服，是中华民族的一切传统服饰，如袄、袍、衫、衣、裳、兜、巾、裤等各门类子系统的集合词与统称，包含所有传统服饰与现代民族服饰的形式与内容。现今意义上的华服，不仅包含传统服饰系统内容，而且表现在更宽泛地吸收各种文化的艺术元素与精神，通过对传统服饰的变异、提升、扬弃而力求反映民族与世界、传统与时尚的创新意识。

进入新世纪，我国服饰发展呈现出两种势头，“东风西渐”与“西风东渐”。前者随着国运昌盛及中国在世界地位的上升，悠远的中华服饰文化不再是只代表传统和国粹，它正快速成为一种流行于国际的时尚。后者使国际知名品牌进入中国市场的步伐不断加快，它们特有的设计理念与营销方针不断地给予中国服装业新的刺激与启发，使人们着装行为的多样性、国际化得以实现。这两股势头的并行发展构成了盛世中华服饰文化的独特风景，在此特有的背景下，“华服”的概念再也不是传统意义上的某个形制，而显得更为宽泛、丰富多样。

在现今服装文化的背景下，“华服”的概念应包含以下几个内容，即在线型结构、色彩配置、工艺与图案等造型上具有中华民族的传统特征与鲜明个性，符合中华民族的审美习惯与心理认同；在形态、色彩、材质、工艺等方面的构成上符合服饰造型的艺术法则，并通过这些浅层结构系统来表达中华服饰文化特有的文化底蕴，达到传统与时尚、民族与世界的融合提升。中华服饰文化与其他文化形态一样，是一个在特定空间发展起来的历史范畴，中华民族在不同的生活环境与历史背景下，逐渐形成了不同的生产方式与生活方式，并建构了不同的服饰文化类型，呈现出各异的服饰形态。中华服饰文化依据具体的款式、服色、质地、尺寸、工艺、图案、佩饰等多种形式，来表达服饰行为中蕴涵的伦理规范、程式典章及着装准则。

（一）华服中的仪礼制度

服装无声，但它道出了一切。台湾学者王关仕在《仪礼服饰考辨》序言中一针见血地指出：“服饰之事虽微，然而属历代礼仪典制之所系。”仪礼及典制被视为服饰永恒的灵魂。中华服饰史中的“三代之制不变”曾为历朝历代所袭用。例如祭天地、宗庙有祭祀之服；朝会期间有朝会之服；兵事有从戎之服；凶丧有吊丧之服；婚嫁有婚礼之服等，这些不同的仪礼限定，目的只有一个，与“劝善别尊卑”的典章程式对应。中华服饰文化中的仪礼与制度作为伦理道德和社会政治的统一规范，具有历史稳定性、遗传性，“礼”在儒学中的内涵极为丰富，举凡社交礼仪、生活标准、政治秩序、风俗习惯，无不包括在内。而中华服饰中的仪礼，是依据具体的服装制度、着装程式等隐性内容与款式、服色、材质、工艺等显性内容的量化要求，来表现服饰所蕴涵的伦理规范。

（二）华服的“应天、应地、应时”

中华服饰文化中，形制与图形对“天、地、时”的崇敬颇具匠心。冕服上“日月星辰”的图形，在十二纹章中为一个子系统，表现天时变化。袖型强调圆弧线型，与天相应；领式为曲形交领，与地相应；深衣裙身（裳）前后各六幅，共十二幅应十二月。配色方面，衣与冠同色应天，裙（裳）与鞋同色应地，表达天地有异，不可错位与僭越。上身与下身阴阳相合，使天地与人体合为一身，所谓“衣与冠同色，屐与裳同色，天地有异不可混”。

（三）华服中意象与寄寓

在服装装饰处理上，借浪漫而充满寓意的图腾式图像，来显露喜庆吉祥、祈福消灾、造福众生、寄寓理想与希望的意象理念，是华衣文化的特色之一。运用多元集合的方式创造种种神物，如龙、凤、麒麟等。“龙”由蛇身、鱼鳞、马首等合成，在封建社会为帝王的化身，演变至今，现实意义上龙的形象，体现着民族多元兼容、开拓奋进、造福众生、与天和谐的精神底蕴，成为民族的图徽与象征。“凤”以孔雀为基形，誉为鸟中之王，多用于皇后、公主的服饰，现今在女性服饰上则体现着吉祥、喜庆、恩爱的寄寓。“麒麟”体态似鹿，头上有角，身有鳞甲，尾似牛尾，它是古代服饰图形中祥瑞的象征物。龙、凤、麒麟等臆造的神灵形象，经多元集合方式而历数千年，成为一种寄托理想的意象，在服饰上体现着不同内含的文化印记。

在服饰色彩上，以“五色应五行”，寄寓人类之生生不息源于阴阳合而生天地，“五色应五行”的理论，在服饰上的体现，有着它独特的意象寓意，其一，表达“五色”是色彩本质之色，是一切色彩的本原之色，是色彩的基本元素，五色与五行对应，五行结合生百物，五色结合生百色。其二，体现“五色”作为“正色”，象征尊卑，而将其他“间色”贬为卑贱之色，上下不可相逾。

中华服饰文化中，装饰纹样比“五色应五行”更形象直观地表达对意象的追求，“谐音”的借喻是人们寄寓理想，表达对美好生活、平安健康向往的常用方式。例如“蝠”与“福”同音的“五蝠捧寿”，表达对“福、禄、寿、喜、财”五福的祝福。“莲”与“连”同音的“莲生贵子”，祈求多子多孙的福份。“结”与“吉”同音的“如意结”、“盘长结”、“吉祥结”，分别寄寓“万事如意”、“相随相依”、“大吉大利”。

（四）华服中的“符号别尊卑”

为了便于交流，在服饰上以一个感性的物质形式来代表等级、显示尊卑，是中华服饰文化中常用的一种手段。它通过可辨的某个图形或纹饰，来表达它所存在的与某交流对象之间的关系，成为一种体现礼仪制度的约定俗成的记号，充当着社会关系的意指作用。不同数量的纹章（图案）来区别不同的等级，例如天子上衣下裳绘绣十二章，公九章，侯七章，以下递减，群臣的职别以纹章符号来呈现。宋代系佩于腰间的“鱼袋”，以色彩的差异来区别官职品位，金、银色的鱼袋表示五品以上，绿、青色的鱼袋表示五品以下。这些均反映出中国服饰文化以某种感性的物质符号来表达尊卑的礼仪程式。

第二节　饮食之美

一、饮食文化的审美构成

饮食文化是各民族文化中一个极为重要的组成部分。尤其对中华民族而言源远流长，至今仍具有活跃生命力的饮食文化，可以说是进入了特殊的审美领域。中国饮食文化之所以能名扬海外，不仅仅在于中国菜肴的精美可口，更重要的是通过置身于中国的餐饮环境中，品尝色、香、味俱佳的中国食物之妙，欣赏中国餐具器物的典雅之美，可以使人领会到中华民族传统文化和审美风尚的精髓。至于把握中国饮食文化中审美问题的关键，则在于对其基本特点的了解，这就是美食、美味、美器、美境。具体来讲，就是食物诉诸视觉的色型的美感、食品诉诸嗅觉和味觉的香醇的美感、饮食器具的工艺美及它与食物的谐调搭配的美感、进餐环境的舒适怡人及其装饰点缀的美感的完美结合。一言以蔽之，美食、美味、美器、美境乃饮食文化中的审美构成。

（一）美食

可称得上“美食”的佳肴中，凝聚着烹饪师对于食物原料的精心选择、娴熟的刀工技巧和高超的控制火候的能力、对食品造型配色的良好的艺术修养，以及对不同宴饮活动所要求的不同审美意趣的准确领会。

食材本身的美是烹饪出“美食”的先决条件。这包括色泽、质感、形状等方面，因而要创造给人以审美感受并能刺激人的食欲的“美食”，烹饪师就必须对每一种原料的特性了如指掌。就色泽来说，不同的原料具有不同的色彩和光泽，如红色的有蕃茄、山楂、草莓、辣椒、牛羊肉等；绿色的有芹菜、黄瓜、蒜苗等；黄色的有蛋黄、桔子、菠萝等；乳白色的有豆腐、莲子等；黑色的有木耳、海参等；紫色的有苋菜、紫菜等。烹饪师要将原料的各种特质事先通盘考虑，并利用食物原料本身的色泽美进行艺术搭配。就质感来说，食物原料的软硬、爽滑不仅给人以不同的口感，同时对于菜肴的造型也是很重要的条件。技艺高超的烹饪师善于利用不同食品的质地塑造不同的造型风格。在形状方面，食材本身就有一定的自然形状，如瓜类的圆形、椭圆形和鱼类特有的形状，在美食中就经常以原有的面貌出现，增加食物的天然之美。

当然美食的产生还必须经过烹饪师的精心创造，即良好的烹饪技术，这主要包括三个方面。一是出色的刀工。经过加工，使各种不规则的原料变成具有统一整齐美感的“美食”，增加食物的精巧之美，通过细心摆放显出韵律感。二是准确地掌握火候。对于不同的原料、食物，精准地把握火候对烹饪者来说是一项重要的专业技能。三是食物的造型技巧。无论冷菜、拼盘、各式糕点，还是热菜，经过烹饪师的巧手点化，塑造出千姿百态、美观大方的图案形状，给食用者增加食用的乐趣。图案造型可以有随意式、整齐式、象形式、寓意式等多种选择。优美的食物造型配上相得益彰的餐具，更衬托出其美的特点，正如袁枚所说“美食配美器”。

美食给人的享受有以下三个层次：一是通过色、香、味的统一，促进人的食欲，满足人的生理快感；二是通过谐调的色彩，精湛的刀工、优美的造型等艺术化的手法，给人以视觉的审美享受；三是通过图案的象形和寓意，使人从理智上获得审美的意趣，从而超脱肉体的满足而进入精神的愉悦。例如寿宴时，寿桃寿面是不能少的，菜肴方面多采用松鹤延年、吉祥如意等图案和文字；婚宴时讲究成双成对，四喜拼盘、双盒蜜果经常被用到，菜肴中龙凤呈祥、花好月圆等图案极被看好。

（二）美味

人们总是说食品讲究色、香、味俱全，但却经常把食品的审美严格限制在对色的欣赏范围内，把对香和味的体验仅看成是生理的享受，这是因为香与味的获得，是通过“非审美器官”——鼻与口的嗅与味来实现的。其实在饮食文化中，嗅觉和味觉也有着双重作用，既能使人获得一种刺激和满足食欲的生理需求，也能在某种程度上给人以审美享受。并且从烹饪本身的性质来说，香与味似乎比色与形更重要。因为其最终目的是为了食用，即使形色稍差，但美味可口，也可称得上是一道好菜；而无论多么漂亮，若使人无法下咽，也就失去了饮食的本质，所以说美味是中国烹饪艺术和饮食文化的精髓，它从肉体和精神两方面带给人们愉悦和享受。

（三）美器

美食与美器的和谐统一，是中国传统烹饪艺术的一个重要方面。中国饮食器具的发展，经过原始陶器阶段、青铜器阶段、漆器阶段，发展到瓷器时代达到鼎盛。不仅器物种类繁多，造型千姿百态，图案优美而富有寓意，色泽多变，典雅大方，制作工艺精良，艺术性强；而且中国人还讲究把美食与美器有机结合，不同的食物配不同的器具，既方便食用，又互相映衬，彼此呼应，在二者的完美结合中，使食物和器具本身的美都得以充分的显现。美食与美器之间如能因食配器，彼此相融，则会锦上添花，达到一种新的境界；而如果彼此不配，则相形见绌。例如食品不甚精良，却使用过于昂贵的器具，就越发显得食物的寒酸，反而不美；相反，高档的珍馐美味，如果只放在普通的餐具中，则会黯然失色，降低了它的价值。所以如何使二者相配，也是一个美学问题。一般说来，要掌握和谐这一基本原则，既要做到菜肴与器皿之间的协调，也要使整席菜肴与整套餐具相配。

【知识链接 8–2】

饮食器皿与身份

中国饮食文化，不论是美食还是美器，到清代已然发展到巅峰。食与器的结合近乎完美，尤其是宫廷饮食，食物的“器”与“形”之间的调配，其核心是要体现出一个符合“礼”之规范的仪礼庄重之“美”，从食器的质地、造型、使用，到各种筵宴的规格、座次，包括食具的安排，均按森严的等级与伦理规范来操作。

清代宫廷饮食有严格的等级制度，宴馔的品种、用餐的食器要体现吃饭人的身份、地位的高低，即使过年家宴聚座仍不能有丝毫僭越。比如皇帝要用金龙盘、金龙碗，金勺、金箸；皇后用里外全黄的暗云龙纹盘碗，金勺、金箸。贵妃以下无权用金餐具，要用“位份碗”来表示各自的等级身份，贵妃用黄地绿龙盘碗，嫔用蓝地黄龙盘碗，贵人用酱地蓝龙盘碗，常在用五彩云龙盘碗。清末慈禧太后的用膳等级极高，进膳所用的餐具为金银玉翠器及细瓷盘碗，冬天多用金银暖锅和银质暖盘、暖碗，夏天使用水晶、玛瑙、细瓷盘碗。皇室除了满足自身的口味需求，更重要的是通过精美的食物和华贵的食器，来体现政治上的至尊、至崇与至荣，显示“举世无双”的显赫权势。中国饮食文化至此达到了前所未有的巅峰。

（四）美境

饮食与环境的相映成趣，是我国饮食文化中审美的一个重要方面。中国饮食文化强调进餐时的时、空、人、事各种因素协调一致，讲求良辰、美景、可人、乐事的有机联系。良辰吉日，触景生情，可增进饮食的情趣；敞厅雅座，水榭亭堂，花前月下，山间林边，得自然清静之野趣，抑或是富丽高堂，辉煌的装饰，优雅的音乐，热情的服务，艺术化的气氛，构成怡人的进餐场所；好友知己，天伦至亲，同声同气，或开怀畅饮，或舒心小酌，无拘无束，抒胸中之气，话彼此之情；席间或玩笑幽默，或学术时政，海阔天空，任兴而发。因而美食与美味、美器的色、香、味、形、器的完美结合，构成了饮食文化审美中的小意境之美；而时、空、人、事的协调一致，肉体与精神的完全放松，则是大意境之美。所以饮食环境虽与食物没有直接联系，但却在饮食文化的审美中占有颇为重要的位置。

二、饮食文化的审美评价

如果用一个字来概括中华民族文化的特点和中国人所追求的审美理想的最高境界，那就是“和”。可以说“和”的境界是一种尽善尽美的境界，是人生政治、伦理、审美所追求的理想境界，同样也是中国饮食文化中审美所追求的目标。饮食文化审美中“和”的境界有几种不同的层次：最基本的是美食的色、香、味、形之和；高一层的是美食与美器之和；再高一层是美食、美器、美境之和；最高境界则是超脱了饮食行为，达到一种纯精神的和，一种审美的境界。

要达到食物色、香、味、形、器各方面的和谐统一，需要对食物原料的特性，在烹饪过程中所发生的变化以及原料间彼此相配的原则有充分了解，要有精湛的烹饪技艺；并且还要有一定的艺术修养，懂得色彩和造型的艺术规律。而最重要的，是要有敢于突破前人、独创出新的精神。中国饮食文化根基深厚，内容丰富，已成为中华民族一个值得骄傲的文化宝库，也是中国人民借以交流情感、放松精神、享受生活、体味人生的一个重要方面。饮食文化的审美评价可以分为自然与典雅，传统与时代性，民族性与地域性。

（一）自然与典雅

它是反映饮食审美主体对饮食美呈现氛围基本类别感受的范畴，带有一般性、基础性。

1. 自然

作为饮食审美特征的“自然”是在饮食环境、饮食器具、筵席设计、食品材料等方面，都有意识地追求一种简而超脱、自然而然的意境。饮食审美特征的“自然”即用料不求高贵但求新鲜，烹饪不求繁费而求得法，菜品不求珍奇罕见但求美味营养，这其中饱含着民间饮食的平凡、实在和朴素的思想。

“自然”之美食主要包括以下特征：一、取材方便随意，质朴而新鲜，或入山林采鲜菇嫩叶、捕飞禽走兽，或就河湖网鱼鳖蟹虾、捞莲子菱藕，随见随取，随食随用；二、制作方法奉行从简实惠的原则——菜怎么好吃怎么做，因时因地，因材施烹，煎炒蒸煮、烧烩拌泡、脯腊渍炖，味道以适口实惠、朴实无华为特点；三、饮食活动氛围自在随意、温馨和谐，只有痛快淋漓、纯朴酣畅之豪情及酒后敞开肺腑话家常之痛快，而无繁文缛节之束缚、严格礼度之羁绊。人们在享受原始、朴素的农家风味或市井家常的同时，实则是在体会自然的气息以及生活的本真。如广州的禄步香芋鲩，以体大肉厚的西江鲩鱼为主要材料，茶子柑干皮、葱等为佐料，再配以当地土特产香芋，做成好吃且便宜的一道农家大菜，风味独具，甘香、不腻、嫩滑且脆爽。

2. 典雅

饮食审美特征的“典雅”是一种境界——“动则轻盈如燕，静则肃穆庄重”，它形式自由活泼，内涵丰富多彩，关键在于和谐协调、恰到好处，能够协调内心世界的需求，达到清新淡雅的意境，体现出极强的艺术魅力。①

“典雅”之美食等级、规格、特色可以不同，但雅致的情趣和品位是其不变的追求。为此其设计构思核心在于考虑菜点与主题的和谐协调、恰到好处。原料够格入品，可以选料考究，品类繁多，也可以珍馐罕见，菜品珍贵，技法奇巧，做工精细；可以食器美奂美仑，陈馈八簋，味列九鼎，也可以环境高雅宜人，程仪庄严，以乐侑食，浑然一体，别具情调。如登上青城山，看山幽水明，听风行波涌，再品尝被誉为“道家四绝”的青城苦茶、百年泡菜、白果炖鸡、洞天乳酒，顿时会感到飘飘凌虚的仙风道骨，雅致之极。

（二）传统与时代性

它是反映饮食审美主体时间展开对于饮食美，随着时间展开的基本类别感受的范畴，二者互为条件，所谓“在传承中创新，在创新中传承”。

1. 传统

中华美食驰名遐迩，从膳食配置、饮食方式、菜肴风格、餐饮习俗、饮食制度、餐具使用、美食追求、烹饪思想、饮酒风尚、茶事活动以及宴会举办等方面具有独特的民族传统。中国美食在经过漫长的历史演绎之后，产生了川菜、鲁菜、淮扬菜、粤菜这些历史悠久的四大菜系，到了清末时期，加入浙、闽、

① 杨铭铎，邵雯. 饮食美的范畴论(上) [J]. 哈尔滨商业大学学报：社会科学版，2006(6): 97-98.

湘、徽地方菜成为“八大菜系”，以后再增京、沪便有“十大菜系”之说；也有各少数民族的民族食品，这些都是我中华民族智慧的结晶，被时光演绎成了怀旧的、仿古的特色。可见中国饮食具有多数量、多变化、个性化等优势。

这种传统具体表现为：（1）四季有别，按季节变化来调味、配菜，冬天味醇浓厚，夏天清淡凉爽，冬天多炖焖煨，夏天多凉拌冷冻；（2）注重情趣，我国菜肴不仅对饭菜点心的色、香、味有严格的要求，而且对它们的命名、品味的方式、进餐时的节奏、娱乐的穿插等都有一定的要求；（3）食医结合，我国的烹饪技术，与医疗保健有密切的联系，在几千年前有“医食同源”和“药膳同功”的说法，利用食物原料的药用价值，做成各种美味佳肴，达到对某些疾病防治的目的。

2. 时代性

又可以理解为时尚性，主要表现审美对象其独特的外部形态和底蕴及其相应的精神特征，给人以特定历史时期感的范畴。从历史发展过程来看，时移世易，时代性是历史推进的阶段性划分。①

人类从“茹毛饮血”的饮食生活到现代饮食文化的形成，经历了漫长的发展历程。不同时代的社会生产力发展状况对应着不同的食物结构、烹饪器具和烹饪技术的发展水平，体现出显著的时代特点和审美观念。纵向研究中国饮食发展史，我门可以清晰地看到烹饪三要素各自的发展轨迹：食物结构从狩猎时代的以肉食为主，到农业时代以素食为主，再到现在的荤素合理搭配；烹饪器具从石器、陶器到青铜器、铁器及电器、微波烹饪；烹饪技术从烧烤，火烹到煮、蒸、烧、炒、拌、爆、焖、氽、炸、煎、烩、扒、烧、炖等丰富的烹饪技法。总之，饮食文化在不同时代以不同的实现形式和具体方法来表达，随着时代的进步而不断发展变化。在后工业社会的今天，消费主义大行其道，工作和生活节奏的加快，导致了诸如KFC、麦当劳、真功夫等快餐大受欢迎，即便是快餐，也很注重其食物的营养性，包装的美观性，获得的方便性等要素，在继承传统美食特点的同时，又更凸显了这个时代的特点。

（三）民族性与地域性

它是饮食审美主体对饮食美理性认识延展层面的范畴，具体反映饮食审美主体对饮食空间差异基本类别的感受，是饮食流派形成的缘由。

1. 民族性

饮食审美对象的民族性，是一个民族在特定区域及其地理条件下，经过不

① 杨铭铎，邵雯. 饮食美的范畴论(下) [J]. 哈尔滨商业大学学报：社会科学版，2007(3)：94-95.

同历史阶段的演变，基于长期的共同生活，共同的宗教信仰，共同的语言使用，具有共同的生活习惯和爱好而形成的饮食审美倾向，其特色往往通过特异的食料、食具、食技、食品、食规、食趣和食典展示出来。

世界上不同国家不同民族由于地理环境、经济发展水平、宗教信仰、风俗习惯以及文化等差异，使得每一个民族都有各自不同的饮食习俗和爱好，并最终形成了独具特色的饮食文化和饮食审美倾向。以中西为例，西方民族秉承游牧民族和航海民族的文化传统，以动物性食物为主，鱼、肉、蛋、奶成了他们的主要食品。加上西方科技发达，在饮食上重理性，强调营养为饮食最高法则，其饮食活动呈现出机械性（进食犹如为机器添加燃料）、规范性（加工过程要求调料精确到克，时间精确到秒）。[①]东方民族由于种植业发达，以粮食、蔬菜等植物性食物为主。在饮食观念上，重视感性，讲究美食。以中华民族最为突出，其不仅讲求食物的味、质、香、色、形，还追求饮食过程的序、境、趣，将饮食与审美融为一体。此外就是同一个国家的不同民族，也有着不同的饮食审美、饮食文化。中国的汉民族“久居中原”，以农业为主业，是以粮食和蔬菜为主食的民族；而边远地区的藏族、蒙古族和哈萨克族“逐水草而居”，以畜牧为主业，是以肉、奶为主食的民族；三江平原的赫哲族由于气候寒冷，以狩猎为主业，是以野生动植物为主食的民族；壮、侗、苗、瑶、高山族等民族，由于居住在南方温湿河谷、丘陵山地，主要从事农耕种植，是以稻米为主食的民族，他们不仅能做出精美的饭食，而且能够酿出各种米酒。

2. 地域性

它是表现审美对象所显示的某个地域的加工技巧、形式特征及风格的范畴。饮食因地理环境、物产资源、气候条件的不同所呈现的饮食的差别性、特殊性。

我国是一个疆土辽阔的大国，由于不同的地理环境、气候条件和物产资源条件，自古以来就形成了南米北面、南茶北酒、东辣西酸、南甜北咸的饮食习俗。在此基础上形成了地区性的烹饪流派，既是个体风格的汇总，又是群体饮食习惯的综合，是地域文化的反映，也是饮食的文化内涵以及饮食审美倾向的集中体现。中国烹饪的四大菜系中，以山东为代表的鲁菜，是北方少数民族文化的体现，呈现出雄壮、阳刚之美；以江苏为代表的淮扬菜，以优雅、适度的人文文化为主体，显示出一种闲适、中庸之美；以四川为代表的川菜，是以质朴的民间文化为主体的产物，虽不能登大雅之堂，但其丰富的民俗特征足以使人忘情；以广东为代表的粤菜，受到较多的商业文化和外来文化的影响，体现

① 徐文苑. 中国饮食文化概论[M]. 北京：清华大学出版社，北京交通大学出版社，2005.

出地区和时代的特征，呈现出商业华丽之美。[①]

【知识链接 8–3】

烹饪工艺

烹饪工艺是人们有计划、有目的、有程序地利用炊制工具和炉灶设备，对烹调原料进行切割、组配、调味、烹制和美化，成为能满足饮食需要的菜点的一种手工操作技术。一般由原料的加工原理及工艺；刀工原理及刀工技术；加热对烹饪原料的影响；菜肴的组合；色、香、味的基本理论及调味；菜肴质料的评定以及菜肴的烹制工艺等七方面构成。

三、实例赏析——筵席之美与传统宴席

（一）筵席之美

1. 筵席的概念

人们为一定的社交目的而聚食，并具有一定规格、质量的一套完整的菜点。

2. 筵席的种类

筵席的种类繁多，依分类不同而异。按主料分，有全鱼席、全羊席、百鸡宴等；按头菜分，有燕菜席、鱼翅席、海参席等；按筵席目的分，有庆功宴、接风宴、饯行宴、典礼宴、寿宴、婚宴等；按风味分，有满汉席、回席、满席、汉席等；按设宴地点分，有郊宴、野宴、船宴等。

3. 筵席菜肴配置的内容

筵席菜肴是经过精选而组合起来的综合性整体，不仅各类菜点的配置要协调，而且每一个具体的菜点也要从整体着眼，从互相间的数量、质量、色泽、形态及品味的对比关系出发，精心配置。均衡、协调、多样化是配置筵席菜肴总的要求。

筵席菜肴一般包括冷菜、热炒菜、大件菜、点心、水果、饭菜等。

（1）四干果　大都选用高档干果，取七寸果盘分别盛于四盘，多用于我国传统筵席。

（2）四鲜果　即时令新鲜水果，用七寸果盘分别盛于四盘，也多用于我国传统筵席。

（3）冷菜　习惯上称冷盘、冷碟。用于筵席上的冷菜可用四个单盘、或四

① 杨铭铎, 邵雯. 饮食美的范畴论(中) [J]. 哈尔滨商业大学学报：社会科学版, 2006(6): 91-98.

个双拼，或四个三拼。也有的采用什锦象形拼盘或花色拼盘，配上四个、六个或八个小围碟。还有的是用八个或十个小冷碟。

（4）热炒菜　要求采用滑炒、煸炒、炸、熘、爆、烹等多种烹调方法烹制，以达到菜肴口味和外形多样化的要求。

（5）大件菜　多数由一个完整的部位或一个整体的原料烹制而成，装在大盘中上席的菜肴称为大件菜。一般采用烧、炸、熘、炖、焖、蒸等多种烹调方法制成。

（6）点心　在筵席中用糕、团、面、包、饺等品种，甜、咸都有。成品的精致程度取决于筵席的规格高低。高档筵席须制成精细的花式点心。

（7）水果　常用的水果有苹果、桔子、西瓜、葡萄等。在高档筵席中的水果一般采用组合式造型果拼，水果多用于新式筵席。此外还有甜菜、汤菜、饭菜和主食。

4. 筵席设计的原则

小到家庭的聚餐，大到正式的宴会，一桌筵席的菜肴至少要几道或十几道，于是这些菜肴究竟该怎样安排，就是摆在我们面前的首要问题。各道菜之间的相互关系，整桌菜肴之间的呼应更能显现出菜肴间的合理搭配与科学组合。筵席的设计应遵循下列原则。

（1）避重复——求变化　避重复就是在设计筵席菜单时应做到烹调原料不重复，刀法不重复，烹调方法不重复，菜肴口味不重复，色泽不重复，器皿也尽量做到不重复。例如在筵席中上了个粉蒸肉，如果再端上来个扣肉，就是重复了，因为这两道菜肴过于相近，使人感到厌倦而倒胃口。要做到避重复，就应在求变化上多下功夫。要使菜肴在形式上、滋味上尽量求其不同，这样才能彼此衬托，从而产生新颖的吸引力。

（2）戒杂乱——相呼应　戒杂乱是指在筵席中虽要有变化，却不可杂乱无章。在变化中必须含有潜在的章法。例如刚上了一道烩鸡丝，如果随后端上一盘烤白薯，就餐者就会感到杂乱突兀。再如一桌鱼翅席中如果有一道红焖肉或是熘三样（肠、肚、肝），就会显得无比杂乱无章法。在筵席设计中不仅不可杂乱而须有章法，而且菜肴之间还贵在相互呼应，即菜肴之间能够相得益彰。例如家常便餐席上先上一盘红烧肉，然后上一盘醋熘白菜，在油腻之时醒口消腻岂不锦上添花。

（3）有组织——成格局　在筵席设计中，不仅两个菜肴之间要呼应，最好全部菜肴都能够相互协调从而发挥其整体作用，这就是有组织。这种组织就是指味、形、原料、色泽、质地、器皿、营养等之间的协调配合。在有组织的原则之上，最高的境界是要成格局。这里所指的“格”，一为“风格”，二为“规格”。风格就是指菜肴的特色，也就是要与其他商家的相同菜肴凸显出不同的风味特色。而规格则是指一定之规，指在菜肴的设计方面要求同存异，固然要突出特色，但又不能违背基础的原则要求。

（二）传统宴席

中华传统宴席体现了中国博大精深的饮食文化。宴席因宴请目的可分为寿宴、喜宴、家宴、便宴等各种类别，也因饭菜的品味各有名堂，有燕菜全席、鱼翅席、如意席、全素席、四十大碗席、三大件席、十大碗席即满汉全席等。

1. 中式鱼翅席

饮食季节：冬季。

四果盘：瓜子、花生仁手碟，金川雪梨，江津黄果各二盘。

碟子：花色大拼盘（凤戏牡丹）。

四热碟：陈皮鸡丁，五香鱼条，软炸虾糕，鲜熘鸭肝。

过中：红油水饺，银丝卷。

糖碗：银耳鸽蛋。

大菜：干烧玉脊翅，如意冬笋，慈姑全鸡（同上红枣油花），家常海参，干贝黄秧白，香酥鸭子，鸡蒙葵菜（同上金钩鸡丝卷、叉烧大鱼），酥扁豆泥，什锦火锅。

此席以花色拼盘“凤戏牡丹”开始，用象征团聚，热闹的“什锦火锅”结束，席间穿插了“全鸡”、“如意”、“全鸭”、“大鱼”的菜品，始终保持浓厚的喜庆气氛。

2. 中式燕菜席

饮食季节：秋季。

花盘：二龙戏珠。

四果盘：瓜、杏手碟，石榴、荔枝各二盘。

过中：三鲜指耳面，八宝枣糕。

四冷碟：椒麻鸡片，凤尾酥鱼，虾须牛肉，佛手蜇卷。

糖碗：燕窝银耳羹。

四热碟：陈皮兔丁，酥皮虾糕，香酥鸽脯，五彩土司。

大菜：龙头燕窝，樟茶鸭子，鸡皮鱼肚，叉烧酥方（同上片耳馍馍、口蘑清汤），足鱼烧鸡，绣球干贝（同上奶油蛋卷），鲢鱼海参，酸辣鱿鱼（同上玻璃烧麦），什锦鲜果羹（同上果仁酥饼），竹荪攒丝汤。

双上小菜：玫瑰子姜，泡甜椒。

此席以供观赏的花盘开始，接着以水果之雅，冷热碟之佳，大菜之美，小菜之精，中席点之巧，一格一变，一式一换，让人目不暇接。

冯玉祥将军在《我所认识的蒋介石》一书中记录了这样一段往事："北伐将要成功，蒋介石过郑州，到石家庄去看阎锡山。因为在郑州谈话很久，我这里给蒋和跟着他的几百人预备的饭是馒头、猪肉熬白菜和小米稀粥，那是一饭一菜一汤……蒋到了石家庄，阎给他预备的是燕菜席，所有跟他的人都是八人一桌的鱼翅席。"按照冯玉祥将军的记录，那么燕菜席的等级要比鱼翅席高一些。

【知识链接 8–4】

满汉全席

"中国古代宴席之最"满汉全席，源于满汉两族风味肴馔兼用的盛大宴席。其规模盛大可谓"食前方丈，罗致珍馐，陈馈八簋，味列九鼎"，一套满汉全席108道菜，要吃六天六餐，菜点数目最多的设计可达11轮215道，要吃五天十餐。精美珍奇的上乘用料，可谓"灶上烹天煮海，席间布列千珍"，主要以各类八珍为主，如"禽八珍"的飞龙、天鹅；"海八珍"的鱼翅、鲍鱼；"草八珍"的猴头蘑、竹笋，再加上满族风味的乳猪、烤鱼等。程式复杂，时间节奏和空间结构完美结合，先是"四经果"、"四御点"之类的名品小吃，然后是前菜——八冷拼、御汤，然后是大菜即主菜，接着是满族烧野味的尾菜，最后还有宫廷御点水果拼盘等，这才完成第一阶段。整个宴饮活动的展开、起伏、变换、高潮、结束，极具程序和节奏，同与宴者的生理与心理变化协调，使与宴者陶情徜徉于"吃"的审美享乐中。

（朝庆.中国饮食文化瑰宝——满汉全席[J].中国保健营养,1997（4）.）

第三节　旅游工艺品之美

一、旅游工艺品的种类及其特征

所谓工艺品是对一组价值艺术品的总称。它包括的种类很多，工艺品来源于生活，却又创造了高于生活的价值。它是人们智慧的结晶，充分体现了人类的创造性和艺术性，是人类的无价之宝。从制作的工艺水平来看，中国的旅游工艺品大致可以分为两大类，即特种工艺品和民间工艺品。

（一）特种工艺品

特种工艺品所采用的原料比较珍贵，工艺过程也比较精细，主要有水晶和玉石器件、象牙雕刻、铜铸、景泰蓝器皿、高级的漆器件、精致的刺绣、特制的陶瓷等。这些特种工艺制品在我国旅游事业蓬勃发展的今天，已成为旅游者旅游收获的一部分。同质工艺品因其技法各异而各有千秋，如广东的牙雕擅长镂空和透雕，具有纵深透彻、精巧玲珑的特点。北京的牙雕素以圆雕人物，特别是以古装侍女著称，又以花卉见长。

扇子是我国特有的一种工艺品，特别是苏州工艺扇中的檀香扇声名尤著。檀香扇是用檀香木制作，为我国首创，它芬芳馥郁，纤巧玲珑，制作精良，尤其为中外女性游客所喜爱。

景泰蓝制品也是我国极其珍贵的工艺品。景泰蓝是北京特有的传统工艺美术品。传说因此制作在明景泰年间广为流行，且当时的制品以蓝釉最为出色，故名“景泰蓝”。景泰蓝制品制作工艺复杂、精细、用料昂贵，成本较高，主要制品有瓶、盘、罐、盒等，以陈列装饰为主。

陶器也是以陈列、装饰、欣赏为主的工艺品。我国江苏宜兴盛产陶瓷，素有“陶都”之称。陶瓷的种类也很多，有日用陶、细陶、精陶、青瓷等几十大类。宜兴陶瓷中最佳者为紫砂陶，主要品种有壶、杯、瓶、鼎、盆、盘、碟等，造型丰富多姿，尤以紫砂茶壶最为出色。紫砂壶有肉眼看不见的小气孔，透气性良好。用紫砂壶泡茶没有化学反应，茶特别清醇。另外用砂盆栽种花木、盆景，成活率高，不易烂根。

（二）民间工艺品

它所用原料较低廉，制作工艺过程较简单，但具有浓郁的民间特色。民间工艺品的作者主要是各民族的民间艺人。他们的作品是按照自己的生活方式、审美习惯，利用自己的经济条件，使用自己的生产方法创造、生产出来的。所以民间工艺品具有鲜明的民族性、地方性、装饰性和趣味性。

民间工艺品种类繁多，数不胜数，常见的有剪纸、泥塑、面塑、风筝、花灯等。下面简单介绍几种。

剪纸　是广大旅游者喜闻乐见的民间工艺品，它广泛应用于民俗生活中。大体有窗花、门笺、墙花、顶棚花、灯花、喜花等。剪纸的作者多为民家妇女，表现题材一般都是她们最称心、最关心、最向往的事物，如家禽、花鸟、农作物、娃娃、吉祥图案、戏曲故事等。她们所寄托的理想、爱慕、祝福等心理因素跃然其中。

泥塑和面塑 是我国独特的民间工艺品。无锡惠山泥人分两大类，一类是手捏戏曲人物，称“细货”；另一类是模具印坯，大片生产，称“粗货”。著名的“大阿福”（图 16）是惠山泥人中最具特色的作品。天津泥塑于清代最盛，以泥人张最为有名，据记载，张明山为天津泥人张的第一代。张明山捏的泥人形象逼真，远近驰名。西洋人曾以高价收购，陈列于博物馆中，供人们观赏。

我国的面人也很有特色。山东菏泽面塑最有名，艺人李俊兴擅捏“三星”（福、禄、寿）、“麻姑献寿”等；李俊福擅塑“杨家将”等戏曲人物。

风筝 是中国独特的民间工艺品，以北京、天津和山东潍坊的风筝最有名。北京的风筝讲究彩绘，粗细有致，有帝都特色。著名的风筝艺人金福忠出自风筝世家，当年宫中多用金家的风筝。天津的风筝以魏元泰的作品为最佳，清末民初时，因其作品精美，赢得“风筝魏”的尊称。天津风筝的设色，带有天津杨柳青年画的特色。潍坊风筝同北京、天津等地名家的产品一样，是誉满全国的传统工艺品，且近年又有新的发展。形式有蝴蝶、金鱼、蟹、飞马、仙鹤、飞机等。在制作上取年画之长，色彩鲜艳，图案简练，笔法细致，形态逼真。

花灯 也叫彩灯，平日用它烘托婚寿喜庆气氛，特别是一年一度的元宵节，闹灯、赏灯已成为举国同庆的灯节。江苏、北京、上海、福建、广东、安徽等都是盛产花灯的地方。

总之，我国的旅游工艺品名目繁多，在旅游事业蓬勃发展的今天，许多商品具有旅游纪念意义。像一些具有实用价值的生活用品，如绣花枕套、台布、绣衣、玻璃日用品、茶器、筷子等，这些商品在某种意义上说也是旅游工艺纪念品。所以旅游工艺纪念品的品种将随旅游事业的发展，不断开发和丰富。

二、工艺品审美特征及欣赏

旅游工艺品具有明显的实用功能，从古代起工艺品的产生就是社会生产的一部分。当商品交换出现之后，工艺品同时进入市场，成为商品并具有一般商品的特征。工艺品的上述社会特点使之形成了如下的审美特征。

（一）工艺品的艺术风格较多地受到社会习俗和市场需求的影响

无论是古代的工艺美术匠人还是现代的工艺美术家，都是在适应社会和市场审美需求的前提下，发挥自己的艺术创造才能进行工艺品的创造。一般的工艺品不能像书画作品那样抒发“胸中逸气”，寄寓喜怒哀乐的情感。工艺品更多地是反映时代的审美文化时尚，反映人们在一定的生活方式和科学技术水平下的文化心理和审美情趣。在一般情况下，工艺品中几乎没有政治理念的反映和表达。工艺匠师与工艺美术家在创作中更侧重于现实意态的新颖和审美意味的独到，将作者的情思意趣融化在“有意味的形式”之中。

（二）实用性与艺术性的有机结合，以美化生活为主要目的

工艺品从古代起就具有为生活服务的目的性，这是它与其他艺术的基本区别。但在适应具体生活需要的同时，工艺品也具有美化人们生活的作用。陈设工艺品直接用于美化生活，增添生活的情趣，它的实用目的是美化生活，而非单纯的情感寄托物，实用功能与艺术审美是融为一体的。基于对生活的美化，在工艺品中更多是以和谐统一的优美的审美形态对于人生作正面的肯定，以表现出美好、明快、完整和幸福的精神追求。而且工艺品中的艺术表现，无论是展现生活还是表现作者情感，都比其他造型艺术更为间接、含蓄和朦胧，有更为纯净的审美特征。

（三）突出材质之美和工艺技巧之美

我国第一部工艺理论专著《考工记》中提出“工有巧，材有美”，十分强调材质与工艺技巧美在工艺品整体美中的重要作用。中国工艺品制作中常用的材料，如翡翠、玛瑙、田黄石和玉石等，都以晶莹细润的材质强化了玉石雕刻美的品质。出于同样的道理，明代家具如果不是紫檀、黄花梨等质实而密、纹理丰富、色泽深沉或秀润的优质硬木所制作，也不会有典雅隽永的美感。工艺技巧之美在工艺品中也同样有着突出的作用，增加了工艺的观赏性。许多优秀手工艺品展现了工艺匠师的精湛技艺。

（四）旅游工艺品具有显明的文化纪念性，并与旅游者的旅游体验相联系

旅游工艺品与一般工艺品的主要差异在于，旅游者购买工艺品是旅游者在特定的文化环境中的一种审美消费行为。通常旅游者所选择的工艺品，大多是与这一文化环境氛围相一致的、具有鲜明文化纪念性的产品。例如参观秦始皇陵兵马俑购买兵马俑的仿制工艺品，观看工艺师制作过程后购买的内画鼻烟壶等。这类工艺品蕴含着旅游者的亲身体验，具有旅游者本人所能感受到的难以忘怀的情感。

第四节　当代城市旅游审美

作为旅游业发展的重点目的地和主要组成部分，城市旅游的发展得天独厚。作为“无烟工业”和“朝阳产业”，城市旅游已成为城市经济的重中之重，是城市现代化水平的重要标志，被视为中国旅游业的晴雨表。城市旅游正备受人们的关注和重视。

一、城市形象的审美特征

城市形象，一般而言是城市（或特定的区域）给人的印象和感受。但可以构成人们对一个城市印象和感受的东西实在是太多了。建筑物、道路、交通、店面、旅游景点、生活设施等，都是构成这种印象和感受的基本要素。而市民行为、公职作风、文化氛围、风土人情等，又都是形成独具特色的城市形象的最关键内容。甚至是一种方言、一份小吃、一套服饰，都可能构成相关城市形象的长久印记。从理论上讲，学者蒲实对城市形象的定义比较专业和全面："城市形象是城市整体化的精神与风貌，是城市全方位、全局性的形象，包括城市的整体风格与面貌，城市居民的整体价值观、精神面貌、文化水平等。"进行城市形象设计，可以将城市整体的精神风貌等特质予以提炼、升华，塑造独特的城市文化形象，充分发挥城市功能，从根本上改变目前城市建设雷同化、一般化的倾向，推动城市全面发展，创建名牌城市。城市形象就是城市文化的充分展现，城市形象推广的过程就是城市文化的推广过程，广义的城市文化是一个城市物质文明和精神文明的总和。城市形象由三个重要部分组成，即城市经济、城市人居环境和城市文化。

城市形象是指能够激发人们思想感情活动的城市形态和特征，是城市内部与外部公众对城市内在实力、外显活力和发展前景的具体感知、总体看法和综合评价。它涵盖物质文明、精神文明、政治文明三个领域，包括政治、经济、文化、生态以及市容市貌、市民素质、社会秩序、历史文化等诸多方面。城市形象建设是城市现代化过程中，继生产建设、公共设施建设之后迎来的城市发展的更高阶段。城市形象以客观城市为对象，以人们的主观印象为途径，呈现以下五方面的特点。

1. 综合性

城市形象包含城市发展的各个领域，并构成相互作用、相互依赖的有机整体，是城市外形和内涵在公众头脑中结合成的感觉和记忆。城市的每一个组成部分都反映城市面貌，都能代表城市形象。

2. 差异性

每个城市都有自身的特征，自然条件、传统文化千差万别，经济实力、发展战略也各不相同，这些差异构成城市形象的基础。差异产生特色，特色强化吸引力。城市形象的最大魅力来自与众不同。

3. 主观性

城市具体生动的客观形态，要通过激发人们的思想活动，产生记忆，留下印象，进而便于人们沟通交流，发展为城市文化的组成部分。城市形象既是自然特征和客观条件的演化，更要通过人们主观努力刻画塑造，又要通过人们的主观印象去反映和传播。

4. 标识性

城市形象的重要功能是为复杂的城市系统提供一种经过升华凝练的印象标志，使人们透过现象把握本质特征，把一个城市与其他城市区别开来。这种标志既鲜明、简单、易于识别，又内涵丰富，容易使人产生联想。

5. 公益性

城市形象是城市的公共财富，犹如城市上空的灯塔，可使整个城市分享光辉、共同受益。城市形象可刻画城市个性、弘扬城市精神、传播城市文化、陶冶市民情操，使人们对该城市产生深刻的认同感，增强情感联系，从而有利于城市实现经济社会与文化协调、可持续、健康发展。

二、城市文化的旅游审美

（一）中国城市文化的特点

1. 消费性

目前来说，城市的消费水平远远大于农村。随着人民生活水平的提高，我国城市居民消费结构向发展与享受型变化的特点十分明显。在生活节奏较快的城市，人们已经将购房、买车这样的高额开销列入消费日程，同时衣食消费、家庭服务消费、通信消费也占有很大比例。

2. 流行性

追求流行、时尚也是城市区别于农村的一大特点。网络、流行歌曲、动漫、流行语、流行服饰甚至是流行的菜品或餐馆，在城市里面盛行，城市的年轻人更是承担起了城市追逐流行的主力军，流行速度之快，范围之广令人叹为观止。

3. 大众性

城市文化越来越大众化，大众性让大众都能享受到城市文化，由于城市人口对于时尚和流行的追逐速度快，所以一般来说，凡是在城市中流行过的一些东西很快就会走向大众化，成为极为普及的一种物质或文化享受。

4. 多元兼容性

城市的观念比农村要宽范。口味多元化，价值多元化，趣味更加多元化，文化呈现多元特点，从这一角度来说中国城市文化具有后现代性。后现代性是不确定性、随意性、消解经典、消解中心、消解成功。例如大获成功的电影《大话西游》就是典型的后现代剧，把唐僧、孙悟空这样经典的角色完全解构掉进行再塑造，人们从中获得一种异于往常的审美感受，虽然颠覆了传统，但一样会获得各种好评，这足以说明城市文化的兼容性。

（二）城市旅游的特点

城市，是近代旅游的发源地，是旅游者的主要产出地、集散中心和接待中心，也是旅游经济的辐射中心和管理中心。因而城市在区域旅游中具有举足轻重的作用，是现代旅游的支撑点和区域旅游业的支柱。城市的性质和特点决定了城市旅游具有区别于传统旅游的特点。

1. 城市旅游吸引的整体性

城市的旅游吸引，并非仅仅是城市的几个旅游点，而是指城市整体。城市旅游吸引的整体性表现为城市旅游景观的多样性和景观吸引的综合性。这是因为城市对旅游者的吸引不同于风景区以某一方面的资源优势为主要吸引要素，而是以整个城市的综合吸引为特征。其吸引力是城市自然、文化遗产，区域政治、经济、文化、信息、科技中心、优美的城市环境，丰富多彩的城市娱乐活动与设施以及具有竞争力的城市整体形象等多种景观综合作用的结果。

2. 城市旅游功能的多元性

城市是高度复杂的、综合性的有机体，是政治、经济、科技、文化、教育等多方面发展的综合体。城市博大精深，其内涵极其丰富，这就使得城市旅游不同于单纯的海滨度假旅游或山地湖泊旅游，而在旅游功能上表现出多元化的特点。除了传统的观光旅游，城市还可满足多种旅游需求，提供包括商务、购物、会议、度假、修学、美食、生态等在内的多种旅游功能。

3. 城市旅游活动的参与性

城市旅游景观的多样性和整体性，以及旅游城市本身的开放性特点，决定了城市旅游活动更多地是以一种参与性的形式表现出来。从某种意义上说，旅游者的参与过程也就是城市旅游景观最终成型的过程。城市旅游的这种参与性决定了城市旅游提供给游客更多的是一种体验。城市旅游的非单纯观光功能，如购物、商贸旅游决定了旅游者必须参与才能保证城市旅游功能的最终实现。

4. 城市旅游的辐射性

城市是交通的枢纽，是旅游者和信息的集散地，加之城市在现代社会经济中所处的核心地位，使城市旅游具有极强的辐射带动功能。城市往往是区域或国家旅游发展的中心，是旅游向外扩散和辐射的极核，城市旅游发展对区域整个旅游业和旅游经济的发展起到巨大的带动和推进作用。因此发展城市旅游必须注意内外联动，同区内其他地区及周边地区联合开发、整体促销，形成以城市为中心的大旅游区。

5. 城市旅游的统一性

城市旅游的特点之一是国际旅游与国内旅游并举，接待外来旅游者与输出本地旅游者并举，是旅游目的地与客源地的统一体。本市居民的休闲活动与外来游客的旅游活动的交织，是发展城市旅游的一大要点。

三、实例赏析——上海城隍庙地段的城市 RBD

城市 RBD 是集休闲娱乐、游览观光、餐饮购物等各类项目加以整合，并与商务相结合的综合体，是旅游业与现代服务业在产业与空间上的高度共生。现代商业服务业与旅游业本身就存在不可忽视的联系，首先旅游活动是一项消费活动，其中吃、住、行、游、购、娱等六大要素的实行都涉及到商业消费过程。城市旅游的发展和繁荣能为商业带来人流，而商业的进一步发展又带动了旅游的再开发与更完善的发展。城市 RBD 旨在通过以旅带商，以商促旅，而建立的互动平台，并且在这种空间的共存中，两者互为对方添加了旅游吸引力，并使城市获得新的旅游增长点，既满足了各自产业发展的需要，实现经济效益的同时兼顾社会效益，树立城市形象。

1. 城市 RBD 包含了产业内部单独的集群，上海城隍庙小吃广场中的餐饮集聚就是鲜明的例子

上海老城隍庙小吃广场集中了全国各地风味小吃，分 15 个地域风味特色，品种多达 500 余款。其中蟹黄汤包、蟹肉生煎等十余款小吃曾数次获得国家部委评定的名优名点、特色小吃金牌产品。小吃广场全部采用自助形式销售，顾客自己到各个摊位选取，放入托盘，到出口结账付款，十分方便。旅客在品尝美食的同时还能享受到具有中华韵味的地方乐曲。

2. 城市 RBD 中显现了产业之间的集群，包括旅游业与现代服务业中的其他产业之间的集群，上海城隍庙地段的城市 RBD 就是旅游业与购物业、餐饮业等现代商业服务业的集聚

上海城隍庙地段在内外因素综合作用下形成城市 RBD，具有旅游购物、旅游休闲、旅游娱乐、培养商业环境、发挥商业辐射等基本功能。同时它发挥着产业、经济、社会与文化等综合效益，是体现城市形象的主要因素，推进经济、文化空间结构升级演进的重要动力。

都市区的文化遗存往往会吸引大量外来旅游者。上海城隍庙地段享有豫园的园林文化，延伸了钱学森先生“山水城市”的文化内涵、城隍庙的宗教文化、以上海老街为核心的建筑文化、豫园旅游商城的商业文化，以及老城隍庙小吃广场的美食文化。这些深厚而丰富的文化资源不仅塑造了游览观光、文化考察等功能，也为游客提供了体验环境与文化氛围。更重要的是，文化是 RBD 形成的灵魂，它为城隍庙地段 RBD 的形成构建了文化支撑，也为其吸引物注入了持久的生命力。

旅游业与其他的现代服务业形成的产业集群化发展趋势，是 RBD 形成与发展驱动力的大背景，正是由于其产业内在属性与互动机制的作用，为 RBD 创造了适宜的沃土与基石。与此同时，城市 RBD 作为一个“综合体”，显然还要受到资源条件、经济基础、社会环境等各方面因素的影响。如果说产业集群是城市 RBD 形成宏观条件，那么这些经济社会因素则是城市 RBD 形成的微观条件。上海作为与世界接轨的国际化大都市，功能提升不仅是和谐发展的基础，也是城市地位稳固与发展的必需。上海城隍庙地段占据了有利的经济环境优势；与此同时，公共假日的增加，使人们的闲暇时间得到大幅度增加。这两点共同作用，是所有旅游休闲、游憩活动，以及购物消费等商业活动的需求产生的基础与前提条件。

综合上述观点，无论是纯粹的商务人士、纯粹以休闲购物为目的的游客、或是两者的综合体，其需求无非是突破传统标准化模式，集商务与旅游于一体的多层次、多功能的；在空间上实现“一站式”的主题区。从上海城隍庙游憩者情况的调查统计数据可见，在游憩过程中，重视节约时间的游憩者比例（27.14%）远高于重视节约金钱的游憩者比例（10.95%）。这说明目前人们的城市消费结构发生了转型和提升，对出行不仅考虑经济的节约，同时更注重时间的节约。显然城市 RBD 正是顺应这一需求而量身定做的产物，它打破了传统的工作与生活方式，通过空间集聚的距离最优化设置，将工作与旅游休闲的区分模糊化、交融化，使商务与观光、娱乐等城市休闲活动融合于一体。城市 RBD 不仅享有产业集聚产生的多功能效果，还有空间集聚产生的便捷高效，为旅游者高质量的旅游经历提供了协调商务、购物、休闲与旅游之间关系的最佳途径。

【思考题】

1. 简述服饰艺术之美。
2. 筵席菜肴一般包括哪些内容？
3. 工艺品独特的审美特征有哪些？
4. 谈谈如何发展你所在城市的城市旅游，介绍你所在城市的旅游资源。

第九章　历史人文景观审美

【学习目标】

● 阐述民俗文化的审美特征

● 了解宗教景观的审美特征

● 掌握文物古迹的审美特征

● 阐述主题公园的审美特征

【知识要点】

● 民俗文化的审美内容

● 各类宗教建筑景观的审美特点

● 文物古迹的分类

第一节　民俗文化的旅游审美

一、民俗文化的审美特征

文化是人类在生存与发展过程中创造的物质与精神产品总和。民俗是一个民族或一个国家中广大人民群众创造、享用和传承的生活文化。它具有物质与精神的两栖性，既是一种人生的实在，又是一种人生的信仰，蕴含着十分复杂的文化情态。民俗文化是由劳动人民自发创造和享用的一种文化，这种文化具有农业社会生活的背景，至今保留着较多的传统色彩。从审美的角度理解，民俗文化是一种自娱自乐型的审美文化，主要体现在以下三个方面。

（一）自发性

民俗文化是劳动人民自发创造的一种文化。民俗文化的自发性体现在任性而作，随处而作；自我娱乐，自我消遣两个方面。

1. 任性而作，随处可作

从民俗文化作品的创作过程来讲，自发性体现在其创作的任性而作、随处可作的特点上。家喻户晓的民间传说、众口传唱的民谣山歌、奔放热情的劳动号子、俯拾皆是的笑话谚语、街头巷尾的杂耍、家家户户墙上的年画、飞梭织就的锦绣、姑娘传情的荷包……这些民俗文化产品都是劳动人民在生活中自发创作的，用来丰富和美化自身生活的审美产品它们出于自然、浑然天成，充分体现了民俗文化的自发创造性。事实上，许多民间文化作品是民众在生活实践过程中自发地、本能地创作的结果。这些作品虽然粗糙，但其真实性无疑是它的魅力所在。

2. 自我娱乐，自我消遣

民俗文化大多是由一些普通民众在其生活过程中制作出来的，因此民俗文化不像精雕细琢的高雅文化那样总是要在艺术作品中表达深刻的道理，启蒙接受者的思想进而完成一定的社会性任务或指标，它时常是在自我娱乐、自我消遣的轻松前提下随口道来，随手作来；民俗文化也不像大众文化那样是按照商品市场化的原则，经过集体的专业人员精心筹划，最终形成一定的文化模式，且具有流行性的审美产品，它是在流传过程中，率性而作，随心而改，不必顾虑他人是否接受，作品内容是否成熟，作品主题是否深刻，作品形式是否具有吸引力等。所以自发性是民俗文化的总体特性，而自发性带来的率真性是民俗文化审美特征的重要方面。

（二）传承性

民俗文化的传播和发展有其自身的规律，即“传承性”。事实上，民间民众的生活方式是通过一代代的传承逐渐发展、流传下来的，体现在他们所创造的民俗文化上，就是言传身教、口口相传。

1. 言传身教

传承性可以在民俗文化作品的逐渐形成方面体现出来。比如在广大群众中广为流传、津津乐道的评书《杨家将》《说岳全传》《隋唐演义》《三国演义》《水浒传》等，都是在民众中流传了很久，然后经过一些有心人不断整理、改编，逐渐成为当今评书大家口中的样子。这样言传身教的结果是民间文化作品中保留着大量的传统情趣和气息，并以相对固定的形式流传下来。

2. 口口相传

传承性还表现在民俗文化作品的散播和接受过程中，“面对面”就是其重要特点。诸如民歌、传说、谚语、戏曲、评书等民俗文艺作品，都需要实地表演、亲身展示，很多民俗文化都没有文稿，只是以这种口口相传的形式进行传播，这些艺术形式散播于村坊市井、街头巷尾，也出现在庭院房中，往往流传在欣赏者的口里。

（三）通俗化和程式化

1. 形式的通俗化

作为自娱自乐型的文化，民俗文化的形式特征也是比较明显的。首先是形式的通俗化，即通俗易懂。从通俗易懂的特点看，大众文化和民间文化都具有此特色，但民间文化的通俗化不像大众文化那样是经过精心打造的结果，它是以其贴近民众的生活，采用与民众自身生活实践紧密关联的语言、素材创造出来的。朴实的风格、真切的情感、意义平实的主题、人人都懂的语言等是它的内涵特质；而朴实简明、活泼可喜、喜闻乐见是民俗文化的形式特点。如刘三姐的歌曲、杨柳青年画、侯宝林的相声、袁阔成的评书等民俗文化作品，采用的都是人见人懂的，既没有高深难料的道理，也没有背离日常生活理解能力的形式。

2. 文体的程式化

民俗文化喜闻乐见的形式中秉承着一定的民族文化传统形式，往往在长期的流传过程中形成便于民众接受的程式化的审美形式。比如说评书的人讲究以“回”为单位，每一次开篇往往要接着上一回设置的悬念开始，又在设置新悬念时结束。而诸如“各位看官”“且听下回分解”等话语形式更是常见。唱京戏的人更要遵照一系列的程式，唱念做打样样都要遵守规范，至于红脸关公、黑脸包公、白脸奸臣、花脸刚烈等，也是大家公认的程式。

（四）实用性和娱乐性

文化产生于生活，民俗文化更能体现这一特点。随时而作、触物起情、自娱自乐，是民俗文化的根本特征。民俗文化的娱乐性质又与创造者和享用者的生活实践紧密相关，常常是愉悦性与实用性相互维系。如有的歌谣中记录着人们日常生活过程中得来的经验教训，有的蕴含着民众生活中总结出的朴素哲理。为了记忆而编写的《汤头歌》《野菜歌》等，更是在娱乐中包含着实用价值。许多民俗文化作品本身就是人们实际生活中的一部分。如过年时辟邪的年画门神，祈福的剪纸、灯笼，婚庆时请来大戏，空闲时听评书等，就是生活之中的“乐”，是与人们的劳动、嫁娶、生死、集会、休憩等活动休戚相关的审美。

综上所述，自发性、传承性、通俗化和程式化、实用性和娱乐性分别从民俗文化的审美创造和接受、散播流传、审美形式、目的效果等方面描述了这种自娱自乐型文化形态的基本特性，也正是这些特征构成了理解民俗文化发展自身规律和审美意义的一个有效的视角。

二、民俗文化的审美内容

民俗文化有着极为广泛的内涵，但是并非所有的民俗文化都能成为旅游审美的对象，主要是其中具有表象性的部分成为旅游审美的内容。

1. 民俗物质文化中具有审美价值的建筑、服饰，民族、民间工艺品及工具等

在民俗建筑中，各少数民族、一些汉族地区的民居具有鲜明的审美特色。如鄂温克族和鄂伦春族的住宅“撮罗子”，蒙古、哈萨克、柯尔克孜、塔吉克等民族的蒙古包（毡房），侗族、苗族的吊脚楼、半边楼以及鼓楼、风雨桥，傣族的干栏式竹楼，北京的胡同、四合院，福建地区的土楼，绍兴、周庄的水乡民居等建筑类型丰富，建筑技艺精湛，是极富特色的建筑艺术，具有较高的旅游欣赏价值。

各少数民族的服饰更是绚丽多姿，如苗族、瑶族、侗族各不相同的“花衣”与百褶裙，傣族妇女的花筒裙，藏族的藏袍，维吾尔族的“袷袢”和连衣裙，满族的旗袍等。各少数民族和各地的民间工艺美术也极为丰富多彩，一些具有观赏性的用具和工具也是民俗文化中极具审美意义的物品。

2. 民俗中的习俗，节日礼仪与庆典活动

在习俗中包括饮食、婚恋、生日、丧葬、待客习俗等，其中大多数是旅游者可以参与或观赏的。例如侗族青年的恋爱习俗走寨坐妹；苗族婚姻礼仪的“拦路歌”、唱“酒歌”等。各少数民族和不同的汉族地区都有着各自特点的待客习惯和待客方式。我国各民族的节日礼仪与庆典则更为丰富，汉族与一些少数民族共有的春节、元宵节、端午节、中秋节，傣族的傣历新年泼水节，瑶族的达努节，藏族的望果节，彝族的火把节，蒙古族的“那达慕”大会，我国信奉伊斯兰教的少数民族的开斋节、古尔拜节，这些节庆活动最集中地展现出不同民族、地域民俗文化的丰富内涵，给旅游者提供了感受和体验民俗审美文化的良好机会。

【知识链接 9–1】

那达慕大会

那达慕大会是蒙古族人民一年一度的传统节日，在每年七八月举行，那达慕，蒙语是“娱乐”或“游戏”的意思。它在蒙古族人民生活中占有重要的地位，是蒙古民族在长期的游牧生活中创造和流传下来的具有独特民族色彩的竞技项目和游艺、体育项目。古代那达慕大会期间要进行大规模的祭祀活动，现代那达慕大会的内容主要有摔跤、赛马、射箭、赛布鲁、套马、下蒙古棋等民族传统项目，人们通常称为男子“三艺”——摔跤、赛马和射箭的竞技赛是那达慕大会的经典赛事。

3. 民俗游艺竞技活动

我国各少数民族和各地域，都有着独具特色的民俗艺术表演、游乐活动和体育竞技活动。如汉族西北地区的太平鼓，陕西安塞腰鼓，东北的二人转，湖南的花鼓戏，广西的彩调，苏州的评弹，甘肃、宁夏的“花兜”，南方的傩舞、傩戏，粤语地区的粤曲，藏族的锅庄，苗族的芦笙舞，傣族的象脚鼓，彝族的阿细跳月，朝鲜族的长鼓舞，鄂温克族的阿罕拜舞，壮族的扁担舞等艺术表演活动。汉族的舞龙、舞狮、踩高跷、龙舟竞渡，苗族的爬竿、上刀梯，蒙古族的马球，哈萨克、柯尔克孜、塔吉克族的刁羊，回族的掼牛，朝鲜族的跳板运动，蒙古族的摔跤、赛马，傣、景颇、白、纳西等族的“打磨秋”等民俗游乐与体育竞技活动，都有着很高的旅游观赏性，而且相当一部分都具有参与性，旅游者可以与当地人民一起同乐共舞。

4. 民俗信仰与祭祀活动

我国各民族和各地域有着种种信仰与祭祀活动。如对中华民族祖先黄帝、炎帝的祭典活动，蒙古族的成吉思汗祭典，赫哲族萨满教的“乌思珠耶”(跳舞神)，瑶族的“还盘王愿”，藏族喇嘛教的酥油灯会、晒佛、礼佛、跳神活动，侗族的“敬萨坛”，苗族的“跳香”，佤族的“拉木鼓”，台湾渔民的放彩船等。这些活动中相当一部分有一定的规模，气氛热烈，显现出这一民族和这一地域本原的文化与审美特征，有着独特的旅游审美价值。

对民俗文化的旅游审美，大量地体现在对各地域、各少数民族地区的日常生活的参与之中。旅游者可以走访农家、操作传统农具和用品，参与当地的生产劳动，亲自动手烹调民族或地域的特色菜肴，参加民间宴饮活动；旅游者还可以按当地风俗过生日，新婚旅游者以当地礼仪举行婚礼等。以民俗风情参与和体验为主要内容的民俗文化旅游审美活动常常让旅游者获得终生难忘的审美感受。

三、实例赏析——槟榔谷原生态黎苗文化旅游区

槟榔谷原生态黎苗文化旅游区占地面积509亩，地处三亚市与保亭县交界处甘什岭自然保护区境内，距三亚市仅28公里。景区由原甘什黎村、原神秘雨林、原生态苗寨及大型原生态实景演出《槟榔·古韵》四大板块构成，是一个

多民族、多文化、多形态的，集观光游览、休闲娱乐、文化展示为一体的多元型复合式旅游风景区。槟榔谷是真正意义上的海南本土文化的聚集地，这里的一切都是原汁原味的“海南味”。

1. 黎苗原生态传统文化

槟榔谷执着于对原住民传统文化的深入挖掘、全力保护以及大力弘扬，谷内的非物质文化遗产陈列馆里，珍藏着整个海南岛最齐全最珍贵的黎族各种民间文物、见证黎族发展历程的各种器皿和图片，是一部生动恢宏的黎族人历史教科书。织锦、纺织、绣染技艺，竹木乐器演奏技法、打柴舞、黎族妇女的纹身绣面，这些濒临失传的黎族传统技艺和正在消失的文化现象，被槟榔谷人精心地保护着、坚持着，必将使其在新的时期焕发出新的生命力，让民族的精髓得以世代流传下去。

2. 槟榔谷的由来

椰子代表海南，槟榔代表黎家，在黎家，没有槟榔不成礼，没有槟榔不成婚，“槟榔”可以说是海南的“土著”黎族人的文化符号，而聚居在海南中部山区的黎族，以神秘雨林山谷为栖身，只有走入槟榔谷，走入黎家文化，进入这一片神秘雨林谷地，才能感受原汁原味的民族风情。由于景区位处甘什岭自然保护区，两边森林峻峭，中间是一条连绵数公里的槟榔谷地，故称槟榔谷。

3. 雕题离耳

本土居民最大的特征是“雕题离耳”。所谓的“雕题”就是文脸，即在脸上刻图案；“离耳”就是耳朵上佩戴大的耳环。在1950年，共产党为保护妇女权益已将文身习俗废除，然而在槟榔谷，依旧可以看到最后一代有着文脸文身的老阿婆，成为一道珍贵的人文风景线。

4. 淳朴的少数民族风情

黎族是海南的“土著”民族，这里保存着最原始、最淳朴的黎族风情。拉龟、射箭、荡秋千、攀藤摘花、挑山栏过河、过独木桥等体育项目，鼻萧、椰乌、吹树叶等乐器表演，唱歌、跳竹竿舞等娱乐项目，射鱼、龟屋、酒滴等生活方式，织锦等手工技能无不体现了浓郁的少数民族风情。

第二节　宗教景观旅游审美

宗教是人类社会发展到一定阶段的历史现象，千百年来宗教几乎无所不在，深刻地影响着人类生活的诸多方面。作为人类文明的一部分，宗教不仅与哲学、文化、艺术、法律道德等有密切关系，它与地理的关系也极为密切。在建筑、聚落、服饰等文化景观上，它表现出独特的风格。因此从地理角度研究宗教极为重要。宗教作为一种文化现象与旅游关系极为密切，是一种重要的旅游资源。不同区域、不同种类的宗教形成不同特征的宗教文化景观。研究我国宗教地理特征、宗教与文化景观之间的作用与关系，开展宗教旅游对于旅游资源的深度开发，旅游业的持续稳定发展具有重要意义。

一、宗教景观的审美特征

1. 雄伟壮观的宗教建筑

宗教对文化景观的影响主要表现在对建筑的影响。宗教建筑在建筑史上占有重要地位，许多常用艺术手法一直影响着千百年来的建筑形式，具有特别的表现力。宗教影响宗教建筑的形式、朝向和稠密程度及分布状况。宗教建筑不仅分布广泛，而且宏伟壮观。如布达拉宫整个宫殿依山势叠砌、辉煌壮观，是典型的喇嘛教的建筑特点，即佛殿大、经堂高；又如穆斯林建造的清真寺也是以精美华丽、宏伟壮观著称。

2. 宗教景观的神秘感

宗教与文化景观是相互作用、相互影响的。宗教影响着不同区域文化景观的形成、演变，在不同宗教影响下形成的文化景观所具有的特殊宗教气氛也使得宗教更加有吸引力、神秘感，从而吸引着世界各地的游客到宗教景区游览。

3. 名山在宗教景观中居突出位置

“天下名山僧占多”，风景优美的名山被佛、道教徒占后经过多年的修建成为宗教名山，正是这些以宗教内容为核心的文化景观构成了宗教发展与依托的基地。这些基地成为宗教发展之源地，从这里流传、扩散到各地。

4. 宗教艺术的异彩纷呈

为了促进宗教发展，宗教势力竭尽全力把精湛的艺术技巧运用到神圣的事业上，为神圣的灵光增添艺术的光辉。雕塑、绘画为神灵塑造庄严慈祥的形象，为教徒提供了顶礼膜拜的对象。音乐、舞蹈和诗歌为神灵注入热爱、关怀和拯救人类的灵性和情感，这种物质的和非物质的文化景观是通过形象、声乐、诗歌、造型等感性的情感形式，来强化人们的宗教心理和宗教感情，吸引更多的信徒和游客来参观游览宗教景观。

二、宗教建筑景观的审美

（一）伊斯兰教建筑的特点

伊斯兰教建筑由于地区和年代的不同而形式各异，但仍存在着以下共性。

1. 变化丰富的外观

伊斯兰教建筑外观的多样性，设计手法之奇巧在世界建筑中当属魁首。与之相比，欧洲的古典式建筑虽然端庄但缺少变化；哥特式建筑虽然峻峭雄健，但雅味不足。而伊斯兰教建筑奇想纵横，庄重而富于变化，雄健而又不失雅致。

2. 世界纹样之冠

伊斯兰教的纹样堪称世界纹样之冠。建筑以及其他一切工艺中供欣赏用的纹样，其题材、构图、描线、敷彩皆有匠心独运之处。动物纹样继承了波斯的传统，历经发展又产生了完全崭新的面目；植物纹样，承袭了东罗马的传统，后发展成了伊斯兰式纹样。而几何纹样，则是完全独创的东西，由于无穷尽的折线组合，转瞬间即产生了无限变化，与几何纹和花纹结合构成了特殊的形态，并且以一个纹样为单位，反复连续使用即构成了著名的阿拉伯式花样。另外还有文字纹样，即由阿拉伯文字图案构成的装饰性纹样，用在建筑的某一部分上，文字多是古兰经上的句节。

（二）基督教建筑特点

教堂的建筑风格主要有罗马式、拜占庭式和哥特式三种。

1. 罗马式建筑

罗马式教堂是基督教成为罗马帝国的国教以后，大教堂普遍采用的建筑式样，是仿照古罗马长方形会堂式样及早期基督教巴西利卡教堂形式的建筑。巴西利卡是长方形的大厅，内有两排柱子分隔的长廊，中廊较宽称中厅，两侧窄称侧廊。大厅东西向，西端有一半圆形拱顶，下有半圆形圣坛，前为祭坛，是传教士主持仪式的地方。后来拱顶建在东端，教堂门开在西端。高耸的圣坛代表耶稣被钉十字架的骷髅地的山丘，放在东边以免每次祷念耶稣受难时要重新改换方向。随着宗教仪式日趋复杂，在祭坛前扩大南北的横向空间，其高度与宽度都与正厅对应，因此就形成一个十字形平面，横向短，竖向长，交点靠近东端，这叫做拉丁十字架，以象征耶稣钉死的十字架，更加强了宗教的意义。

2. 拜占庭式建筑

拜占庭式建筑的主要成就与特征是穹顶在方形的平面上，建立覆盖穹顶，并把重量落在四个独立的支柱上，这对欧洲建筑发展是一大贡献。圣索菲亚大教堂是典型的拜占庭式建筑。其堂基与罗马式的一样，呈长方形，但是中央部分的房顶由一巨大圆形穹顶和前后各一个半圆形穹顶组合而成。东正教教堂的特征是堂基由长方形改为正方形，但在建筑艺术上仍保留拜占庭式风格。东欧的教堂是突出穹顶，提高鼓座，使穹顶更加饱满。现在俄罗斯红场上的华西里·伯拉仁内教堂（图 17）就是著名的拜占庭式教堂建筑。其特点是中央一个大墩，周围八个小墩排成方形，上面各有一个大小不一的穹顶。该建筑是世界宗教建筑中的珍品。

3. 哥特式建筑

其特点是尖塔高耸，尖形拱门、大窗户是绘有圣经故事的花窗玻璃。在设计中利用尖肋拱顶、飞扶壁、修长的束柱，营造出轻盈修长的飞天感。教堂的平面仍基本为拉丁十字形，但其西端门的两侧增加一对高塔。著名的哥特式建筑有巴黎圣母大教堂，意大利米兰大教堂，德国科隆大教堂，英国威斯敏斯特大教堂。

（三）佛教建筑特点

佛教建筑一般包括佛寺、佛塔和石窟。佛教建筑在初期受到印度影响的同时，很快就开始了中国化的过程。明、清佛寺的布局，一般都是主房、配房等组成的严格对称的多进院落形式。在主轴的最前方是山门即整个寺院的入口。山门内左右两侧分设钟、鼓楼。中央正对山门的是天王殿，常做成三间穿堂形式的殿堂。穿过天王殿，进入第二个院落，在正中主轴上的是正殿，通常名为“大雄宝殿”。正殿对于整个佛寺建筑群体是中心建筑物，它不论在建筑体积还是质量方面，都在其他单体建筑之上。正殿左右配殿或作二层楼阁形式。正殿后一进院落，常修筑二层“藏经楼”。另外，多在主轴院落两侧布置僧房、禅堂、斋堂等僧人居住的房屋。北京的大型佛寺，如西四牌楼的广济寺等都属于这种类型。小型的寺庙一般只有一进院落——进山门迎面就是大殿，两厢为僧房。佛寺建筑群组中常布置一系列附属建筑，如山门前的牌坊、狮子雕刻、塔、幢、碑等。

东汉时期，随着佛教传入中原，佛塔的建造也开始了。早期的佛塔多是楼阁式塔，早期楼阁式塔为木结构，因为易于毁于火灾，所以实物没有能够保存到现在。隋唐以后，多用砖石为建塔材料，出现了以砖石仿木结构的楼阁式塔。它们的特征是每层之间的距离较大，塔的一层相当于楼阁的一层，各层面大小与高度自下而上逐层缩小，整体轮廓为锥形。楼阁式塔的平面，唐代为方形，宋、辽、金时代为八角形，宋代还出现过六角形。明、清时代仍采用八角形和六角形。塔的结构，唐代为单层塔壁，中空，内部呈筒状，设木楼梯、楼板。宋、辽、金各代均在塔的中心砌“砖柱”，柱与塔壁之间为登临的楼梯间或塔内走廊。底部设简单台基，宋以前多不用基座。塔身每层都砌出柱、额、门、窗。唐代用方柱和八角柱；辽、宋多用圆柱。各层檐下都用砖或石制成斗拱，式样与当时的木结构相似。木结构楼阁各层有平座及栏杆，但砖石楼阁式塔，南北朝至唐代多不用平座，宋、辽、金始用平座。

石窟艺术与佛教是十分密切的。石窟艺术是为当时信佛的人们服务的。因信仰佛教的各阶级、各阶层人物不同，他们所属的佛教宗派也不一样，因而在造像与壁画的题材上，也要根据自己那一宗派的经典造像。所以石窟艺术的发展，因时间、地点的不同，发展情况也不一样。石窟艺术是佛教艺术，它反映了佛教思想及其发生、发展的过程，它所创造的像、菩萨、罗汉、护法，以及佛本行、佛本生的各种故事形象，都是通过具体人的生活形象而创造出来的。曲折地反映了各历史时期、各阶层人物的生活景象，这应该是石窟艺术的一个特点。

三、实例赏析——南山寺

南山寺是一座仿古盛唐风格，居山面海的大型寺院，气势恢宏，为南方规模最大的寺庙。南山居琼州之南，山高500余米，形似巨鳌，宛如观音菩萨慈航普渡坐骑之相。山势迤逦叠翠，祥云缭绕；面南海，浪激石音，水照天色，实有海天佛国气象。南山寺位于海南省三亚市南山文化区内的“佛教文化公园”，依山而建，有殿、堂、楼、房、窑三百多间，整个寺院由七层三大部分组成，下三层名极乐寺，上三层名佑国寺，中间一层名善德堂，南山寺是它们的总称。

不二法门是三亚南山景区大门景观，为南北朝风格建筑。据说在佛家里面一共有八万四千个法门，而不二法门为第一法门，人一旦进入门，就是进了超越生死的涅境界便可以成佛了。游客进入此门，便进入了不二法门吉祥清静的南山佛教圣地。大门外的“不二”和大门内的“一实”是已故著名书法家顾廷龙的真迹。“一实”是“不二”的对应。“不二”是一种非常深奥的理念，简单的说，不是一，不是二，没有彼此的分别就是不二。佛教认为世界上的万事万物尽管在现象上有千差万别，但从佛性上来看都是没有分别的，只不过是因缘巧合，都是虚无的，没有相对，也没有绝对。

南山寺占地400亩，仿唐风格，建有仁王殿、大雄宝殿、东西配殿、钟鼓楼、转轮藏、法堂、观音院、悲田院等，依山就势，错落有致，庄严肃穆，清净幽雅。寺侧建有南山佛教文化苑，寺前海中塑有高108米的观音巨型铜像。

南山景区中景致与雕塑相协调，建筑与绿化相融合，既规整肃穆，又幽雅清净。名山、名寺、名僧，交相辉映，相得益彰。仁王殿内供奉寺庙门神哼哈二将，明清后，这种殿式建筑逐渐演变成牌坊式建筑——山门。

南山寺天王殿当中供奉天冠弥勒和两个侍者，两旁立护法神四大天王。天王殿两侧分别是钟楼和转轮藏。从天王殿穿过游廊，便可进入大雄宝殿，殿内供奉主尊为释迦牟尼佛、阿弥陀佛和药师佛，还有文殊、普贤、迦叶、阿难、帝释、梵天、两尊供养菩萨和十六罗汉塑像。

第三节　文物古迹景观审美

一、文物古迹及审美特征

文物古迹是具有历史价值、科学价值、艺术价值、遗存在社会上或埋藏在地下的历史文化遗物和遗迹，在发展旅游事业中，尤其要注意文物古迹的保护与利用，因其具有独特的审美特征。

1. 时代性、不可再生性和不可替代性

任何文物古迹都是一定时代（或年代）的产物，从结构、形式到内容无不打上时代的烙印，蕴涵着当时的政治、经济、军事、科学技术、文化艺术等诸多内容和信息，是人类历史遗留下来的遗存，是历史的残迹，这就决定了文物古迹不能再生产、建造。每一样文物古迹都是一定时代（或年代）的产物，人们可以复建、仿建出外形一样的古迹，但却无法复制文物古迹的文化内涵和历史信息。因此文物古迹也就具有不可替代性。

2. 物质性

文物古迹是有形的文化遗产，是历史文化的载体，是人类历史发展的见证。文物古迹包括可移动文物和不可移动文物，都是由人们用一定的材料制作或建造的。如古建筑，通常使用木头、砖瓦、石头等不同的建筑材料建造而成；在古塔中有木塔、砖塔、石塔、铁塔、琉璃塔等。文物古迹的造型是千姿百态的。其物质性使其具有形象性和直观性，文化内涵深藏于物质载体之中。

3. 价值的客观性

文物古迹具有历史、艺术、科学价值，包含着政治、经济、军事、科学技术和文化艺术等丰富内涵。它的价值是凝结在文物古迹中的一般人类劳动，是人类智慧的结晶和历史发展、进步的标志。它具有双重特征，即有形价值和无形价值。文物古迹价值是其本身所固有的客观存在的，但人们对文物古迹价值的认识，并不是一次就能完成的，而是随着社会的发展，随着人们科学文化水平的不断提高而不断深化的。同一件文物，在不同的时间、地点条件下去考察其价值，往往会发生变化。这种改变通常不会降低它的固有价值，而是增添新的价值。

4. 突出的地方特色和民族风格

中国是一个多民族的国家，56个民族都有各自不同的民族文化，加之地域辽阔，地理环境、自然条件的差异，文物古迹的种类和风格非常丰富。以古建筑中的民居来说，有华北地区的四合院，山西、江浙一带的明清古民居，华南各省的干栏式和穿斗结构建筑，广西、贵州、湖南的干栏式建筑的苗寨、侗寨，黄土高原的窑洞，内蒙古的蒙古包等，不仅结构不同、形式各异，而且具有浓厚的民族和地方风格。

5. 实用性

许多文物古迹除了具有观赏审美价值外，还具有实用性。许多古建筑可以作为生活居住、游乐活动等场所；很多古老的水利工程，至今仍发挥着重大作用，如京杭大运河、都江堰、灵渠等。

【知识链接 9-2】

都江堰

都江堰坐落在成都平原西部的岷江上，位于四川省都江堰市城西，是中国古代建设并使用至今的大型水利工程，被誉为“世界水利文化的鼻祖”，是四川著名的旅游胜地。通常认为，都江堰水利构成是由秦国蜀郡太守李冰及其子率众于前256年左右修建的，是迄今为止全世界年代最久、唯一留存、以无坝引水为特征的宏大水利工程。都江堰水利工程是中国古代人民智慧的结晶，是中华文物古迹中的瑰宝。

二、文物古迹的分类审美

（1）与重大历史事件、革命运动和重要人物有关的、具有纪念意义和历史价值的建筑物、遗址、纪念物等。

（2）具有历史、艺术、科学价值的古文化遗址、古墓葬、古建筑、石窟寺、石刻等。

（3）各时代有价值的艺术品、工艺美术品。

（4）革命文献资料以及具有历史、艺术和科学价值的古旧图书资料。

（5）反映各时代社会制度、社会生产、社会生活的代表实物。

（6）灾害遗址、侵略者的历史罪证。

中国根据文物古迹的价值高低，将文物分为国家级、省（直辖市）级和市县级三级重点文物保护单位。文物古迹特别丰富的城市由国家确定为历史文化名城。由于文物古迹是人类历史上宝贵的文化遗产，对科学研究、历史教育、文化发展具有重大意义，故世界上许多国家都十分重视文物古迹的发掘、整理和保护工作。21 世纪以来，观赏和收藏文物古迹已成为一种广泛的群众性活动。一些著名的文物古迹也是国家和地区的重要旅游资源，如中国北京的长城、故宫，西安的秦始皇陵兵马俑等。

三、实例赏析——秦陵兵马俑

（一）秦始皇陵兵马俑概况

秦始皇陵兵马俑位于陕西省临潼县，于1974年3月被当地农民打井时发现。它是中国历史上第一个多民族的中央集权国家统治者秦始皇于公元前 246 年～公元前 208 年营建的，也是中国历史上第一个皇帝陵园。其巨大的规模、丰富的陪葬物居历代帝王陵墓之首。据史书记载，秦始皇为建造此陵征集 70 万工匠，建造时间长达 38 年。秦始皇陵因发掘的陶俑数目惊人、技艺精湛、布阵严谨，而震惊中外，被世人誉为“20 世纪最壮观的考古发现”、“世界第八奇迹”。

秦始皇陵区分为陵园区和从葬区两部分，兵马俑坑位于陵园东侧 1.5 千米处，距地表约 6 米。三处俑坑成“品”字形排列。其中一号坑为“右军”，拥有陶俑、陶马 6 000 余件，形成由战车、步兵相间编列的军阵；二号坑为“左军”，有陶俑、陶马 1 300 余件，战车 89 辆，是一个由战车、骑兵、弩兵、步兵等混合编组的典型军阵，阵前有百余名立姿、跪姿的射手，是秦俑的精华所在；三号坑为军幕，有武士俑 68 件，战车 1 辆，陶马 4 匹。三个俑坑的排兵布阵形成了完整的军队编列体系。这些兵马俑，列阵有序，军容严整，武器精良，是强大秦王朝统治力量的象征，它以宏伟浩大的气魄展示了秦始皇帅军“横扫六合，威震四海”统一中国的丰功伟业。可见它的政治意义是不言而喻的。

（二）秦始皇陵兵马俑的审美特征

1. 共性与个性的统一

共性与个性的高度统一，构成了秦俑统一之中有变化，变化之中有统一的美学特点，给人以丰富的美的享受。多兵种布局的群像，表现了庄严、雄伟、坚毅、肃穆和严阵以待的共性特征，由此获得群像整体美的审美效果。陶俑整体的和谐统一、严整有序，显示出秦王朝强大的军事力量和整齐肃一的军容，这种整体美感给人强烈的视觉冲击，得到的是气势磅礴、威武雄壮的审美感受。群像的共性中又融聚着千差万别的单俑的个性美。它们的形体姿态、神情容貌各具特点，身份、年龄、兵种、籍贯、气质等通过一个个单俑表现出了一定的写实特点。如有些陶俑大嘴、厚唇、宽额、润腮，个性淳朴憨厚，似是关中地区的士兵；而额头微微向后、颧骨突出、耳轮宽厚、眼睛细长、眼皮较薄，身体结实、强悍的陶俑，则是出自陇东的士兵；圆圆的面庞、尖下巴、神情机敏的小个子，则是巴蜀的士兵。这些生动而丰富的个体，从雕塑欣赏角度而言，使得整素庄严的军队焕发出勃勃生机，生动而富于变化，令人回味。共性与个性、整体美与个性美得到了最好的统一。

2. 细节刻画具体而不繁缛

陶俑的塑造特别注意细节的刻画。例如俑的发髻丝丝可辨，俑身上的甲片、甲钉都是精雕细作，连鞋底一道道锥扎的线纹也清晰可见。俑的面部刻画十分精致，有的眉宇凝聚、端庄肃穆；有的面庞清秀，微微含笑；有的年轻单纯，稚气未脱。对陶马的塑造也是如此，马的牙齿也都一一雕出，大都有六颗，这表明它们是精壮骏马。有些地方表现出工匠们很强的概括能力，如马的整体结构、主要关节，做到了比例匀称；人的胡须，只随意在唇上贴两条泥片，或在须角上作几个转折，人物的个性特征呼之欲出。陶俑、陶马的刻画在朴拙中见精致，使整体形象既简洁凝炼又丰富含蓄。

3. 制作工艺精湛

秦俑的制作工艺多种多样，是圆雕、浮雕、线雕的统一体。从制作技法来看，主要是“塑”，具有成熟的、一整套的泥塑技巧。塑造时，俑的头部大都合模制成，俑身采用模制或泥条盘成。先堆泥盘筑，捏、压成初胎（大形），经切削冗泥后，再进行各细节部分的造型刻划。面容各部分，运用塑、捏、贴、削技法；鞍马坐垫，施以塑、压、削、刻等多种技法；战袍大褶采用捏、削、刻的手法；衣领、发髻、胡须、带结及鬃、尾等细纹，多用阴刻来体现线刻的效果。总之，塑、捏、贴、压、刻、削等泥塑技法的巧妙运用，是秦俑雕塑艺术的特色之一。

4. 绘塑结合、色彩丰富

秦陵兵马俑的本来面目是彩绘，并非现在看到的“灰头土脸”。从幸存的部分陶俑、陶马身上残存的颜色痕迹分析，彩绘的颜色种类主要有红、绿、蓝、黄、白、黑等。这些颜色经过严格的配置，并非千篇一律，体现出整体的色彩效果。兵俑一般着红色上衣、绿色或蓝色裤子，手与脸部施粉红色，衣袖、衣领多数用绿色和赭石色，而铠甲上的甲钉多用黑色，连接甲片的线则用红色。

这些色彩的运用，对秦俑的艺术表现起到了相当大的作用，成为其雕塑技法重要的补充手段，大大增强了艺术感染力。

秦陵兵马俑被发现的第五年，在原址落成了一个造型美观而又巨大的博物馆，兵马俑重要的历史价值和艺术欣赏价值已得到普遍承认。作为重要的人文旅游景观，它每年都吸引着成千上万来自四面八方的旅游者。外国旅游者常以亲自观赏到秦陵兵马俑作为到过中国旅游的象征。因此兵马俑在旅游活动中的重要意义不言而喻。1987 年，秦始皇陵入选《世界遗产名录》。

第四节　主题公园旅游审美

一、主题公园的类型

根据旅游体验类型，主题公园可分为五大类，分别是情景模拟、游乐、观光、主题和风情体验。

一般来说，给游客留下深刻印象的多是游乐型的主题公园。游乐型的主题公园亦称游乐园，提供大量刺激性的游乐设施和机动游戏，令游客可以体验上天下地的疯狂感受，如香港迪斯尼公园。情景模拟类主题公园，具体的即是各种影视城的主题公园，如位于中国浙江中部东阳市的横店影视城，现建有清明上河图、秦王宫、明清宫苑、梦幻谷等主题区，观众喜闻乐见的《荆轲刺秦王》、《英雄》等影视剧作品就是在秦王宫拍摄的。观光型的主题公园则浓缩了一些著名景观或特色景观，让游客在短暂的时间欣赏特色的景观，如北京的世界公园，就汇聚了世界各地的著名景观，让游客在一个公园里就可游遍全世界。各式各样的水族馆和野生动物公园，是主题型的主题公园。至于以风情体验为题的主题公园，则将不同的民族风俗和民族色彩展现在游客眼前，如置身哈尔滨的俄罗斯风情小镇，游客不仅可以品尝到地道的俄式西餐、俄式咖啡、俄式巧克力，欣赏优美的俄罗斯歌舞表演，还可以令游客体会到那种身在异国的出境感受。

二、主题公园的审美特征

1. 主题性突出

主题是城市主题公园形成鲜明特色个性的灵魂。城市主题公园依靠营造“人无我有”的个性特色来吸引游客，在主题选择时，不仅设计、创意有独特之处，还善于结合当地独有的旅游资源形成个性鲜明的主题，从而使其他旅游地无法进行摹仿复制，维持城市公园固有的魅力，为自身建立鲜明的公众形象，创造有利的市场空间。

旅游在本质上就是旅游者寻找与感悟文化差异的行为和过程。随着社会开放进程的加快和无国界经济合作的深化，旅游者对异域文化的好奇心与求知欲将越来越强烈，跨地域空间的文化将成为城市主题公园选择主题的主导方向。随着社会转型冲击的加剧和人际关系隔膜的增长，旅游者对传统文化的认同感与反思也会越来越深入，返璞归真的传统文化将成为城市主题公园选择主题的价值取向。随着造园技术的日益进步和表现手段的日益丰富，在生态文化、器物文化、哲学文化等方面，城市主题公园选择主题的自由度将明显扩大，"一个主题多个次主题""一个公园多个主题"正在成为现实。可以说主题的选择在空间维度、时间维度、要素维度的架构中将日益多元化，总体趋势表现为在本土文化与异域文化之间，趋向异域文化；在传统文化、现代文化与未来文化之间，趋向传统文化；在生态文化、器物文化与哲学文化之间，趋向器物文化。

2. 高投入、高体验性

城市主题公园的兴建是一项庞大的系统工程，需要巨额的资金投入。如深圳的世界之窗兴建时投资 6.5 亿元人民币，深圳华侨城欢乐谷总投资 8 亿元人民币，即使是小型城市主题公园投资也在 1 亿元左右。据不完全统计我国现有城市主题公园投资在 1 亿元人民币以上的有 142 个，被广大旅游者熟知的有北京世界公园（投资 1.5 亿元）、大连圣亚海洋世界（投资 1 亿元）等。总之，城市主题公园兴建的高投入，就是为了给游客带来较高的主题体验，激发游客的参与性。

3. 精致化、科技化

精心构思、精致施工是城市主题公园高质量的基本保障。城市主题公园的大多数景物是供游客在步行时近距离观赏的，对于园内建筑、景观、小品的视觉效果都追求精致。它运用各种技术手段把创造性构想的"主题"塑造成形式的旅游环境和娱乐氛围，获得动态、多彩、立体化的效果，提高项目的参与性、娱乐性，使旅游者充分感受到休闲娱乐的美好体验。如深圳锦绣中华的万里长城，构思与建筑质量均达到世界一流水平。高科技被运用于城市主题公园是打造精品城市主题公园的必备手段，也是城市主题公园创造娱乐空间的发展趋势。

4. 创新性

城市主题公园是一种新的旅游产品。常规旅游景区由于历史的不断沉淀，将积累更加丰富的自然或人文价值，增加对游客的吸引力。而城市主题公园由于所选主题具有时效性，开业一段时间后，主题的新颖度和吸引力便会开始下降，生命周期一般比较短，为了延长生命周期，必须不断更新旅游项目，常换常新。

三、实例赏析——太阳岛公园

位于中国黑龙江省哈尔滨市松花江北岸的太阳岛公园为江漫滩湿地草原型风景名胜区，是全国著名的旅游避暑胜地。太阳岛公园占地 38 平方千米，保护区面积 88 平方千米。

太阳岛公园由于江水环绕，景色四季迥然，十分秀丽。春季，原野芳草萋萋，绿叶萌枝，鸟雀齐鸣。春风吹拂，游人如饮醇酒，每每流连忘返。夏季，绿荫幽草，碧水白沙，繁花似锦，蝶飞蛙噪，是避暑的佳时胜地。秋季，秋高气爽，水天一色，金叶复径，旷野红枫。冬季，千里冰封，万里飞雪，马拉爬犁、冰雪运动、冰雕雪塑，使这冰雪世界更是生机盎然。洁白的树挂、漫天飞雪把人带入“千树万树梨花开”的壮美境界，形成了一道亮丽奇特的景观。这四季不同的绚丽景色，构成一个得天独厚的生态自然风景区，所以太阳岛公园素有“北国风光赛江南”之美誉。

太阳岛公园核心区有 15 平方千米，以人文、自然风景为特色。这里有倍受孩童喜爱的松鼠岛、鹿苑、天鹅湖、花卉园等著名景观，鹿苑内有人工驯养的梅花鹿 30 余只，游人既能观赏鹿、亲近鹿，又能体味人类与动物、 动物与自然环境共生的和谐；有体现浓郁欧陆风情的俄罗斯风情小镇、俄罗斯艺术展览馆；展现北方民俗文化精华的北方民艺精品馆；有世界最大的四季室内冰雪艺术馆；姹紫嫣红的荷花湖、中日友谊园和日式度假村；种类繁多的丁香园；高耸的太阳山、美丽的太阳湖与久负盛名的水阁云天遥相呼映。

尤其值得一提的是一年一度的中国哈尔滨国际冰雪节就在太阳岛冰雪大世界主题公园内举办。太阳岛冰雪大世界主题公园被称为全世界最大的冰雪主题公园。每一年主办单位都会选择一个主题，构建多个小的主题园区和冰雕群与之呼应。如第 26 届中国哈尔滨国际冰雪节就以“冰雪庆盛世，和谐共分享”为主题，推出冰雪艺术、冰雪文化、冰雪旅游、冰雪体育和冰雪经贸等五大板块、上百项活动，让国内外宾朋到“冰城”领略冰雪的神奇魅力。

在此举办的一年一度的哈尔滨国际雪雕艺术博览会，作为哈尔滨国际冰雪节的重要内容更是驰名中外，第 22 届太阳岛雪博会突出中国元素，确定了“雪舞太阳岛，欢乐中国行”的主题。

【思考题】

1. 简析民俗文化的审美特征。
2. 作为一个旅游工作者，谈谈该如何保护文物古迹旅游资源。
3. 向大家介绍你最熟悉的一个主题公园。

第十章　建筑景观审美

【学习目标】

- 掌握建筑及其美学特征
- 了解中西方古典建筑的发展历程
- 理解中西方建筑审美特征差异
- 了解近现代建筑美学特征

【知识要点】

- 建筑艺术
- 中国古典建筑
- 西方古典建筑

第一节　建筑及其美学特征

一、建筑的概念及类型

人类从事建筑活动，除去史前时期，自有文字记载以及现有实物可考的，大概只有六七千余年。浙江余姚河姆渡村建筑遗址是我国已知最早的采用榫卯技术构筑木结构房屋的一个实例。建筑从最早来说，是出自实用功能——为人们提供一个遮风避雨的场所。一直到今天，只要有人定居的地方，就一定有房屋。为此要求有遮蔽、适用的空间。2 500 年前老子就提出了最早的建筑空间论："凿户牖以为室，当其无，有室之用。"（《老子》）但随着社会的逐步发展，现代建筑不再是严格意义上的庇护场所，建筑类型日益丰富，技术不断进步，形象也发生巨大变化。因此建筑的概念实际上要比字典里丰富得多。但建筑从古至今不外乎是创造一种人为的环境，供人们从事各类活动。

"建筑"一词，是个多义词。它表示建筑工程的营造活动。中国古代把建造房屋及其相关的土建工程活动统称为“营建”、“营造”。如 20 世纪三四十年代活跃于我国建筑界，专门从事中国传统建筑研究和保护的“中国营造学社”，其名称中的“营造”二字取自宋李诫所著的《营造法式》一书。后来我国才沿用建筑一词，有考证说此词是从日语中引入汉语的。英文中建筑一词常用“architecture”，原意是“艺术”+“技术”。因此建筑界普遍翻译为“建筑学”。从这个词中，我们可以了解建筑是工程技术与建筑艺术的综合创作。其中建筑工程技术是指根据建筑施工的实践经验和自然科学原理而形成的各种工艺操作方法与技能；建筑艺术是指通过建筑形体、平面布置、结构方式、群体组织、装饰、色彩等方面的处理形成的一种综合艺术。这种艺术形象具有反映社会生活、精神面貌和经济基础的功能。

【知识链接 10–1】

建筑的物质性与精神性

人类在长期改造自然环境和居住、生活与劳动条件中，创造了巨大的物质财富与精神财富，在建筑上体现为物质性和精神性。建筑具有物质性是指所有建筑要在物质条件的限制下，利用一切可能的物质手段——气候、地形、材料、结构、设备、施工水平和经济条件等才能完成建筑的使用功能需求。建筑具有精神性是指建筑是凝固的音乐。建筑具有不同的精神层次：最低层次与物质功能相关，体现为安全感、舒适感；中间层次是以满足物质功能为前提，有一定的物体造型设计，体现为形式美，通常我们说“这栋房子好看”就是这一层次；更高的层次是创造出某种精神性质的环境氛围。所有建筑都具有双重性，但物质与精神性所占比重不同。

（舒干. 建筑设计美学基础[M]. 北京：石油工业出版社，1996: 2.）

二、建筑艺术的特征

建筑的艺术方面，和其他艺术有许多共同性，同时也有自己的特殊性。首先，和一切艺术一样，建筑是经济基础的反映，是一种上层建筑意识形态的表现，并且为经济基础服务。在阶级社会中，它可以被利用为阶级斗争的工具、政治工具，这一切赋予许多建筑以阶级性。不同民族的生活习惯和文化传统又赋以其民族性，它是社会生活的反映。它的形象往往会引起人们情感上的反应。从艺术的手法、技巧方面看，建筑也和其他艺术一样，可以通过它的立体和平面的构图，运用线、面、体和各部分的比例、权衡、平衡、对称、色彩等的对比和统一而取得艺术效果。这些都是建筑与其他艺术共同的地方。但是建筑又不同于其他艺术。其他艺术完全是艺术家思想意识的表现，而建筑的艺术则必须从属于适用、经济方面的要求，要受到材料、结构的制约。每一座建筑物的建成都意味着大量物力、财力、人力的消耗。它直接影响到人们生活和生产中的方便、舒适和健康。

英国美学家罗杰斯·斯克鲁顿认为，建筑艺术与其他艺术区别于以下五大特征。

（一）实用性

建筑是人们生活、工作的地方，因此建筑首先要满足需要和愿望。构思一段音乐却不打算供人们欣赏，这是不可能的；而设计一座建筑物并不打算让别人注意，这倒是很可能的。这里的“不打算”，指的是创造一个有美学趣味的对象，甚至当企图在建筑中应用美学标准的时候，仍然发现它与其他艺术形式有强烈的不一致现象。可以说建筑真正的美存在于与功能相适应的形式之中。

（二）地区性

文学、音乐和绘画艺术等作品都不受场合的限制，它们可以通过表演或流动展出，甚至在少数情况下，通过复制，在任何地方都能够被人们所认知。当然也有少数例外，如壁画和纪念性雕塑，其位置的变化需要注意在美学特征上的不变。建筑可不是这样，建筑物构成它们自己环境的重要特征，就如它们的环境就是它们的重要特征一样，它们不能随意复制，否则就会造成不合理。同时建筑也会在很大程度上受环境变化的影响。从古代庙宇和民居，到凡尔赛宫和悉尼歌剧院，我们可以发现建筑与自然环境的不可分割性。这种地区性，乡土性特征的存在是建筑与其他艺术之间存在差距的必然结果，这种差距使建筑与其他艺术相分离，也是因为建筑艺术相对地缺乏真正艺术创作自由的结果。

（三）总效性

建筑是讲究总效果的艺术，从内外环境到装饰细部都会影响其艺术形象，建筑具有广阔的艺术综合能力，环境中建筑物的内外装饰以及附属艺术小品，对创造建筑的艺术形象能起到很大的作用，甚至关键的作用。美国建筑师埃洛·沙里宁（1910—1961）在纽约肯尼迪机场的 TWA 航站楼的设计中，采用了富有雕塑动感的曲线混凝土造型，既有如飞鸟般的外形，又有梦幻般的内部空间，使钢筋混凝土的表现力提高到很高的水准，以至后来很多人反对对航站楼进行改造。

（四）技术性

建筑艺术有赖于建筑技术，建筑实现的可能性总是由人类的能力，即建筑技术所能达到的程度来决定的。建于1957年的罗马小体育宫，堪称钢筋混凝土大跨建筑的经典之作。这个拥有5 000个观众席位的体育馆是由钢筋混凝土肋组成的穹顶，由1 620个混凝土预制构件组成，由现浇梁联系在一起，这些精致的拱肋形成了美丽的网格图案。而穹顶中心的开口又使人们能清楚地欣赏到它的起伏和图案，最后穹顶由36根倾斜的Y形支柱支撑着上部结构的重量，细巧的支柱和波形穹顶边缘也获得了很好的视觉效果。

（五）公共性

创作诗歌和音乐，艺术家可以为自己创造新奇活泼的东西来获得观众；而一件建筑作品，是不可能具有这种私人的性质的。建筑需要面向群众，它的目的是要达到客观性，可以供人们观赏和使用，以及在任何条件、任何情绪下都要从它旁边走过。这些是音乐和诗歌作品所缺乏的。因此2000年北京建造国家大剧院的时候，49位两院院士和100位建筑师上书反映法国设计师安德鲁“巨蛋”方案不当时，就可以理解他们当时的心情了。

综上所述，建筑美的特征在于建筑美是功能美、技术美和形式美相统一、相渗透的有机整体的美。通过对比可发现，确保功利目的的实现和技术、经济的合理性才是建筑艺术的特征。所以建筑美不是艺术美，建筑艺术不是纯艺术。

三、建筑艺术的风格

风格是民族的特征，也是时代的特征。不同时代、不同民族的建筑艺术风格，集中体现了该时代民族的政治、哲学、伦理观念。在建筑的发展历史中，许多建筑大师创造了绚丽多彩的建筑艺术风格，如古代以柱式和人体美为代表的希腊建筑风格，中世纪高直式带有强烈宗教氛围的哥特建筑风格，以简洁造型和功能明确的现代主义建筑风格等。建筑美学的任务就是揭示这些不同建筑风格的本质、特点及其相互之间的关系，对建筑艺术美的态度和审美标准。随着现代社会、经济的不断发展，建筑技术与功能不断更新，建筑风格也发生了巨大的变化。

（一）地中海建筑风格

闲适、浪漫却不乏宁静是地中海风格建筑所蕴含生活方式的精髓所在。地中海风格建筑，原来特指沿欧洲地中海北岸沿线的建筑，特别是西班牙、葡萄牙、法国、意大利、希腊这些国家南部沿海地区的住宅。这些地中海沿岸的建筑和当地乡村风格的建筑相结合，产生了诸如法国普罗旺斯、意大利拖斯卡纳等地区的经典建筑风格。后来这种建筑风格融入欧洲其他地区的建筑特点后，逐渐演变成一种豪宅的符号。

长长的廊道，延伸至尽头后垂直拐弯；半圆形高大的拱门，或数个连接或垂直交接；墙面通过穿凿或半穿凿形成镂空的景致。这是地中海建筑中最常见的三个元素。地中海风格的建筑舍弃浮华的石材，用红瓦白墙营造出与自然合一的朴实质感。

地中海风格从建筑的形态上看，经常出现很多不对称的设计，尤其是西班牙风格的建筑，采用了很多圆弧形结构。外立面颜色温润而醇和、材料粗朴而富有质感、建筑中包含众多的回廊、构架和观景平台。地中海风格在细节的处理上特别细腻精巧，在西班牙建筑中，经常广泛运用螺旋形结构配件。此外，在地中海建筑中往往采用建筑圆角，让外立面更富动感；并配合以落地大窗和防锈锻铁为装饰的小窗，外墙局部用文化石和特别的涂料；露台上采用弧形栏杆等；而装饰用的烟囱，则带有传统的英国风味。

（二）英式建筑风格

英式建筑空间灵活适用、流动自然，蓝、灰、绿富有艺术的配色处理，赋予建筑动态的韵律和美感。淡绿的草场、深绿的树林、金黄的麦地，点缀着尖顶的教堂和红顶的小楼，构成了英国乡村最基本的图案。

英国的建筑大多保持着红砖在外，斜顶在上，屋顶为深灰色。也有墙面涂成白色的，一种很暗的白，或者可以叫做“灰色”。房子一般是由砖、木和钢材等材料构成，很少能看见钢筋混凝土的建筑。英国的建筑保暖性或者说隔热性很好，主要是由于房屋建筑的墙是三层的，外面一层是红砖，中间层是隔热层，用的是厚的海绵，或者是带金属隔热层的薄海绵，里层是轻质量的灰色砖，比较厚。这样构成的墙体，其隔热性能非常好。到了冬天，房间只要开暖气，马上就热起来了，房间的保暖性很好。英式别墅主要建筑结构墙体为混凝土砌块，具有简洁的建筑线条，凝重的建筑色彩和独特的风格，坡屋顶、老虎窗、女儿墙（指房屋外墙高出屋面的矮墙）、阳光室等建筑语言和符号的运用，充分诠释着英式建筑所特有的庄重、古朴。双坡陡屋面、深檐口、外露木、构架、砖砌底角等为英式建筑的主要特征。郁郁葱葱的草坪和花木映衬着色彩鲜艳的砖红墙、白窗、黑瓦，显得优雅、庄重。建材选用手工打制的红砖、碳烤原木木筋、铁艺栏杆、手工窗饰拼花图案，渗透着自然的气息。

（三）新古典主义建筑风格

新古典主义是古典与现代的结合物，它的精华来自古典主义，但不仿古，更不复古，而是追求神似。新古典主义是西方建筑艺术现代变革的产物。它是对 18 世纪纤巧细腻浮华的洛可可艺术风尚的反动，旨在用古罗马文化来振兴当代艺术，推崇高尚质朴的思想和为国献身的英雄主义。

比照罗马建筑的经典元素，新古典主义在檐口、栅花、线条等方面可以说都是世界建筑精华的集大成者，因为新古典主义集成的是古典主义及文艺复兴建筑颂扬的人本身的美，在建筑比例上严格符合人体的黄金比例。这是新古典主义至今仍在世界领域被广为采用、并且不断发展演变的原因。当前的新古典主义建筑作品超越了“欧陆风”的生硬与“现代简约”的粗糙，设计更趋精细，品位更加典雅细腻。

（四）新中式建筑风格

中国传统的建筑主张“天人合一、浑然一体”，居住讲究“静”和“净”，环境的平和与建筑的含蓄。新中式建筑总体而言可以归纳为两大派系，北方的合院派和南方的园林派。

北方的合院派建筑在外观上采用北京四合院的灰色坡屋顶、筒子瓦及一定高度的墙院围合方式；材质上多选用地域色彩浓厚的灰砖，形成雄浑、宏大的气势；空间结构上则是尽可能多地设计庭院空间，以追求四合院的全包围形式。南方园林派则以其“天人合一”的造园理念、精致的景观和空间处理手法独步天下。该派建筑多以苏州园林为主要传承对象，亭、台、楼、阁、轩等也多仿造苏州园林样式。景观营造手法借鉴园林中常见的景观处理方法。白墙青瓦、高大的马头墙、飞檐是建筑中的突出特点。整体建筑形象可用“粉墙黛瓦”来形容。

（五）现代主义建筑风格

现代主义建筑，以简洁的造型和线条塑造鲜明的建筑表情。通过高耸的建筑外立面和带有强烈金属质感的建筑材料堆积出居住者的炫富感，以国际流行的色调和非对称性的手法，彰显都市感和现代感。竖线条的色彩分割和纯粹抽象的集合风格，凝练硬朗，营造挺拔的社区形象。波浪形态的建筑布局高低跌宕，简单轻松，舒适自然。强调时代感是它最大的特点。形式各异的建筑风格和丰富多彩的园林艺术相结合，合理地运用在楼盘的规划设计中，成就了一个个迥异的地方风格，为一个城市的“表情”作出了巨大的贡献，为都市增添了一道道美丽的风景线。

四、建筑美学及其鉴赏

建筑美的起源可以追溯到最古老的原始年代，建筑作为“最早诞生的艺术”，在人类自主意识的驱使下产生了。在满足了作为蔽护场所的坚固、实用、遮风避雨的原发性需要的前提下，技术的不断发展和人类思维能力的迅速提高使人们对建筑提出了“美观”的需求。建筑美是通过生活环境形式的合规律性和合目的性所对象化了的本质力量；是在生活环境的感性形式中自由显现人的本质力量所体验到的肯定性情感；是生活环境的合规律与合目的相统一的自由形式。

建筑美的鉴赏与其他形式的艺术鉴赏有所不同，因为建筑艺术主要靠品鉴、思索、联想、悬念来认识它的审美内容。而这种认识的深浅，一般取决于鉴赏者文化素养的高低。只有具备了较高的文化素养和专业水平，才有可能深刻地领会建筑美。与此同时，鉴赏者要能全面感受建筑美，还必须置身于建筑之中，只有这样才能通过对建筑物的不同角度、不同距离、静态和动态的鉴赏，充分领略其全貌，准确把握真正的建筑艺术美。为此鉴赏者不仅要借助于多种艺术素养来加深对建筑的理解，而且还要具有空间和时间的相互转化能力，敏锐的空间艺术尺度感和时间艺术共鸣感。

【知识链接 10–2】

建筑的三要素

公元前 1 世纪罗马奥古斯都时代，伟大的建筑师维特鲁威撰写了著名的《建筑十书》。维特鲁威在该书中首先提出了建筑必须遵循“坚固、适用、美观”三要素原则的著名论断。这部著作不仅是全世界保留到今天的唯一最完整的西方古典建筑典籍，也是对后世建筑科学领域具有重大价值的著作，对建筑创作有着深远影响。全书体系相当完备，分为十卷：第一卷，建筑师的教育，城市规划与建筑设计的基本原理；第二卷，建筑材料；第三、四卷，庙宇和柱式；第五卷，其他公共建筑物；第六卷，住宅；第七卷，室内装修及壁画；第八卷，供水工程；第九卷，天文学，日晷和水钟；第十卷，机械学和各种机械。

（朱德本，朱琦. 建筑初步新教程[M]. 上海：同济大学出版社，2006：5.）

第二节　中国古典建筑审美思想

中国古典建筑美学是指 19 世纪以前的中国建筑审美思想。中国是世界文明古国之一，古代中国建筑和古代埃及建筑、古代西亚建筑、古代印度建筑、古代爱琴海建筑、古代美洲建筑，并列为世界古老建筑的六大组成。中国古代建筑的主体——木构架建筑体系，在汉代已经基本形成，到唐代达到成熟阶段，在世界建筑史上，是一支历史悠久、体系独特、分布地域辽阔、遗产十分丰富，并且延绵不断，一直持续发展，并完整地经历了古代全过程的重要建筑体系。

一、历史发展

中国是一个地域辽阔、历史悠久的多民族国家。各地区的地质、地貌、气候、水文条件变化很大，各民族的历史背景、文化传统、生活习惯各有不同，因而形成各具特色的建筑风格。

商代传统的木构架形式已经初步形成。秦汉时期已经有了完整的廊院和楼阁，建筑形式已具备了屋顶、屋身、台基三部分。魏晋南北朝时期，佛教建筑得到很大的发展。唐代是我国古代建筑发展的成熟时期。辽、元、金基本上保持了唐代的传统。宋代建筑风格发生了很大的变化，并且在这一时期，总结制定了《营造法式》。明清时期又一次形成了我国古代建筑的高潮，清工部颁布了《工程做法则例》。

二、建筑类型

中国古代最早出现的建筑是先民们为谋求基本生存空间而构筑的穴居和巢居。其后产生了供集体活动使用的大房子，进而又有了为氏族祭祀而设立的祭坛和神庙。随着社会生活的日益复杂，建筑类型越来越丰富。

居住建筑 各地区、各民族、各阶层的城市与乡村住宅，在所有建筑中占的数量最多。

政权建筑及其附属设施 帝王宫殿、中央政府各部门及府县衙署、贡院、驿站、公馆、军营等。

礼制建筑 以天地、鬼神为崇拜核心而设立的祭祀性建筑。包括以天神为首的坛殿，如天坛、日月星辰坛等；以地神为首的坛庙，如地坛、社稷坛、先农坛以及各种山川神庙；以祖先为核心的建筑，如太庙、祠堂、帝王品官的陵墓以及各种圣贤庙，如孔庙等。

宗教建筑 佛教寺院、道教宫观、基督教教堂等。

商业与手工业建筑 商铺、会馆（商贾集会场所）、旅店、酒楼、作坊等。

教育、文化、娱乐建筑 官办学校有国子监、府县儒家、医学、阴阳学，私学则有各地的书院；观象台供观测天文、气象之用；此外有藏书楼（皇家藏书楼如文渊阁，私人藏书楼如天一阁）、文会馆、戏台等。

园林建筑 皇家园林、衙署园囿、寺庙园林、私家园林以及风景区的楼、馆、亭、台类建筑。

市政建筑 鼓楼、钟楼、望火楼、路亭、桥梁以及官办慈善机构如惠民药局、养济院等。

防御建筑　城垣、城楼（门楼、箭楼、角楼）、窝铺（设置城墙上供军士值夜使用）、墩台等。

三、审美特征

（一）宗法礼制

中华的农业文明带来的实用理性成为中国传统民族精神，从而也构成了中国建筑的美学精神。“礼”集中体现在“伦理”，是规定天人关系、人伦关系、统治秩序的法规，它带有强制化、规范化、普遍化、世俗化的特点，渗透到中国古代社会生活的各领域，同时也制约到建筑活动的各方面。如果说西方古典建筑体系是以宗教建筑为主导，那么中国古典建筑体系可以突出的说以礼制建筑为主导。

中国古代建筑类型中礼制建筑不仅类别多、数量大，而且摆在突出的地位。在前文建筑类型中介绍了礼制建筑的几大类别。其中有独立的礼制性建筑类型，如坛、庙、明堂、祠堂、陵墓等建筑；有特定建筑中的礼制性建筑组成部分，如宫殿组群中的“朝”和邸宅组群中的“堂”，也有礼制建筑小品，如阙、华表、牌坊等。在清工部《工程做法》一书中，将“坛庙”列于“宫殿”之前，就明确反映出坛庙的地位是摆在建筑活动首位的，体现了皇权的威严。崇敬祖先、提倡孝道、祭祀土地神和粮食神，是中国古时礼制思想的重要内容。宫殿建筑为了体现这种思想，建立了左祖右社的体制。所谓左祖，是在宫殿左前方建筑祖庙（皇帝的祖庙称太庙）以祭祀祖先；所谓右社，是在宫殿右前方建筑社稷坛，以祭祀土地（社）神和粮食（稷）神。

【知识链接 10–3】

礼制建筑

明堂辟雍，是一座建筑两种含义的名称，它是中国古代最高等级的皇家礼制建筑之一。明堂指天子召见诸侯的礼仪场所，也兼有奉祭祖先的功能。明堂外水，曰“辟雍”。辟雍即明堂外面环绕的圆形水沟，环水为雍(意为圆满无缺)，圆形像辟（辟即壁，皇帝专用的玉制礼器），象征王道教化圆满不绝。

阙，一般指皇宫门前两边的望楼，或墓道外的石牌坊，标示着建筑组群的等级和强化威仪之用。著名的是四川雅安东汉益州太守高颐墓阙。是全国现存地面保存最完整、最精美的石阙。

华表，是指上有雕刻的体现权威的大石柱。多竖于宫殿、陵墓、城垣、桥梁之前。现存最精美的华表，是北京天安门前后一对汉白玉华表。华表立于须弥座之上，柱身呈八棱微圆，刻龙云萦绕，柱身上部贯云板，顶覆圆盘，盘上踞异兽曰“犼”，俗称“朝天吼”。是一种建筑化的仪仗，有效地起到表崇尊贵、强化威仪的作用。

伦理思想中“君臣父子”为中心内容的尊卑等级制，使得建筑成为标志等级的重要手段，这种情况在周代已经出现。历代王侯的都城、宗庙、宫室、门阙都有很明确的等级差别。如明清故宫，为体现皇权至上思想，一是讲求中轴线对称，中轴线上的三大殿高大华丽，轴线两侧建筑低小简单。中轴线纵长深远，用以显示帝王的尊严华贵。二是“三朝五门”的设置。三朝指大朝、内朝、外朝，五门指大明门（大清门）、天安门、端门、午门、奉天门（太和门），与三朝相对的还有太和、中和、保和三大殿，门阙森森，宫殿重重。

（二）结构审美

中国古典建筑的美是深藏在结构原则里的。中国传统建筑可以明显分为三部分，即台基、柱梁、屋顶。台基是砖石混用，柱身承托屋顶主要用木造，屋顶以瓦为主。

架构制　木构建筑由柱、梁、檩、枋等构件形成框架来承受屋面、楼面的荷载以及风力、地震力，墙并不承重，只起围蔽、分隔和稳定柱子的作用，因此民间有“墙倒屋不塌”之说。

结构构件与装饰的统一　斗拱作为中国木构架重要建筑中特有的结构构件，由方形的斗、升和矩形的拱、斜的昂组成，并逐层双向挑出，将结构在两个方向锁定，构成不变体系，并起到挑檐和缩短主梁跨度的作用。作为柱与檐之间最恰当的关节，使支出的房檐的重量渐次集中下来到垂直的立柱上面。同时成为檐下的点缀，可作为结构本身变成装饰部分的最好实例。但在宋代以后用料变小，装饰作用增强，但结构作用未丧失。

屋顶　作为中国建筑的“第五立面”，历来被视为极特异神秘的曲线。其实并没有什么超出结构原则和造作之处，同时在美观实用方面非常成功。它是由举架形成的稍有反曲的屋面。屋顶中直线和曲线的巧妙结合，形成飞檐翘角，不但有利于采光和排泄雨水，同时微微起翘的屋角（仰视屋角，角檐展开犹如鸟翅，故称“翼角”），以及硬山、悬山、歇山、庑殿、攒尖等众多屋顶形式的变化，加上灿烂夺目的琉璃瓦，使建筑物产生独特而强烈的视觉效果和艺术魅力。

【知识链接 10–4】

中国古建筑屋顶形式

庑殿顶：四面斜坡，有一条正脊和四条斜脊，屋面稍有弧度，又称四阿顶。是中国古代建筑中至高无上的屋顶形式。

歇山顶：是庑殿顶和硬山顶的结合，即四面斜坡的屋面上部转折成垂直的三角形墙面。有一条正脊、四条垂脊，四条依脊组成，所以又称九脊顶。在规格上仅次于庑殿顶。

悬山顶：屋面双坡，两侧伸出山墙之外。屋面上有一条正脊和四条垂脊，又称挑山顶。多用于民宅。

硬山顶：屋面双坡，两侧山墙同屋面齐平或略高于屋面。多用于民宅。

攒尖顶：平面为圆形或多边形，上为锥形的屋顶，没有正脊，有若干屋脊交于上端。一般亭、阁、塔常用此式屋顶。园林建筑中亭、阁是最普遍的屋顶形式。

卷棚顶：屋面双坡，没有明显的正脊，即前后坡相接处不用脊而砌成弧形曲面。卷棚顶形式活泼美观，一般用于园林的亭台、廊榭及小型建筑上。

见图 18。

（三）庭院组合

以木构架为主体结构的中国建筑体系，单栋建筑体量不宜做得过于高大，一般建筑组群都由若干栋单体建筑组成。因此与西方古典砖石结构体系的大体量集中型建筑相比，中国古代建筑以群体组合见长。宫殿、陵墓、坛庙、衙署、邸宅、佛寺、道观等都是众多单体建筑组合起来的建筑群，其中特别擅长于运用院落的组合手法来达到各类建筑的不同使用要求和精神目标。人们对所在建筑群的生活体验和艺术感受只有进入到各个院落才能真正得到。庭院是中国古代建筑群体布局的灵魂。

庭院是由屋宇、围墙、走廊围合而成的内向型的封闭空间，它能营造出宁静、安全、洁净的生活环境。清代文人郑板桥曾描述过这样一个小庭院："十笏斋，一方天井，修竹数竿，石笙数尺，其他无多，其费亦无多也。……而吾辈欲游名山在川，又一时不得即往，何如一室小景有情有味，历久弥新乎，又一画，构此境，何难敛之退藏于密，亦复放之可弥六合也。"这正是"不出户、知天下"的写照。庭院在这里已成为居者心灵动荡收放和名山大川灵气吐纳的交聚点，于是审美主体——居者便由对院本身的客观观赏，进入到"自然"的观赏，其结果便是郑板桥所感受到的，一切万象纷纭的节奏从里面出来，从而获得意义。

庭院的围合方式大致有三种：一是在主房与院门之间用墙围合；二是主房与院门之间用廊围合，通常称之为“廊院”；三是主房前两侧东（“门屋”或“倒座”），则称“四合院”。在园林中，也常用庭院来组成小景区，这种庭院形状与围合方式可设计得非常自由、灵活。

规模较大的建筑群体则由若干个院子组成，一般有显著的中轴线。沿着轴线，可以对称或不对称地布置一连串形状与大小不同的庭院和建筑物，烘托出不同的环境氛围，使人们在经受了这些庭院和建筑物的空间艺术感受后，最终达到某种预期的精神境界——或崇敬、或肃穆、或幽静，这是古代建筑群体组合所特有的艺术手法。

（四）装饰审美

中国古建筑十分讲究装饰。其装饰也是从木结构的实际情况出发的。中国古建筑的装饰，主要指建筑物自身外部和内部的装饰，诸如雕梁画栋、壁画图案、匾额楹联、鎏金屋顶、动物屋脊。几乎凡可雕可画之处，无不以雕塑和绘画美化之。色彩运用也是中国古代建筑的显著特征之一，与世界其他国家不同，如古代希腊建筑的色彩呈现一种洁净风格；欧洲哥特式建筑色彩又过于沉重；日本古代建筑虽与中国比较接近，但色彩过于简素。中国古代建筑用色强烈、图案丰富、使用色彩部位多、面积大，但彼此间又十分和谐统一。如宫殿庙宇中用黄色琉璃瓦顶，朱红色屋身，屋檐下阴影中用蓝绿色略加点金，再配衬白色石台基，各部分轮廓鲜明，建筑物更显得富丽堂皇。

彩画是中国古代建筑装饰中的一个重要部分。彩画主要是宫殿和寺庙的装饰艺术，但是有些富户民宅也有彩画。彩画按等级高低，分为和玺彩画、旋子彩画、苏式彩画。彩画由以实用性为主，发展到以审美性为主。木结构需要用油漆之类防潮、防腐、防蛀，于是人们便在木结构上涂以油漆。在实践过程中，人们逐渐发现用油彩之类在木结构上作画，既可以起到防潮、防腐、防蛀的作用，又能获得显著的审美效应，于是便大兴彩画。宋代以后，彩画已成为宫殿不可缺少的装饰艺术。

【知识链接 10–5】

彩画的分类

清代彩画的造型与分类主要表现在梁、枋上。常用的有和玺、旋子、苏式三大类。和玺彩画是最高级的，一般用于主要宫殿寺庙。画面由龙或凤组成，补以花卉图案，画面两边框住，画面沥粉贴金，金碧辉煌；旋子彩画在等级上仅次于和玺彩画，应用范围广，如一般的宫殿寺庙。画面为简化形式的涡卷瓣旋花，有的也画龙凤，两边框住，有的还贴金粉；苏式彩画一般用于住宅、园林中。画面为山水、历史人物故事、花鸟鱼虫等。

中国古建筑除了自身内外的装饰之外，还重视符合木结构特点的室内外装饰。其室内装饰，诸如设置锦绣屏风、玉雕屏风、红木家具、名人字画、文物古玩，使之与木结构房屋室内结构、色彩一致，造成一种古色古香的气氛。其外部装饰，诸如设置假山叠石、荷池小桥、古木修竹、华表石狮，使木结构房屋摆脱孤立状态，共同形成典雅的环境。

从以上分析不难看出，中国木结构古建筑是一座座集艺术美和科学美于一身的，能给人以雄伟、威严、华贵、力度、古朴、神秘乃至崇高审美感的艺术之宫。

第三节　西方古典建筑审美思想

西方古典建筑在建筑学界中具有一种指向性泛称，主要指从古希腊、古罗马，经历意大利文艺复兴，直到19世纪中叶现代主义建筑产生之前的这一段历史时期，以欧洲大陆为主的建筑发展历程的建筑美学思想。

一、历史建筑发展

古希腊和古罗马的建筑文明，是西方古典建筑发展史上的第一个高潮，也成为西方建筑整个发展历史的精髓，因为此后产生的每种建筑风格，都与之存在着一定的联系。而在此基础上形成的一整套西方古典建筑规则，以及围绕对这个规则的遵从与突破，继承与发展，形成不同时期的特色。

（一）古希腊

位于欧洲西部爱琴海和地中海沿岸，是欧洲文化的摇篮，当地气候温和，适合户外运动，社会崇尚泛神论，手工业、商业发达，地质材料盛产大理石、陶土，古希腊的民族自由体制，造就了光辉的希腊建筑文化。雅典卫城是古希腊建筑文化的典型代表。希腊建筑崇尚人体美，讲究严谨庄重的数理逻辑关系。尤其是三种柱式的造型对后期建筑艺术的影响最为深远。一种是代表男性美的多立克柱式，粗壮刚劲；第二种是代表女性美的爱奥尼克柱式，修长俊美，柱头有涡卷纹饰，下有柱础有亭亭玉立之感；第三种是科林斯柱式，柱头多用植物叶片花纹装饰，代表丰收的喜悦。

（二）古罗马

古罗马建筑是古希腊建筑的继承与发展，由于生产力与科技发展，罗马的建筑类型丰富，创造了宫殿、角斗场、剧场、公共浴场、凯旋门等大量的公共建筑，并初步建立了科学的结构理论，最辉煌的成就是创造了拱券结构的建筑形式。由于罗马地处火山多发地区，罗马人用大量火山灰加上石灰形成柱式，此外还发展出了塔斯干柱式和混合柱式。

（三）欧洲中世纪

封建分裂状态与教会的统治，对欧洲中世纪的建筑发展产生了深深的影响。宗教建筑成为唯一的纪念性建筑，成了建筑成就的最高代表。其中哥特式建筑风格算是世界建筑历史的一个飞跃，其结构技术与艺术形象达到了高度的统一。12 世纪开始，法国人在罗马式拱券的基础上改用矢状券的框架结构，从而减小了侧推力；同时又在四周用独立的飞券加强抵抗主拱的侧推力，从而形成了一种轻灵通透，充满升腾感的建筑风格，人们称之为哥特式建筑。其特点是大量采用垂直线条和尖塔装饰，在外立面上采用大量的彩色玻璃玫瑰窗和高浮雕技术，有强烈的上升趋势。代表作是被雨果誉为“石头组成的交响乐”的法国巴黎圣母院。

（四）文艺复兴

源于 13 世纪的意大利，核心思想是人文主义。“文艺复兴”一词的原意是指“希腊、罗马古典文化的再生”，在建筑上表现为大型世俗建筑成为创作的主要对象，建筑师成为专门职业。很多艺术家如达芬奇、米开朗基罗等都纷纷涉足建筑领域，罗马圣彼得大教堂可谓集当时艺术与技术之大成者，其穹窿顶便是米开朗基罗等人的设计。同时建筑重视几何形体的应用，多为方形、三角形、球形等通过重组叠加创造出理想的形体，并以古典建筑构件为母体，通过建筑师的创造，形成一种具有古典气息又符合新生活要求的新颖的建筑风格。这一时期内古典建筑、古典柱式成为典范。

（五）古典主义

17 世纪的法国处于绝对君权时期，形成宫廷文化，宫廷建筑成为主要潮流，该时期形成的法国古典主义建筑成为欧洲建筑发展的又一个主流。思想上以理性哲学为基础，颂扬绝对君权体制为目的，外立面借鉴古罗马和文艺复兴手法，典型的巨柱式立面、水平三段划分、左右五段处理，内部是豪华的巴洛克装饰风格，著名的凡尔赛宫和卢浮宫东立面就是该时期典型的代表作。这一时期的建筑对欧洲建筑产生了深远的影响。

二、审美特征

（一）宗教特征

意大利的米兰大教堂从15世纪文艺复兴一直盖到1966年，并且按照原来的设计图纸前后共计盖了五百多年，这在“淡于宗教、浓于伦理”的中国人看来是难以想象的。中国是一个宗教的入世观念、功利色彩比较浓厚的国家，从最早的“舍宅为寺”可以看出，宗教建筑与其他建筑在形式上没有区别。而宗教在西方古代社会中具有极其重要的地位，神庙、教堂等宗教建筑往往是国家建筑艺术最高成就的代表，即使崇尚泛神论的古希腊也不例外。相对中国带有“入世”思想的木构架建筑体系，西方主要采用石结构。虽不利于建造，但这种有利于保存的特点正好满足宗教建筑唯求永恒，不求急用的美学价值理念。西方人认为建筑神庙并不是为给有限的肉体提供一个舒适的寓所，而是为了给无限的神灵寻找一个栖息的圣地。因此他们不惜花费一代甚至几代人的努力来建造一座宗教建筑。基于西方人这种浓厚的宗教信仰，我们可以理解中世纪建筑哥特风格的基督教堂歌颂的是崇高美、灵魂美、宗教美、最终极的美。以高耸的尖塔，超人的尺度，反映了西方人征服自然、向往天国的文化观念；直刺苍穹的尖顶，也表现了人们崇拜上帝的宗教热忱和对尘世幸福的渴望。

（二）雕塑审美

西方建筑尤其是欧洲建筑，与中国古建筑的结构之美相比，更追崇雕塑般的建筑美。从古希腊到古罗马的文化传统里，雕塑艺术是一股重要的文化力量。一方面是在建筑环境里，欧洲的人体雕塑艺术历来就顽强地成为建筑文化的美的装饰；另一方面，雕塑艺术的美的观念与方法，对建筑的结构与建造，具有巨大而潜移默化的影响。尤其是欧洲建筑经过巴洛克文化与洛可可文化的伟大洗礼，以营造手段使建筑具有雕塑般的美。古代伟大的建筑师，在欧洲往往是伟大的雕塑家或是雕塑艺术的推崇者。文艺复兴时期的文化巨人米开朗基罗，不仅是一位伟大的雕塑大师，也是伟大的建筑师，他曾经主持设计过圣彼得大教堂。陈志华先生在《外国建筑史》中指出：“米开朗基罗倾向于把建筑当雕刻看待。爱用深深的壁龛，突出很多的线脚和小山花，贴墙作四分之三圆柱或半圆柱。喜好雄伟的巨柱式，多用圆雕作装饰，强调的是体积感。”因此雕塑感是欧洲古典建筑的巨大美感。

（三）广场空间

如果说庭院艺术是中国古建筑群体组合的特点的话，广场就是西方古典建筑最重要、最具特色的外部空间。在西方，广场出现很早。早在古罗马时代，广场作为一种建筑样式，与城市一起成长、成熟，它是城市政治、经济与文化交往的中心。古罗马共和时期的罗曼努姆广场以及此后所营造的凯撒广场与奥古斯都广场、图拉镇广场都是罗马城最精彩的建筑乐章之一。广场为人们提供了一个交往的场所，以其没有屋顶、空敞与开放的态势，成为一座城市底蕴的存在。西方人习惯于在广场上约会亲友，所以作为欧洲城市建筑的一个标志，广场也叫做露天的客厅。不同于中国“宁静、封闭” 的庭院空间，它体现了西方人热衷于外交的全民性。广场是由几个不同功能的建筑物围合并分享的外部空间，主体建筑大多是教堂，有的是市政府或议会大厅。如意大利文艺复兴时期的威尼斯圣马可广场（图 19），周围是著名的建筑，北侧的市政大厦、东端的拜占庭风格的圣马可教堂，还有哥特式风格的总督府与圣马可图书馆等，共同奏出美妙的建筑乐章。这个广场与城市交通无关，只是人们休闲、集会的场所。因此圣马可广场被拿破仑誉为“欧洲最美的客厅”。

第四节　近现代建筑审美思想

一、中国近现代建筑美学思想

中国近现代建筑美学思想是指19世纪中叶以后，中国建筑中关于审美问题的思想。1840年鸦片战争以后，为适应新功能、新技术而出现的大量新形式建筑，使得传统的审美观念发生了根本动摇；但传统的建筑形式和审美趣味仍有强大力量，这些都直接影响到近现代建筑的创作。

（一）两种倾向

其一是全盘否定传统，认为新功能、新技术必然出现新形式。传统建筑形式已无法满足这些新要求，传统艺术必然消亡；而西方建筑则已经有了满足这些新要求的定型和成熟的模式，应该直接搬用西方形式。同时，近代反封建的浪潮导致了反传统意识，因而导致了否定传统建筑艺术和相应的美学思想。

其二是继承和发扬传统，认为传统建筑艺术是中国的国粹，是一种民族文化，应该加以继承发扬。主要观点是：官式宫殿建筑是古代建筑的精华，在新建筑中（主要指大型公共建筑）要突出它的形象，特别是要突出大屋顶、斗拱、彩画等；各地区的民间建筑最能反映民族创作的活力，其形式最有审美价值，因此力求在建筑中体现地方特色；应当继承传统建筑的内在精神，即“软继承”。不能硬搬过时的古代形式，要求新建筑与古建筑神似而不能形似。

（二）现代思想

20 世纪 80 年代中国建筑模式有了长足的发展，促进了建筑从传统到现代的历史转型。中国建筑开始与世界接轨，传统文化的积淀以及国门开放所带来的冲击，使我国建筑美学经历了前所未有的震动。西方现代建筑美学思想与中国建筑实践相结合，产生了具有中国特色的现代建筑，中国的建筑发展走入了鼎盛时期。

二、西方近现代建筑美学思想

西方近现代建筑美学思想，是指 19 世纪中叶以后欧美等发达国家新建筑的美学倾向。西方近现代建筑的出现，与西方资本主义的发展有着密切的联系。西方现代建筑走向成熟并建立自己的美学思想体系，主要归功于建筑学家的努力。主要观点有以下五点。

（一）芝加哥学派

积极采用新技术、新材料，在建筑艺术上大胆创新，使建筑形式从沉重的古典样式中解放出来，产生很多形象简洁明快的高层建筑。如宽阔的芝加哥窗明亮大方，合理实用，富于新时代气息的美。

（二）净化倾向

随着新艺术思潮和流派的不断涌现，造型艺术中几何抽象主义的美学倾向逐渐流行起来；建筑艺术开始出现净化倾向，成为西方现代建筑的超前作品。

（三）高技派

20 世纪 60 年代以后追求技术美的倾向，形成了高技派。以结构的逻辑作为创作构思的基础，暴露结构，追求结构形式的韵律美和力度美；袒露功能、设备，追求功能美与技术美。

（四）表现主义

表现主义的美学倾向在西方众多建筑流派中相当普遍，其美学兴趣集中在对建筑形态的创新上，经常用隐喻和象征的手法，设计一鸣惊人的作品。

（五）多元创作

建筑思潮的个性化发展，导致建筑创作的多元状态，诸如时间因素、环境观念、文化意识，都成了建筑美学追求中的新角度。

三、当代建筑美学思想

当今世界经济迅猛发展，新技术核心需求不断出现，而建筑的意义并不简单依赖于实体，也就是建筑本身，而是与接受这个主体意识密切相关，因此建筑的意义会随着时间地域的变化以及接受者的个体差异，而处于不断变化的过程中，建筑美学的内涵也随之发生了变化。总体来说，当代建筑美学大体呈现以下三种趋向。

（一）标志性

现代主义美学渐渐衰退之后的建筑舞台上，相继出现了各种新的建筑美学观念和流派，如后现代主义、新现代主义、新理性主义、解构主义等。当代建筑领域已由现代主义独霸天下的单一美学观发展为多元共生的美学观。许多建筑师都以各种打破现代主义审美法则的新颖的建筑形式向现代主义建筑挑战。与此同时，许多投资商试图让自己投资的建筑异于其他，而更加促使建筑师将“标志性”作为重要建筑和大型公共建筑设计所追求的目标。国外建筑师在中国设计了许多标志性建筑，其中以国家大剧院（图 20）、中央电视台总部大楼（CCTV）等建筑最引人注目。

（二）本土化

自从现代主义建筑大潮出现以来，世界各地的建筑形象出现明显的趋同化倾向。现代主义建筑强调功能为先，提倡简练的处理手法和纯净的形体，反对附加装饰，并强调建筑的标准化和批量化生产。现代主义变得呆板、冷漠，整个城市成为高速运转的机器。针对这样的情况，很多建筑师力图改变世界各个角落都被冷漠的现代建筑师统治的局面，继承和发展当地传统文化。印度建筑师查尔斯·柯利亚就是其中的重要代表，他继承和发扬了印度的本土精神，从当地的建筑文化中寻找创作源泉，强调开敞空间在建筑环境中的气候调节作用和建筑空间构成中的主导地位。

（三）生态化

现代大工业生产和城市的盲目开发建设加剧了人类生存环境的恶化。同时对地下资源、水资源、森林资源的过渡地开采和破坏更使生态环境的恶化不断加剧。人们越来越关注生态环境的变化，将生存环境质量的优劣作为评判一个城市、地区乃至建筑的标准。随之而来的可持续发展观和生态观也成为当代建筑设计和城区规划中必不可少的考虑因素。生态化建筑的代表人物是马来西亚的建筑师杨经文，他对热带城市建筑可持续性的研究和成果真正反映出当代建筑师的理性思考。当然，我国最近几年来对建筑节能及可持续发展也非常重视，相继出台了很多建筑节能的设计标准和绿色建筑的评价设计标准，许多建筑师也对一些作品进行了生态化和可持续方面的积极探索。

第五节　建筑美的赏析

一、中国古典建筑实例赏析——明清故宫

（一）总体介绍

故宫位于北京市中心，旧称紫禁城。从永乐十八年（1420 年）建成到 1911 年清帝逊位的约五百年间，历经了明清两个朝代 24 位皇帝，是明清两朝最高权力中心的代表。建筑群南北长 961 米，东西宽 753 米，面积约为 725 000 平方米。作为无与伦比的古代建筑杰作，是世界现存最大、最完整的木质结构的古建筑群。

（二）审美赏析

宗法体制

故宫严格地按《周礼·考工记》中“前朝后寝，左祖右社”的帝都营建原则建造。整个故宫，在建筑布置上一砖一瓦都在表现着皇权至上，用形体变化、高低起伏的手法，组合成一个整体。宫殿是沿着一条南北向中轴线排列，三大殿、后三宫、御花园都位于这条中轴线上。并向两旁展开，南北取直，左右对称。这条中轴线不仅贯穿在紫禁城内，而且南达永定门，北到鼓楼、钟楼，贯穿了整个城市，气魄宏伟，规划严整，极为壮观。

外朝内廷

故宫的建筑依据其布局与功用分为“外朝”与“内廷”两大部分。以乾清门为界，乾清门以南为外朝，以北为内廷。建筑气氛迥然不同。外朝以太和殿、中和殿、保和殿三大殿为中心，是封建皇帝行使权力、举行盛典的地方。因此建筑形象严肃、庄严、壮丽、雄伟，以象征皇帝的至高无上。如三大殿中的“太和殿”俗称“金銮殿”，是皇帝举行朝会的地方，太和殿高 35.05 米，东西宽 63 米，南北宽 35 米，面积 2 377.00 平方米。长宽之比为 9:5，寓意为九五之尊。面积是紫禁城诸殿中最大的一座，而且形制也是最高规格，最富丽堂皇的建筑；内廷以乾清宫、交泰殿、坤宁宫后三宫为中心，两翼为养心殿、东六宫、西六宫、斋宫、毓庆宫，后有御花园，是封建帝王与后妃居住之所。因此建筑多是

自成院落，有花园、书斋、馆榭、山石等，富有生活气息。

屋顶式样

故宫建筑中，不同形式的屋顶就有10种以上。以外朝三大殿为例，屋顶各不相同。太和殿为黄琉璃瓦重檐庑殿式屋顶，檐角有10个走兽（分别为龙、凤、狮子、天马、海马、狻猊、押鱼、獬豸、斗牛、行什），象征封建王朝宫殿等级最高的形式。中和殿是黄琉璃瓦单檐四角攒尖顶，正中有鎏金宝顶。保和殿为黄琉璃瓦重檐歇山式屋顶，是科举考试举行殿试的地方，等级仅次于重檐庑殿顶。

二、西方古典建筑实例赏析——雅典卫城

（一）总体介绍

希腊雅典卫城作为希腊最杰出的古建筑群，修建于公元前5世纪，雅典卫城，顾名思义是当做城邦守护雅典娜的圣地来建设的，同时也是宗教政治的中心地以繁荣雅典。古罗马历史学家普鲁塔克写到卫城建设时说："大厦巍然耸立，宏伟卓越，轮廓秀丽，无与伦比。"雅典卫城达到了古希腊圣地建筑群、庙宇、柱式和雕刻的最高水平。现存的主要建筑有山门、帕特农神庙、伊瑞克提翁神庙、胜利神庙等。这些古建筑无可非议地堪称人类遗产和建筑精品，在建筑学史上具有重要地位，集中体现了希腊艺术的精神，即高贵的纯朴和壮穆的宏伟。

（二）审美赏析

卫城在西方建筑史中被誉为建筑群体组合艺术中的一个极为成功的实例，特别是在巧妙地利用地形方面更为杰出。整体建筑群布局自由，高低错落，主次分明。建筑群根据动态观赏条件布局，主要建筑物贴近西、北、南三个边沿。人们在祭祀游行的路程中，能够看到优美的建筑景观，建筑物与雕刻交替成为画面的中心。主要建筑是膜拜雅典娜的帕提农神庙，无论是身处其间或是从城下仰望，都可看到较完整的、丰富的建筑艺术形象。帕提农神庙位于卫城最高点，体量最大，造型最庄重，雕刻最丰富，其他建筑则处于陪衬地位。建筑群的布局体现了对立统一的构图原则。

三、近代建筑实例赏析——海口骑楼老街

（一）总体介绍

有近百年历史的充满南洋建筑风情的海口骑楼老街，是海口市一处最具特色的街道景观。作为国内现今保留规模最大，保存基本完好的骑楼建筑，海口骑楼老街2009年成功入选首届十大"中国历史文化名街"，海口骑楼主要分布

于海口市得胜沙路、中山路、博爱路、新华路、解放路、长堤路等老街区。骑楼老街覆盖面积约 2 平方千米，总长 4.4 千米，共有大大小小三四层高的骑楼建筑近 600 栋。骑楼作为海口主要的物质文化遗产，具有文物、经济和审美价值。

（二）审美赏析

骑楼建筑的功能结构是前店后居式，或者是楼下店铺楼上住人式，一直沿用至今。海口骑楼街区的发展，其历史最早可以追溯到南宋时期，随着海口海上贸易与航运的发展，活跃于东南亚与大陆沿海区域的华侨将南洋的建筑风格和样式带到海口，形成了海口近代骑楼老街欧亚混合的城市风貌。这些骑楼建筑风格具有浓郁的中西合璧、多元化的特色，门窗、装饰、街道的尺度适宜，柱廊、敞廊、尖顶、雕花门窗和百叶窗，在南洋风格之中都融入了欧洲建筑元素，还保留了中国传统文化的印迹。骑楼的建筑风格多姿多彩，骑楼的窗楣、柱子、墙面造型、腰线、阳台、栏杆、雕饰等都体现了一种独特的风韵；墙体上的彩瓷花卉图案、女儿墙、骑楼、柱廊、敞廊是巴洛克风格，外墙体上浮雕的花纹有精美的百鸟朝凤、双龙戏珠、海棠花、腊梅花等中国传统雕刻艺术。至今这些建筑仍然发挥着海口市旧城老街的主要商业功能，形象地记录了海口市由无到有，发展成为一个繁荣的沿海大都市的历史，体现了海口城市位与东南亚一体的热带地方特色。

【思考题】

1．谈谈如何理解建筑艺术与其他艺术的区别。

2．在旅游活动中受关注较高的中国古建筑类型有哪些？并举例说明。

3．试比较中西古典建筑审美特征的差异。

4．中国古典建筑中的礼制建筑有哪些？

5．北京国家大剧院在兴建过程中饱受争议，试从当代建筑美学思想分析这一现象。

6．结合本章内容，对自己感兴趣的一处建筑从审美角度进行分析评价。

第十一章　旅游度假酒店景观审美塑造

【学习目标】

- 了解旅游度假酒店建筑的分类及其发展趋势
- 了解度假酒店室内设计审美要素
- 了解度假酒店景观设计审美要素

【知识要点】

- 空间色彩
- 光环境
- 陈设艺术
- 庭园设计

第一节　旅游度假酒店发展概述

一、宾馆建筑的概念及分类

宾馆建筑是人类文明史上出现较早的建筑类型。《论语》中提到的“逆旅”以及后来的“驿站”都是早期的宾馆。在我国星级酒店评定标准中，以夜为时间单位向客人提供配有餐饮及相关服务的住宿设施按不同习惯被称为宾馆、酒店、旅馆、度假村、旅社、俱乐部等，这些名字也表明旅馆业发展的历史足迹以及酒店的档次和服务类别。目前，越来越多的功能综合、设施齐全的酒店成为城市生活的组成部分。宾馆设计也成为一项专业、动态的系统工程。包括功能规划设计、风格定位、装修设计、照明设计、家具设计、陈设设计、景观设计、标志系统设计等多项内容。

近年来宾馆业发展迅速，宾馆自身按照不同客源类型和消费层次分为以下几种类型：商务型酒店、经济型酒店、旅游度假酒店、会议/会展酒店、青年旅社类酒店等。

随着中国现代化、国际化进程逐步加快和人民物质生活水平迅速提高，旅游业蓬勃发展。旅游消费成为大多数人的生活必需，并呈现新特点：阖家旅游和自驾游比重提高，周末近处度假，黄金周和其他假期远处旅游度假等。鉴于此种情况和旅游专业的考虑，本章将重点谈论旅游度假酒店的环境设计与审美。

二、度假酒店的发展趋势

旅游度假酒店与商务酒店最大的不同在于，商务酒店更关注室内设施及功能，而度假酒店更注重室外景观、人文资源，更强调高品位的享受，与大自然的和谐。因此旅游度假酒店大多建在风光秀丽的度假胜地，外部设计、园林规划、室内装修充分体现地域性。功能配置方面除了包括住宿、餐饮、会议、娱乐等常规性功能，还会充分利用当地资源，开发如温泉、冲浪、滑雪、高尔夫等丰富多彩的特色服务和设施吸引四方游客。目前世界上并没有针对度假酒店的分类标准，因此分类大多参考有关酒店的标准。如按质量等级分为1～5星级；按经营模式分公寓式酒店、分时度假酒店、产权式酒店等；按自然地域分为滨水度假酒店、山地度假酒店、生态型度假酒店等。

【知识链接11-1】

产权式酒店

产权式酒店是房地产业与酒店业、旅游业相互融合的一种新型酒店形式，通常建在旅游风景区，起源于上个世纪70年代的欧美国家，开发商将酒店的每间客房分割成独立产权出售给投资者，投资者一般不在酒店居住，而是委托酒店管理公司统一出租经营获得年度利润分红，同时获赠一定期限免费入住权。在中国最早兴起于海南。与酒店式公寓相比，产权式酒店更强调盈利性。国际产权式酒店大致有三种类型：一是时权酒店，即有约定期的使用酒店客房的权利；二是住宅型酒店，即投资者购买后可以先委托酒店经营，到一定期限转为自己长期居住的住宅；三是投资型酒店，即逐年取得约定的回报，并期待增值回收投资。

伴随着全球一体化，越来越多的国际度假酒店涌入中国，度假酒店除了满足基本需求，还需要实现客人的文化价值观和生活方式的延伸，呈现出越来越多的独特性和多元化。

（一）可持续发展

“人类只有一个地球”的生态观越来越深入人心，生态旅游已经成为国际旅游界公认的未来旅游发展方向。旅游宾馆设计中应积极提倡人为环境与自然环境的融合与共生，应重视与度假地生态环境的内在关系，重视度假地的生态承受能力，不能对当地自然环境与生态系统造成不可恢复的破坏。可持续发展还要求宾馆的设计中采用更多的生态设计，注重可再生资源的利用。

（二）尊重地域文脉

宾馆设计反映出一种文化观点，宾馆所在地的“文脉”包括地域文化、民族文化、历史文脉等，这些体现地方特色和民族风格的文化是度假宾馆设计的灵魂所在。

旅游度假酒店由于存在于某一特定的地域环境之中，应对当地的历史、文化价值表示尊重。设计师要研究酒店在环境中的地位、作用及未来发展趋势。因地制宜的采用具有地方风格、民族特点、乡土人情的设计手法。如福建武夷山庄，幔亭山房摒弃“高、大、洋”，尝试“低、散、土”，主体建筑结合地形，高低起伏，自由错落，疏密有致，具有闽北山村居屋布局的特点。山房的室内设计采用原木家具，竹制桌椅，每间房都有独特别致的风格，保持天然形态，有浓郁的乡土美，受到中外旅客一致好评。热带地区的度假酒店建筑由于所在地域气候良好，采用开敞或半开敞形式，使室内与室外融合，室内多采用自然材料，如石头、木材、草编等，很好的适应当地的气候条件，又充分体现地域文化。可以说具有民族和地域特色的设计，是度假酒店设计发展的主要方向之一。

（三）主体化、特色化趋势

度假酒店服务由原来的单一综合性逐渐趋向突出品牌和特色性。世界著名的高星级酒店品牌，如喜来登、香格里拉、四季、凯悦、希尔顿酒店等，多以豪华程度和自身品牌的连锁效应为主要卖点。像三亚喜来登度假酒店地处绵延8千米海滩的亚龙湾。

主题化、特色化是21世纪酒店发展的潮流。过去简单套用星级标准建造的酒店，已不能满足发展的需求。注重独特性、新颖性、文化性是未来酒店生存与发展的基础。同传统酒店相比，主题酒店与特色酒店注重差异性的营造，力求在酒店建设、产品设计与服务方面创新是未来发展的趋势。因为精品酒店的投资对发展商、业主来说，投资不大、管理比较容易，主要以客房为主、以设计的文化、风格、个性为主，不像大的酒店需要很多人管理、需要很多成本。比如丹枫酒店这种形式在国内会成为一种趋势，区别于大酒店的形象，精品酒店虽然没有这么大规模，但绝对是发展的方向。将来一定会出现更多的中小型酒店，它们也许只有几十个房间，但是其中必定有很多新鲜、有趣、新奇的概念，能够满足人们日益变化的好奇心和新鲜体验的需求。人们入住酒店不是为了一夜留宿而是体现愉悦的感觉，从而体现生活的潮流。

第二节 旅游度假酒店室内设计审美

一、空间色彩艺术

色彩是室内环境设计的灵魂，室内环境色彩对室内的空间感、舒适度、环境气氛、使用效率，对人的生理和心理均有很大的影响。在酒店宾馆室内设计中，色彩和光环境的设计越来越受到重视，因为色彩可以强化完美的细节，可以渲染和延伸空间，还可以触动不同人群各自特定的心理共鸣，并以其不同的象征在人的不同感受与想象中互动。

（一）色彩三要素

色相 指色彩的相貌，是彩色之间彼此相互区分的特性。如红、黄、蓝、绿等。可分为冷暖两大类色系，分别有不同的特性。如暖色系（红、橙、黄等）有温暖感、前进感、活跃感；冷色系（蓝、紫、绿等）有宁静感、收缩感、后退感。在宾馆室内设计的色彩运用中可以灵活运用此特征，如用餐空间考虑用暖色，办公商务空间考虑用冷色。

明度 指色彩的明暗程度。明度的变化可体现出色彩的层次，扩展丰富视觉空间，高明度有扩张感，低明度有收缩感。如宾馆内的共享区域的平顶、墙面及客房的平顶力求拥有明朗开阔之感，常采用高明度的色彩。宾馆内的咖啡厅、酒吧间采用低明度的色彩，体现幽静私密的氛围。贝聿铭设计的北京饭店，室内色彩设计极其成功之处在于采用灰、白色组成的无彩系，这种高度吸引人的色调，有利于突出周围环境的表现力。

纯度 指色彩的饱和程度，亦称彩度，即色彩的鲜艳程度。高彩度艳丽活跃，低彩度凝重平和，如宾馆内一些逗留时间较短的公共空间常采用高彩度的调和色，体现柔和、安宁、温馨的气氛。

（二）色彩的基本关系

所有色彩的属性都是相互关联的。除光照效果外，还由于环境色和背景色的并列效果而产生。这就需要在设计时考虑色彩在光照作用下的相互关系。酒店宾馆装修室内色彩的组合，比较具代表的有两种方式，即调和的及对比的两大类。

第一种是强调色彩的调和与共性。为达到柔和圆润的色彩效果，较多采用近似色或邻近色。设计时常选择一主色调，其他色彩精心搭配，并讲究正规，对称和有序。这是比较传统的组合方式。色彩的近似协调和对比协调在室内色彩设计中都是需要的。近似协调能给人以统一和谐的平静感觉。

第二种则是强调色彩间的对比和变化，为营造室内活跃、浓郁的气氛，较多的选用对比色或互补色。色彩间搭配随意，不讲究规范，不拘泥形式。如门窗的色彩不求对称，磁砖的色彩组合没有规则，这种方式使人联想起印象派画家马奈的一幅油画“吹笛子的少年”，主人公是个吹笛的孩子，穿着深黑上衣、大红色的裤子，背景近似平涂的蓝灰色。作品色彩对比显示强烈的反差情感，使人印象深刻。

因此在酒店空间制定色彩方案时，应认真考虑将要设定的色彩、基调及色块的分布，不仅要满足空间的应用，还应顾及酒店空间格调及其个性张扬。比如某酒店将色彩明亮的万国旗与红灯笼作为大堂共享空间的装饰吊件，于是改变了原空间的空旷感与坚硬感，使整个大堂环境变得活泼、丰富、热烈。

（三）色彩的运用

大面积的色彩，对其他室内物件起衬托作用的背景色　室内色彩应有主调，冷暖、性格、气氛都通过主调来体现。对于规模较大的建筑，主调的选择是一个决定性的步骤，应贯穿整个建筑空间，即希望通过色彩达到怎样的感受，是典雅还是华丽，安静还是活跃，纯朴还是奢华。在此基础上再考虑局部的、不同部位的适当变化。北京香山饭店为了表达如江南民居的朴素、雅静的意境，和优美的环境相协调，在色彩上采用了接近无彩色的体系为主题，不论墙面、顶棚、地面、家具、陈设，都贯彻这个色彩主调，从而给人统一的、完整的深刻感觉。

室内占有统治地位的家具为主体色　各类不同品种、规格、形式、材料的各式家具，如橱柜、梳妆台、床、桌、椅、沙发等，它们是室内陈设的主体，是表现室内风格、个性的重要因素，它们和背景色彩有着密切关系，常成为控制室内总体效果的主体色彩。

室内重点装饰和点缀的重点色　在作大部位色彩协调时，有时可以仅突出一二件陈设，即用统一顶棚、地面，墙面、家具来突出陈设，成为视觉的焦点，而予以重点装饰。如墙上的画、书橱上的书、桌上的摆设、座位上的座垫以及灯具、花卉等。它们有着不同的姿态色彩、情调和含义，和其他色彩容易协调，它对丰富空间环境，创造空间意境，加强生活气息，软化空间肌体，有着特殊的作用。

二、光环境设计

空间表现的另一重要元素——光，同样体现出酒店餐饮空间设计的档次，因为好的光环境是展示宾馆文化、风格和氛围最有力的表现手法，光环境既与设计者的理性逻辑相关联，也于不同体验者的心理感受相关联，实施合理的光环境设计和灯具的选用，不但能够帮助酒店在运营上降低成本，更能让酒店充分展现自身独特的餐饮理念与形象。

（一）光环境的基本知识

在室内光环境中，自然光和人工光对酒店空间都有着不同的影响。自然光带给人们柔和的光环境氛围，同时在节约能源方面也有一定的作用。现代宾馆为了寻求更好的开放空间，保持视线的通透性，一般多运用天然采光窗及天井，将外部景观引入室内，使室内外空间相互渗透、融合，丰富活跃空间效果。

人工光的使用具有很好的布光灵活性、投光的精确性等特点，这是自然光不能替代的。由于光色的千变万化给现代的室内环境创造出各类不同性质空间的功能，能够满足人们的视觉心理。如酒吧、舞厅强烈光色的突变和渐变。西餐厅的暗色度照明气氛及必要的室内环境调光功能，均给设计者提供了创造室内色彩环境的广阔天地。在酒店空间室内光环境的实际应用上，光的照明从活动面上的照度分布分整体照明、局部照明和混合照明等。光的照明从空间装修界面上是通过天花照明、立面照明和地面照明等来实现的。在不同功能的酒店空间灵活用不同的光影照明方式，创造良好的艺术光照氛围，达到艺术与技术的有机结合。

【知识链接 11–2】

照明方式

一般照明　不考虑局部的特殊需要，为照亮整个室内而采用的照明方式。一般照明由对称排列在顶棚上的若干灯具组成，室内可以获得较好的亮度分布和照度均匀度。如对酒店餐厅采用一般照明，即室内整体进行照明，不考虑局部照明，使就餐环境和餐桌面的照度大致均匀的照明方式。

局部照明　为满足室内某些部位的特殊需要，在一定范围内设置照明灯具的照明方式。通常将照明灯具装设在靠近工作面的上方。局部照明方式在局部范围内以较小的光源功率获得较高的照度，同时也易于调整和改变光的方向。酒店中的酒吧、咖啡厅的照明方式经常采用局部照明，通过局部的重点照明将人们的视线吸引到文化氛围和体现情调之处，从而形成视觉的趣味中心，以创造酒吧的自身个性。

混合照明　由一般照明和局部照明组成的照明方式。在一定工作区内由一般照明和局部照明的配合起作用，保证应有的视觉工作条件。这种照明方式层次感强，并形成丰富的光照空间，常用于中高档酒店的照明设计中。

（二）分功能区域的光环境设计

大堂照明　大堂空间主要有三部分的照明区域，分别是进门和前厅区域照明，服务总台照明及客人休息区照明。从大堂作为空间连续的整体考虑，进门与前厅部分是大堂的一般照明或全局照明，服务总台与客人休息区照明是局部照明。这些照明应保持色温的一致性，使大堂形成富有情趣、连续有起伏的明暗过渡，营造亲切尺度的空间。

餐饮照明　是整个酒店照明的重要组成部分。在酒店功能分区上，通常设计中餐厅、西餐厅，也有设置具有地方特色的风味餐厅。由于功能、用途上的差异，在照明设计上要分别对待。一般来说，中餐厅照度较高，营造热烈庄重、金碧辉煌的氛围。西餐厅的照明要比较适中，按照功能区域，如餐桌面和展示空间照度可以高些，而交通空间和过度空间照度可以低些。酒吧的室内环境一定要暗，追求幽暗朦胧，静谧而充满神秘感的气氛，对灯光的运用要作到“惜墨如金”，有的时候仅用烛光就可以达到它的照明要求，同时又体现了酒吧脱俗的情调。

客房空间　酒店客房应像家一样，宁静、安逸、亲切是典型基调。客房整体照度低一些，体现静谧、休息甚至懒散的特点；局部照明可以提供足够的照度，如梳妆台前照明、床头阅读照明等。卧室整体采用暖色调，给人温馨舒适感。洗手间用高色温，显示清洁和爽净。客房空间应体现出人性化的设计，营造家的氛围。

三、家具艺术

室内家具陈设是宾馆室内设计不可分隔的组成部分。它起到体现室内设计主题思想的作用。可以借助室内陈设艺术的感染力来突出建筑的性格、造成特定的空间气氛。室内陈设可以分为实用性陈设和观赏性陈设，随室内的功能和使用性质而变化。家具是陈设的构图中心，其他陈设为陪衬。一般实用性的厅室多以实用性陈设为主，观赏性陈设为辅。

（一）家具配置与摆放

家具配置 家具是宾馆房间功能的标志，是生活的主要用品，同时它又是人们欣赏和青睐的重点，是室内陈设中最重要的实用性装饰品，在室内装饰艺术中起主导作用。它的风格往往代表整个房间的装饰风格，影响着空间的气氛，决定着室内空间的应用。所以家具是室内整个装饰设计的主角，受到人们极大的关注和重视。家具配置一定要精心设计、慎重选择，妥善布置，坚持实用性与艺术性兼顾的原则。经常陈设的家具有沙发、椅、凳、几、案、橱、柜、床、榻、台、架、扶手椅、靠背椅、沙发几、茶几、餐桌、餐椅、会议椅和大班椅等。陈设用的家具有屏风、花几、陈设柜和条案等。

宾馆家具摆放 家具是室内陈设的主要角色。首先要满足适用和功能的要求，坚固、舒适、美观，以不同的质感、触感、纹理、色泽的搭配来丰富艺术效果。摆放首先要考虑人流活动路线，力求简捷、方便，不过于曲折。家具周围及家具之间应有足够空间以方便使用。其次摆放时应注意协调与门、窗、墙、柱等的关系，最好能相对集中，避免凌乱以形成有机整体。陈设有靠堵与临空两种。家具尺寸取决于人体的尺寸，同时与室内空间的大小和气氛有关。一般的厅室家具陈设可以分为对称的和不对称的、分散的和集中的多种形式。对称的家具多用于严肃场合，强调室内空间构图的主轴线，不对称的家具以均衡布局，丰富多变为宜。家具陈设的总体构图应有高低，使用空间有变化。屏风、立灯、博古架、垂挂、高花儿，可以用来辅助空间构图。家具布置和装饰织物结合，窗帘帷幔施以绿化点缀，可使室内活泼自如。家具和家具之间、家具和墙面之间，应有合理的尺寸，以便于活动和维护。

（二）家具风格

家具具有一定的地域性、民族性、历史性，不同的地理条件、生活习俗、文化传统会产生不同风格的家具。同时家具又具有很强的时代性，会随着时代发展呈现出丰富的表现形式。如西洋古典的和现代的家具，中国古典的和现代的家具，还有国外的不同特色的家具风格和式样。不论什么风格和式样，均应和室内陈设统成一体。如今较流行的风格有以下四种。

传统风格 分为东方和西方传统风格。东方风格源于古代中国和日本、印度等佛教国家；西方传统风格以欧美国家传统风格为主，形式古典华丽。

现代风格 家具配置极具现代气息，豪华富丽、造型奇特，大量使用钢、铝型材。

田园风格 具有质朴、含蓄、简洁的自然田园风格，不经人工雕凿，显示出原始的纹理及色彩。它以松木、牛皮、粗棉织物、藤等为主要材料，是现代宾馆十分钟爱的风格之一。

地中海风格 家具简洁明快、洒脱大方，大量采用白、蓝冷色调，常设于地中海风格的宾馆中。

（三）家具材料

随着科学技术的发展，宾馆家具材料的运用更加丰富，为人们的选择提供了更为广阔的空间。常见的家具按照材料分为以下四种。

木质家具 常用木材有榆木、椴木、水曲柳木、松木、杉木等，高级材料有实木或由实木与各种木质复合材料（如刨花板、纤维板、胶合板等）所构成的，如楠木、花梨木、紫檀木。用此材料制作家具，造型丰富多样，木质纹理优美自然，有很好的弹性和透气性，给人以亲切感。

竹材、藤材 竹材富有弹性和韧性，是家具市场较广泛的使用材料之一。藤材饱含水分时柔软，便于缠绕编制；干燥后坚韧有力，因此经久耐用、使用舒适。

塑料 是一种新型材料，主要是合成树脂，同钢、铝相比，具有重量轻、强度高的特点。工艺上成型简便，色彩丰富。但高温高压下会变形、变色。

金属材料 金属常与其他材料共同使用形成钢木、塑钢等复合材料家具。金属材料特点是易于生产、工艺简单，强度高、造型轻巧新颖。

四、陈设艺术

陈设艺术是创造艺术氛围的语言，作为旅游星级酒店，陈设布置以家具为主、装饰织物为辅，精致的摆设及艺术挂件为点缀，可以丰富和活跃室内宅间气氛。做好陈设设计，要了解和熟悉社会生活、了解和熟悉主要使用者的活动方式与要求，了解和熟悉服务人员的服务内容与服务方式，如舞厅、中餐厅、西餐厅、多功能厅等。艺术上要精于对装饰织物、陈设物的挑选、组织和设计。通常包括地毯、窗帘、壁挂、帷幔、床单、床罩、网扣、家具面料和靠垫等。室内陈设通过它们的质感对比衬托，可以增强室内柔和的艺术气氛，并通过织物的色彩来调和室内色调。陈设艺术要求具有广泛的艺术修养和一定的艺术鉴赏力，并恰如其分地挑选和组织艺术品、工艺美术品、盆景花木、装饰器皿等的悬挂与摆设。如公共建筑或宾馆大厅、大堂、休息廊，均应用大的植物作陈设，小些的厅室可用盆景陈设，配合家具、书画一体，能创造出怡人的自然美景，这是室内设计陈设艺术不可少的。

第三节　度假酒店的景观设计审美

度假酒店为了提升空间精神价值，十分重视景观设计效果。其环境景观所占面积与投资比例要远大于城市酒店，外部环境可以看作是度假酒店与当地自然环境的过渡部分，决定度假酒店与当地环境的融合程度。

一、度假酒店的选址要素

度假酒店以接待度假休闲游客为主，多建在海滨、山川、湖泊、沙漠等自然风景区附近。远离市区，交通便利，讲究人与自然的融合，注重给予居住者一种度假的心情和情调，达到与现实生活短暂的隔离。

（一）山地型

山地度假酒店是指那些位于山地或基地高差变化较大地区的度假酒店，其依托的景观要素通常为秀美的山川和怡人的森林环境。对地形的适应性是山地度假酒店地域性最重要的特征。建筑布局通常采用水平延伸或竖向组合两种形态：水平延伸适应于平缓的山体，其特点是建筑单体依等高线布置或成院落式布局，多采用筑台或掉层的方式来与山体呼应；竖向组合适应于崎岖的山体，其特点是建筑单体垂直于等高线布置，多采用跌落、附岩以及架空的方式来呼应山体，形成高低错落的建筑群落。如位于斯里兰卡丹布拉，由杰佛里·巴瓦设计的坎德拉玛旅馆，沿坎德拉玛山山腰缓缓展开，面对开阔缥缈的坎德拉玛湖泊，整个酒店掩映在自然的湖光山色之中。山体植被郁郁葱葱的绿色以及湖泊的深蓝紫色，给人安平宁静的感觉。

（二）滨水型

滨水型旅游酒店主要指位于海滨、湖滨，以及江边等滨水环境，以水为主要环境景观和主题的度假胜地。按照滨水区内水体的不同类型，滨水酒店可分为滨湖酒店、滨河酒店、滨海酒店和人工岛屿酒店。滨水度假酒店的设计中，所有有关滨水环境的应用都是全局设计的重点，在建筑群体布局上，一定要为建筑群争取达到水域尽可能多的视线走廊，保证已有的重要建筑物实现走廊的畅通，并使水域空间观察建筑获得层次感。三亚亚龙湾喜来登度假酒店的设计师通过打造“水天一色”的景观，将亚龙湾美丽的海景引入室内，使室内外景观融为一体，为住在酒店的游客创造了怡人的休闲空间和度假体验。

二、度假酒店的庭园设计

（一）庭园分类

度假宾馆十分重视空间室内外庭园景观的设计。按庭园在建筑中处的位置可分为前庭、内庭、侧庭等。

前庭　通常位于主体建筑的前面，一般属于公共活动和交通空间，也是一种过渡空间，对环境起衬托作用。此种庭式布置较注重与建筑物性质的协调，并具有一定的导向性和展示性。

内庭　属于主庭，一般处于宾馆建筑的核心位置，有时上下空间通透并且有顶，是较大的共享空间。内庭一般是供人们起居休闲、游观静赏和调剂室内环境之用，同时也有联系、凝聚建筑组构，延伸空间，扩大空间的作用。如广州白天鹅宾馆中庭设计（图 21），就是运用民族手法，推陈出新，有情有境的佳作。主景“故乡水”取材于民间谚语：“美不美，家乡水；亲不亲，故乡人。”读之，令人回味无穷，情趣盎然。试想海外赤子远途回归，目睹此景，“身与事接而境生，境与身接而情生”，必然会在内心中涌起眷恋故土的情思。

侧庭　属于副庭，景物不如主庭丰富，容量也相对较小，是小型庭院空间。

（二）庭园设计要素

宾馆庭园组景一般以植物、山石、水体、盆景等为素材，经过合理组织形成丰富的，具有野趣的自然景观。

绿化　“庭园无花木则无生气”，可见庭景与植栽的关系是很重要的。庭园植物千姿百态，在形、色、尺寸等方面千差万别，设计时应依据绿植自身的习性及个性特征或孤植、群植，或组合排列，合理采用露与藏、隐与显等艺术手法，体现组景的层次分明、高低有序、浓淡相宜、彼此呼应，各种手法的组合使景观丰富而自然，从而达到良好的视觉效果。

石材　石在庭园中的运用是很重要的，古云：“园可无山，不可无石。”山石有着不同的质感和特性，或厚重或轻薄，或光滑或粗糙。色彩上，有清白的湖石，黄赭的黄石等。体态上，或方正规则，或棱角分明，或浑圆或高耸。体量大小上，大到叠石成山，小到卵石细沙等。在布石时应与宾馆庭园空间的地形地貌，空间大小，意境需求等方面相协调。

水体　宾馆庭院的景观设计离不开水的运用，常以水为题，因水得景，用以模拟自然景象，如以叠石引泉，溪流绕室作山水景。水的存在形式可归纳为点、线、面。点包括泉、池、瀑布等；线包括河、溪等；面包括湖、塘等。各种不同的水的形态给人不同感受，如静态的水面给人安静、稳定感；动态的给人激情荡漾感，从而传达不同的情感，给人带来美好的精神享受。

第四节 度假酒店实例赏析

一、亲海酒店——三亚喜来登度假酒店

（一）总体介绍

三亚喜来登酒店位于风景优美的亚龙湾国家旅游度假区，紧邻美丽的亚龙湾沙滩大海，自然环境得天独厚，是一座以度假休闲为主，兼具承接大型会议功能的五星级酒店，酒店总建筑面积为 78 868 平方米，共有 500 间客房。建成后的酒店建筑风格朴素自然，度假居住空间宽松舒适。

（二）审美赏析

酒店整体设计以“融于环境，突出环境”的理念，使建筑、室内和园林三者浑然一体，建筑采用 U 形平面布局，向大海敞开。东西方向由两翼向中间逐级退台，创造了大量的露天平台，在房间里可以观赏壮观的海景、花木葱茏的热带花园、环礁湖泳池和亚龙湾高尔夫俱乐部。为了保留沙坝及其自然植被，同时使客人一进入酒店就看到宽广蔚蓝的大海，酒店的主入口和大堂设在建筑的二层，这是从大跨度雨篷开始的高达 15 米的极富特色的开敞公共空间。酒店北侧的入口区域是一片很有气势的落水池塘，逐级跌落的各层水面总长达 50 多米，创造出一种类似宫殿的辉煌气象，有关水的雕塑小品错落其间，从马路到大堂形成了环境优美的过渡区。

二、无国度酒店——马德里酒店

（一）总体介绍

位于马德里的“美利坚之门”（Puerta America）酒店称得上是一座 21 世纪设计博物馆，西班牙西尔肯酒店集团（Hotels Silken）雇佣了 19 位世界顶尖的建筑师和设计师，打造了 342 个客房，644 个车位的停车场。它属于一个没有国别色彩的“建筑师的理想国”。在 Puerta America 酒店，客人们随处都能发现最杰出的尖端设计和建筑。照明、图案、织物和材料触动了不同情绪的迸发——在圆形床上休憩的感受、家具的触觉、背光墙壁的惊喜、从天花板垂下的巨型电视屏幕或是墙上的绢网印花图案所带来的丰富表现力。

（二）审美赏析

马德里的每个房间都能让客人欣赏到各种现代风格的设计和陈设，12层楼的每一层都由不同的建筑师或设计师进行设计。法国的让·努维尔负责设计第12层和幕墙，体现了艺术与建筑的交融。幕墙上Paul Eluard的诗用各种色彩、语言和书法字体刻在饭店的立面上（图 22）。大堂的休息室和会客室由 John Pawson负责设计，他所追求的是“酒店中心的一个能够使人享受平静与安宁的空间”。普利茨克建筑奖获得者扎哈·哈迪德设计的第 1 层体现出空间流动性的特色，在扎哈·哈迪德看来，一个起伏的空间只需要一件家具。她设计的卧室是黑白相间的（图 23），浴室像是由长期的水流冲刷而打造出来的空间。生于以色列的建筑师 Ron Arad 以其丰富的表现力和想象力设计了第7层，Arad设计的房间无论是地毯、床、窗户还是皮椅都是白色的，这将浴室、书桌、衣柜及睡床融为一体，当中不设间隔，浴室不设门，优点是可以出入自如。日本建筑师矶崎新在设计第10层时为客人营造了一种简约氛围，着重表现了具有日本风格的精致、休闲的主题，房间布置宁静雅致。地板、门帘、墙体和床都是黑色的，根据玛丽莲·梦露的曲线而设计的“玛丽莲椅”也是黑色的（图24）。

【思考题】

1. 谈谈如何理解度假酒店与其他酒店建筑的区别。
2. 试分析度假酒店的发展趋势。
3. 你认为现代宾馆环境中应如何把握“光环境”？
4. 宾馆室内环境中家具配置的原则是什么？
5. 谈谈你对度假宾馆庭院景观的认识。
6. 综合运用本章内容，对自己感兴趣的一处度假酒店从设计审美角度进行分析。

第十二章　邮轮旅游审美

【学习目标】

- 了解邮轮的分类及其发展趋势
- 了解邮轮建筑室内设计审美要素
- 了解邮轮建筑外部造型审美要素

【知识要点】

- 邮轮
- 邮轮旅游
- 邮轮舱室陈设
- 邮轮外观造型

第一节　邮轮发展概述

一、邮轮的概念及分类

邮轮（cuise ship）一词，原指海上定线、定期航行的大型客运轮船（ocean liner）。由于过去的跨洋邮件一般经这种大型客轮运载，故此而得名。远洋客轮是20世纪早期出现的最令人称奇的产物之一，这些客轮外表雄伟壮观，内部设计如欧洲的豪华饭店。一战后出现了新一代的远洋客轮，其体积更大、造型更优美，重要的是速度更快，在20世纪的二三十年代，更多娱乐休闲活动的出现，吸引了许多中产阶级。20世纪五六十年代，飞机的出现使得乘坐远洋客轮的人急剧减少，邮轮公司陷入困境，因此邮轮开始从客运工具到休闲娱乐目的地的转变。

现在的邮轮是指盛行于20世纪80年代末，航行于水域并配备较为齐全的生活与娱乐设施，专门用于旅游休闲度假的豪华船舶。对游客而言，邮轮本身就是旅游的目的地，享受邮轮上的各种设施与服务是海上旅游的主要组成部分。综上所述，邮轮已由传统的邮政和交通功能，逐渐转化为以旅游、娱乐为主要内容的水上载体。1970年以前建造的经典远洋客轮主要用于越洋航行或环球之旅，呈优美的流线型造型，适合在开阔的海洋上破浪前进。这些邮轮更注重客舱的内部装修与设计，对客舱以外公共区域的规划不够。20世纪70年代，邮轮设计师们对邮轮的功能区划重新进行了调整，船身逐渐向更宽大、方正的造型发展，使得客房大小统一，并配备各种度假娱乐所需的活动设施。邮轮的规模也不断加大，一般能容纳3 000名以上的乘客，拥有16层及以上的甲板（一个甲板等于一个楼层）。

邮轮是一种特殊的水上工程建筑物，除应具有完美的功能（适用性）、合理的结构外，还要有与其功能相匹配的优美和谐的外观，即有平稳、轻快、舒适的特色，给人以亲切可信、宾至如归的感觉，从而满足游客对邮轮实用功能和审美功能的双重需要。邮轮的外形可分为水线下的形状（船型Form）和水线以上的形状（船型Type）。本章主要关注的是船型Type以及客舱内部的审美要素。

邮轮的评级最早由Berlitz年鉴开始，将每艘船评为一星到五星以上（5-star plus）的等级。Berlitz评五星船的准则主要以船的“软件”（服务规格）为基础，因此许多被评为五星的船是旧船。这些船的外表不如新一代的四星超大船（Megaship），但每个乘客占用的面积大，客房面积大而且房内设备齐全。船上的空间、服务水平以及餐食的水准共同决定船只的等级高低。五星船只的客源市场主要是社会的高层人士，这些绅士和贵妇喜欢接受最高规格的接待，喜欢安静、自由舒畅的气氛。与五星船只不同，世界三大邮轮公司主要操作的现代大众邮轮更注重经济性，热闹和丰富的节目是新一代邮轮的特色所在，这也是现在最受欢迎的邮轮。若以酒店类型作比较，五星船是精致的精品酒店（Boutique Hotel），现代大众邮轮就像是流动的高档酒店，如君悦酒店（Grand Hotel）。现代大众邮轮注重向大众旅游者提供价格合理且高品质的巡航体验（Cruising Experience）。船上的区域规划更注重公共区域，船只配备了度假酒店中常见的设施设备，旅游者有更多娱乐休闲活动的选择。客舱与典型的酒店客房相似，虽然尺寸有所缩小，然而同样具有相应的储存、洗漱、起居、睡眠以及书写空间。

二、邮轮的发展趋势

持续性的高速增长已成为邮轮旅游区别于旅游行业其他旅游类型的显著特点。这种增长的势头可以从越来越多的旅游目的地、旅游者人数以及越来越大

的邮轮本身可以看出。在过去的 10 年间，邮轮旅游保持了超过 10%的年均游客增长率，被誉为旅游行业中虽然很小却表现非常突出的组成部分。邮轮旅游是以邮轮为载体，在旅游过程中向旅游者提供各种有形设施以及无形服务，以满足旅游者需求的旅游活动。业界衡量邮轮的大小一般有两种方法。如按所能容纳游客数量，能承载 2 000 名游客（不包括船员和服务人员）以上的通常被认为是超大型邮轮；按照注册总吨位（GRT）来衡量，5 万吨以上 7 万吨以下的被称为大型邮轮，而 7 万吨以上的通常被认为是超大型邮轮。

【知识链接 12–1】

新老邮轮对比

比较项	“经典”邮轮	“现代”邮轮
外观	外观多呈流线型设计，令人怀旧	造型以肥大型为主，现代感强
面积	公共区域小，游泳池较小，游客行动不便	公共区域大（拥有较大游泳池、赌场、演出大厅以及购物区域）
速度	30 海里，更追求速度	20～25 海里，更强调悠闲稳定的旅程
材料	多用木材、铜以及其他天然材料	合成材料更为普遍
客舱	大小不一，客舱面积较大	面积更为标准化，相对较小
吃水情况	船体吃水深，在有些港口需借助交通船引渡	船体吃水浅，更易于靠岸
其他设施	窗户较小，景色遮挡多，阳台少	窗户较大，视野开阔，阳台多

（一）规格多元化

为了满足旅游者的需要，和追求经济性，现在邮轮的吨位不断加大，主要朝肥大型发展，以便避免船舶吃水出现显著增加。目前越来越多的邮轮正逐渐向 10 万吨级甚至 15 万吨级发展。数据显示，超过 2 000 张床位的大型邮轮占当今世界邮轮总量的 44%。在 2009 年下水的“海洋绿洲”号，为当今世界上最大的邮轮之一，可容纳超过 5 400 名游客，总吨位高达 22 万吨，约等于 5 艘泰坦尼克号。但仍有较多的豪华邮轮公司坚持“以小为美”，继续坚持建造 5 万吨以下的小型邮轮，以满足喜欢私密环境，更愿意享受高档私人服务的邮轮旅游市场需求。如熙邦邮轮公司（Seabourn Cruises）最新的船奥德赛号（Seabourn Odyssey）仅有 3.2 万吨，其重点在于较高的空间比率带给人更为舒适和宽敞的享受。

（二）文化多样化

邮轮作为“浮动的度假胜地”，向邮轮旅游者提供一种海上孤岛式的休闲娱乐方式。每一艘隶属于不同邮轮公司的船只，无论从外形设计还是内部装饰，都无一不体现了该邮轮公司独特的企业文化和民族文化。以最先进驻中国市场的歌诗达邮轮公司（Costa Cruises）为例，该公司起源于地中海沿岸的意大利，每一艘邮轮的名字都体现着意大利风情，歌诗达浪漫号的每一个楼层都以一个著名的意大利城市命名，美味的意大利美食、美酒和音乐，让你不由地产生一种身处地中海的幻觉。邮轮上的工作人员与旅游者来自不同的文化背景，为了满足人们不同的文化需求，邮轮根据具体的航期与航线向旅游者提供不同的主题文化产品。

（三）船只低龄化

自 20 世纪末以来，邮轮旅游一直保持年均 8%的增速，据有关机构预测，到 2020 年全球邮轮游客数量可达 3 000 万人次。于是大批的邮轮公司开始造船，应对增长的需求。当今在航邮轮中，58%的船龄低于 10 年，46%的邮轮都是于本世纪建造完成的，整个邮轮船队都呈现出年轻化的扩张趋势。船龄高于 20 年的邮轮占全球邮轮载客量的 16%。预计到 2012 年底，全球将有 36 艘新造的超大型邮轮交付使用，共计 370 万吨，9.5 万张床位，其总价值高达 230 亿美元。

表 12–1　世界主要邮轮公司情况

船公司	旗下船公司	现有船（艘）
嘉年华邮轮公司集团	嘉年华邮轮公司	21
	荷美航运	13
	歌诗达邮轮	10
	丘纳德航运	2
	海疆邮轮	3
	风星邮轮	3
	铁行公主邮轮	15
	小计	67
皇家加勒比海轮公司集团	皇家加勒比	19
	名者	9
	岛屿邮轮	1
	小计	29
丽星邮轮公司集团	丽星邮轮	10
	挪威邮轮	12
	东方航运	1
	小计	23
	合计	119
资料来源：依据各邮轮公司邮轮船队情况整理得出		

三、邮轮旅游的发展概况

邮轮旅游（cruise ship tourism）是一种以大型豪华邮轮为载体，以海上巡游为主要形式，以船上活动和岸上休闲旅游为主要内容的高端旅游活动。从旅游产业链角度来看，邮轮抵达之前、抵达、停靠、离开邮轮码头所引发的一系列产品与服务的交易，即通常所指的邮轮旅游业，是一种介于运输业、观光与休闲业、旅行业之间的边缘产业。同时邮轮旅游产业的运行与发展又会拉动相关产业的发展，形成多产业共同发展的邮轮经济现象。由中交协等部门发布的《2008～2009 中国邮轮发展报告》将邮轮经济定义为：以海上巡游（Sea-Cruising）的豪华邮轮为其明显的识别特征，依托母港与停靠港及其所在城市的各类资源，主要推销豪华舒适的生活品质，以邮轮旅游产品为核心，向上下游领域延伸，构成跨区域跨行业、多领域多渠道的投入产出形式。

（一）全球邮轮旅游产业发展现状

20 世纪 60 年代，在航空客运业的强力冲击下，经由一系列业务功能转型、运营模式创新和市场重新定位，邮轮旅游已经从原来海上客运业淡季时的补充性业务，成长为规模庞大的现代专业旅游业务活动。经过 40 多年的发展，全球邮轮产业已经成为国际旅游业中的一项重要业务内容，2010 年全球邮轮旅游业接待量约为 1 400 万人次。

邮轮旅游是国际旅游中最具全球化特征的一个分支行业。从目前邮轮业的运营情况看，邮轮制造主要集中在挪威、芬兰、意大利、德国等国家；邮轮企业（特别是邮轮集团总部）主要分布于美国、英国、希腊、马来西亚、挪威；邮轮业资本金主要来自于美国、德国、英国和日本；海运注册多选择在巴拿马、利比里亚、百慕大、塞浦路斯和巴哈马；邮轮运营管理人才主要来自意大利、希腊、挪威、英国等国家；船员主要来自南欧和东南亚。因此可以说邮轮产业是一个全球化的网络性产业，以连接七大洲的整个海洋作为运营舞台，以遍布世界各地的码头作为依托，构建起庞大的航游网络。邮轮码头构成了航游网络的节点，邮轮经济就成为网络化的节点经济。从邮轮旅游运营的视角看，要想发展邮轮经济就要通过邮轮码头的建设，吸引国际邮轮的到达而成为邮轮产业的节点。当然，邮轮经济效应的大小取决于网络节点的重要性，或者说取决于邮轮码头在邮轮航游网络中的角色和地位。邮轮码头根据其重要性分为母港码头（homeport）、停靠港码头（port of call）与小码头（jetty）。研究表明，邮轮母港的经济收益是停靠港的 10~14 倍，当一个港口城市被定位为停靠邮轮的母港时，该区域就会形成较大的邮轮经济效应。港口城市发展邮轮经济的重要方式，是建立标准的邮轮码头以吸引邮轮靠泊，并争取成为大型邮轮公司的邮轮母港。

主题邮轮产品早在邮轮业发展之初就已存在，但其成为邮轮公司开发和营销的重点则始于20世纪80年代。在市场竞争日益激烈和邮轮需求日趋多样化的环境下，适应特定消费群体的旅游需求，开发主题化的邮轮产品以形成差异化成为邮轮公司获得竞争优势的利器之一，主题化邮轮旅游也成为世界邮轮市场中热销的产品。如嘉年华公司推出了“魅力海上读书”活动，邀请畅销书作者与游客同船旅游，共同讨论书中精彩的情节。皇家加勒比邮轮公司在游船上推出了运动型项目，如高尔夫爱好者可以打轻击球，热衷攀岩的人可以参加攀岩活动，为游客的旅行增添了许多乐趣。此外，一些游船公司为儿童准备了各种游戏活动，为年轻人准备了舞会，为成年人提供水疗和室内运动项目或专题讨论会等。在主题化邮轮产品热销的趋势下，依托鲜明主题，按照主题公园的模式与思路进行经营，也成为当前全球邮轮公司新兴的经营模式。

邮轮旅游的日程变化幅度较大，从历史数据来看，有长达100多天的环球航游，也有仅停留一日或一夜的短程近海巡游。基本上可将其分为四种类型，即环球游、远洋游、区域游和近岸游。根据马丁对1985～2002年间前两类邮轮旅游类型研究的结论可知，环球游平均航期为100天，远洋游为60天。另外根据世界各大邮轮公司的航线数据，区域游的航期平均为6~7天，而近岸游则平均为2~3天。根据国际邮轮协会的相关数据，在上述四类邮轮旅游类型中，环球游和远洋游所占比例很小，仅为1%左右；区域游所占比例最大，历年来约占到60%左右；近岸游的比例在近年来一直呈上升趋势。综合来看，导致这种趋势的主要原因有三个：一是自美国“9·11”恐怖袭击后，人们普遍产生了对远程旅游安全性的担忧，因此倾向于避免跨洋航游，参加近岸旅游；二是虽然停靠港的旅游吸引物仍是促使人们参加邮轮旅游的一个重要因素，但在邮轮巨型化和功能多样化的趋势下，邮轮本身作为一个终极目的地的观念更加深入人心，因此一些仅在周边海域航游而不停靠任何港口的邮轮产品日益增加；三是邮轮公司为吸引新的客源市场，特别是亚太等新兴经济体内的客源市场，开发出一些旨在提供尝试性体验的短程航游产品。

（二）中国邮轮旅游发展现状

随着中国经济的长期稳健发展，居民生活水平的持续提高和旅游消费需求的迅速增长，以及旅游方式从以游览观光为主向度假休闲的转变，国际上已经非常成熟的邮轮旅游方式，逐渐引起中国旅游消费者的关注，并成为一种充满魅力的新兴旅游方式。据统计，2001年中国邮轮旅游消费者人数仅为8 325人，而到2009年，从内地乘坐国际邮轮出境旅游的人数达到近20万人次，加上到香港、新加坡、美国、欧洲等登轮游览的游客，中国国内邮轮旅游游客规模在35~38万人次。2009年以我国沿海城市为出发港的国际邮轮达80个航次，同比增长38%；访问我国沿海城市的国际邮轮共76个航次，比2008年都有较大的增长幅度，上升势头在全世界范围内颇受关注。

与此同时，国内港口城市对邮轮旅游市场的竞相逐鹿和国际邮轮巨头的大举进入，也使得国内邮轮旅游开发热潮不断高涨。目前，国内已建成或即将建成的专业邮轮码头有上海国际客运中心、厦门国际邮轮中心、三亚凤凰岛邮轮码头、上海吴淞口邮轮码头、天津港国际邮轮码头等。另外大连、青岛、宁波、深圳、广州、珠海、汕头等城市也都制定了建设或改造邮轮客运中心的规划。近年来，我国初步形成了依托长江三角洲和环渤海湾的东北亚邮轮港口群，依托珠江三角洲和环北部湾的东南亚邮轮港口群，依托海峡西岸和台湾岛的（台湾）海峡两岸邮轮港口群。面对欧美邮轮市场的渐趋饱和、中国邮轮市场的巨大潜力，国际邮轮巨头纷纷进入中国市场。2006年以来，歌诗达邮轮公司、皇家加勒比邮轮公司、丽星邮轮公司相继在上海、天津等港口城市设立合资旅行社、办事处等机构开展中国市场的邮轮运营业务，并开辟了以上海、天津、厦门、三亚等中国港口为母港的东北亚和东南亚邮轮航线。

第二节　邮轮设计审美

邮轮工程艺术不仅是一个单纯追求美观的问题，更主要的是在力求内部装修与外型构图完美统一的基础上，如何有效、合理地组织、利用和分配空间以及充分提高邮轮有限空间的使用率。因此它应与其他环节特别是线型、结构设计很好的相互配合衔接。船上的空间一般可分为三类，即客房空间、非公用（或船上员工）空间以及公共空间。由于每艘邮轮设计要求与具体条件不同，因此区域规划有不同的形式，但都要充分发扬各个有利地位的优势，减少不利地位的影响，尽可能有效地满足各种使用要求，使各区域之间明确而不混乱。因此有人说舱室设计就是船舶内装设计。

一、邮轮客舱室内设计审美

客舱作为旅游者旅行途中的主要休息空间，舱室内的布置与装饰是一个艺术性很强而又复杂的问题。如果仅以顺应功能要求给予填空式的布置，点缀式的装饰是不够的，因为它所形成的效果最易引起人们在使用上和心理上的不同感受，其心理上的满足程度甚至会直接影响船舶的经营信誉。因此应借助于对壁面、天花板、地面、门窗、家具、照明、陈设、美术工艺品等各方面的精心设计构思，一方面获得艺术形象中的序列、比例、色彩，以及协调中有对比、统一中有变化的艺术效果；另一方面又满足功能上的实用、安全及便于清理的要求。

（一）邮轮客舱设计内容

1. 舱室区划与布置

舱室区划是各层舱室甲板平面的总布置设计，包括上层建筑和其他甲板平面上的各类舱室的总体划分，区划必须体现防火分隔的划分；舱室布置是对区划好的各类舱室在满足功能及规则要求前提下，利用美学原理、布置原则等进行舱室内部家具、设备和陈设的布置。邮轮为游客提供集散出入和作为邮轮信息中心的前厅，包括总台、行李服务、商务中心等，通常位于邮轮的3～5层。供游客住宿的客舱及服务，客舱等级越低，所在楼层也相应越低，全船最高等级，收费最高的套房则位于除了阳光甲板和泳池所在的最高层。供游客餐饮娱乐的餐厅（含厨房）、多功能厅等多位于较高的甲板。以歌诗达经典号（Costa Classica）为例，邮轮从第4层开始设置客舱，3层及以下作为船员舱室以及其他活动室，如理发室等。在8～10层间进行了跃层设计，修建了可容纳650个席位的赛洛特剧院，以供夜间多项表演活动的进行，同时利用第9层的一半修建了购物廊以及小食吧等。

2. 舱室壁板和门窗设计

舱室壁板系统包括围壁板和天花板。独立的围壁板称为隔板，其所用材料因生产厂家不同，工艺也不同。舱室壁板系统与对应的绝缘材料组成一定的防火等级，形成满足设计要求的舱室空间，并经过设计提供壁板排列和安装图。舱室门窗必须与围壁板一起组成完整的防火系统，且满足逃生、救生等要求，并经过设计提供舱室门窗布置图和订货清册。在歌诗达经典号（Costa Classica）的Tivoli 餐厅中，精雅壁饰将窗户幻化为文艺复兴和古罗马时代的景致，充满了浓郁的人文气息与意大利风情，让人产生一种身处浪漫欧洲的感觉。

3. 舱室卫生系统设计

舱室卫生系统包括单人卫生间、两人合用卫生间、公共卫生间等。很多船舶采用单元卫生间，材料有玻璃钢、钢质等，这种模块化的单元按具有的设备分各种类型。公共卫生间包括盥洗、洗澡、小便和大便等功能，根据人数、“规范”、和人机工程学来设计。邮轮客房都附带一个浴室，虽然很小，却一应俱全，有洗脸池、抽水马桶和淋浴。较大的客房可能配有浴缸和淋浴，而套间有时在房间与浴室之间有一块小的放梳妆台的地方。

4. 船用家具

船用家具较陆用家具有许多特点，它必须与船体牢固连接，有防震、防噪措施。船用桌、台、柜的面板四周边缘有一高度为10~20毫米的凸缘，船用家具与壁板接触处可以省略，因此有其不完整性。船用家具要符合有关规范的要求，“ILO”、“SBG”、“DOT”等对船用家具都有要求。船用家具是舱室系统很重要的组成部分，它的体量、色彩、造型和布置直接影响船员和游客的生活、工作、娱乐。船用家具有能量类家具，如音响、冰箱，还有床类、桌类、厨柜类、椅子沙发类和箱子杂件类。在一般客舱中，通常会包括以下设施：两张单人床，可以推到一起，形成一张双人床或者大号床；床头柜、梳妆台、壁橱、电视机等。

5. 舱室小五金、铭牌杂件设计

舱室小五金包括家具小五金、盥洗室小五金和门附件等。舱室铭牌是标明舱室名称的标牌，包括名称牌、号码牌和注意铭牌。舱室的杂件还有帏幔和纺织品。所有这些看起来是小东西，不起眼，但对舱室能起装饰和点缀作用，有些还是必不可少和规范要求的物品。

6. 舱室扶梯与通道设计

舱室内部的扶梯与通道是指船舶舱室内部上下甲板之间的扶梯（包括斜梯和直梯），以及平面之间的通道，对于客船分船员和旅客扶梯与通道。它的布置应便捷、安全、实用，节省空间，力求美观，与照明、色彩、造型等配合体现了概念设计的主题。扶梯与通道设计应符合法规和标准，如《消防规范》及《国际海上人命安全公约》，有的挂旗国对扶梯与通道有特殊的规定，如“SBG”对此有详尽的规定。

7. 灯光与通风系统设计

船上不同舱室对光的照度和强度是不一样的，灯光设计除满足照度和强度的标准外，对舱室还具有装饰和虚拟划分空间的作用。舱室通风系统设计不包括各管路的设计，仅对进风口和出风口进行设计，并提出有关要求，力求形成良好的室内环境。

8. 舱室美化

利用船舶美学原理对舱室美装设计，包括色彩、造型、空间、陈设、艺术照明的设计，以及各种内装材料的选用、搭配。初始设计时往往用舱室效果图来表现，进行模拟设计，选择最佳方案。

（二）邮轮客舱的色彩设计

从舱内色彩来看，应根据不同舱室功能选用不同色彩，塑造不同的舱室形象，表现多彩的性格。例如对公共活动舱室，应多采用积极性的色彩，从而塑造性格鲜明的活动环境。其实色彩是一种象征性的形式媒介，它并无理论上的绝对性或必要性，而必须依据情感、观念、思维等概念因素，年龄、性别、文化等实际因素，并结合时代特征、地域环境、民族风俗等综合条件，才能在性格的表现上突出正面积极的效果。

色彩对于调节气氛、营造情绪具有极强的效果。一般对动态环境（如娱乐舱室）应选用积极色彩，对静态环境（如旅客舱室）应选用消极色彩。积极色彩以暖色、高明度、高纯度为主。暖色具有兴奋作用，高明度具有开朗性质，高纯度具有刺激效能；冷色具有镇静作用，低明度具有安定性质，低纯度具有沉静效能。

色彩对舱室空间具有面积和舱容的调整作用，因为色彩本身有引起人视力错觉的作用。对空间较小的舱室，墙面、天花板宜采用后退性色彩中较轻的上浮色，而地板应采用较重的下沉色，家具设备宜用收缩性色彩或单纯统一的色彩。通过调节色彩明度，改变光线的反射率来调节舱室采光效果，是色彩设计时的常用手法。由于舱室门窗开口有大小之分，其朝向有内外之分，故各舱室光线的射入量、射入方向不同。可通过调节色彩反射率来调节对视觉和心理的刺激。采光充足的舱室宜采用明度中性色或冷色；而采光不足的舱室宜采用暖色，较为明快。

舱室的色彩应根据地域和气候的特点来选择，因为色彩有调控冷暖感觉的效能。寒冷水域的舱室色彩应以暖色为主调，明度应偏低，纯度应偏高；而温暖水域的舱室应以冷色为主调，明度应偏高，纯度应偏低。

二、邮轮的外部造型设计审美

邮轮的外部造型最终是通过形态、色彩、质地等若干要素，将符合一定美学规律的设计对象表现出来。但由于传统习俗不同和地域差异影响，人们对邮轮形态是否符合自我审美情趣认识不同。所以邮轮造型的目的之一就是将这些基本形态，即造型要素按一定的美学规律进行排列、组合、变化，引起人们的注意，激发情趣，呼唤人们内心的美感，最终实现造型的功能目的和经济目的。

（一）邮轮造型美的基本要素

邮轮造型美包括物质和精神两方面要素。具体通过功能、工艺结构、材质、色彩等要素体现。

1. 功能美

科学的发展及船舶基础理论和船舶工艺研究的新成果，要求不断开发新船种类和提高邮轮性能。因此要求设计师及时提供美的形态、美的色彩来进一步体现船舶的功能美。如果形态、色彩与功能不协调，将使游客从心理上丧失愉快感甚至安全感，即丧失美感功能。

2. 工艺结构美

不同邮轮具有不同的结构形式，造型效果也各不相同。力学新成就为邮轮形态结构美提供了途径。如结构有限元计算能将邮轮的各种不受力或应力很小的构件艺术性地削弱，而不影响强度和刚度。另外数学放样和自动加工工艺的采用，保证了邮轮加工精度和外观的光顺和平整，有效地体现了工艺美。

3. 材质美

材料工业的发展是科学技术进步的必然产物。新型建筑材料的品种很多，各种天然材料和人工合成材料的使用，使船舶的外观造型、表面机理和内部环境有了很大的改进。例如邮轮上层建筑部分或大部分采用玻璃钢、铝合金，能使船舶重量下降，稳性增强。这些材料具有优良的表面理化性能，显得轻巧、悦目。另外各种高性能的表面涂料、铸塑及喷涂工艺的应用，使得船体外观造型丰富、新颖，充分表现了材质美、机理美。

4. 色彩美

色彩是给人印象最深的造型要素之一。色彩对游客的生理和心理影响有时甚至超过邮轮形态。色彩造型体现了现代光学的研究成果和新型表面材料的美学效果，是造型设计中最生动、最有效的要素。好的环境色彩不仅能充分体现船舶的功能，创造协调人机关系，满足游客对色彩的需求，而且能提高邮轮的商品价值和美学价值。

（二）邮轮外观造型设计

外观是最容易被人记忆的形象。邮轮造型形态是通过外观表现出来的。外观能够体现邮轮的物质功能和精神功能。邮轮外观形式与邮轮的功能、作用应具有和谐的统一。外观应真实地服务于功能，有效地反映邮轮的性能要求，体现速度感、平稳安全感和整体感效果。外观还必须生动地反映邮轮的风格特色和艺术形象。邮轮外观造型是在方案设计及性能估算的基础上，根据各层甲板的布置情况进行的。它包括外观形态和外观色彩造型两项基本内容。外观形态主要由邮轮主体、上层建筑和舱面设备与构件组成；外观造型的目的是在一定物质技术条件下创造完美的形象。邮轮外观形态造型的基本要求如表 12-2 所示。

表 12-2 邮轮外观形态造型的基本要求

基本要求	说明
以功能为主导	1. 保证邮轮的技术指标（航速、吃水、稳性、浮态等） 2. 保证足够的强度、刚度和安全感
艺术心理	1. 符合美学规律，具有协调统一的整体形象 2. 符合大众的审美心理和鲜明的时代性 3. 色彩调和、鲜明
经济、合理	1. 形态结构与工艺结构一致，工艺性好，材料运用经济合理 2. 标准化、系列化、通用性程度高 3. 有助于提高竞争力

优秀的外观造型必须考虑形态与结构两个设计要素。形态设计解决形象选择、比例与尺度；结构设计则是为了保证产品的功能和外观造型效果而采用的具体措施。形态和结构需同时考虑、同时进行。邮轮形态包括形状与情态，即总体形状与各部分的比例配置，游客对船的心理感受。

邮轮造型艺术与陆地建筑艺术的一般原则有同有异。在空间组合、尺度比例、平衡、协调、对比等方面与建筑上的概念相同，但邮轮作为水上流动建筑物则应符合流体力学的原理。房屋建筑是固定的、稳定的静态美，而邮轮应具有动态美。轮廓线型设计必须考虑各种动态，使形态的感觉在动态中不失平衡感。应对轮廓竖向线型做适当处理，矫正视觉中心。注意各部分的体量平衡分布，使轮廓符合流畅自然的曲线或一定规律变化的几何曲线。

三、邮轮休闲娱乐活动

邮轮旅游者选择邮轮这种出游方式除了经济方面的考虑，更多地是为了享受船上一流的服务和多样的休闲娱乐项目。现代邮轮的设计把客房应占的面积尽量节省，以腾出更多供旅游者使用的休闲娱乐空间。

1. 餐饮设施

较大的邮轮通常设有一个或几个主餐厅，游客在这里进行正式晚宴，如上船初始举行的船长欢迎宴会，以及下船之前的欢送宴会等。同时邮轮还会配备非正式的自助式餐厅，客人可以在室内进餐，如果天气晴好，也可以在被称作丽都甲板或者露天餐馆（Lido）进行。一些邮轮也有可供选择的餐馆（不包括在船票价格之内），如比萨屋或者特色餐馆全天部分开放或者全天开放。分发快餐的小店（如热狗和汉堡）通常设在泳池甲板上。旅游者也可选择在客房里使用送餐服务。餐厅里提供的非酒精饮料通常包括在票价里，游客如果想在酒吧里享受一些酒精性饮料则需自己付费。酒吧一般设在娱乐设施的周围，如剧院、购物场所等，里面通常会设有现场乐队，在全天的部分时间段向公众提供音乐欣赏。

2. 康体设施

邮轮上的泳池与按摩浴缸位于顶层甲板上，尺寸不大，泳池周围的甲板上有许多日光浴躺椅与桌子。大部分邮轮配备了健身俱乐部供游客进行锻炼，包括增氧健身区、固定自行车、健身踏步器和投掷器械。健身俱乐部通常与一个水疗区相连，向旅游者提供按摩、面部按摩、桑拿、漩涡浴、芳香疗法以及其他一些美容或放松身心相关的服务。船上还有位于阳光甲板上的慢跑跑道，篮球场和其他运动设施。国际皇家加勒比集团旗下的海洋航行者号（Voyager of the Seas）率先利用巨型烟窗的墙壁做了爬山墙，成为邮轮康体设施的代表作。船上的康体节目十分丰富，由邮轮康乐部提供各种健身教程，如跳舞、健身操以及太极等。

3. 娱乐设施

邮轮上的演出大厅通常每晚都有各种演出，白天在其中可能进行航游指南会议、港口讲座、游戏、放映电影或举办其他专项活动。演出类型很多，有单口相声、音乐剧、舞蹈表演、戏剧以及魔术等。赌博在邮轮上是合法的，大多数邮轮都设有卡西诺赌场（Casino），游客可以在那里玩 21 点、轮盘赌、吃角子老虎机和其他游戏。由于法律的原因，卡西诺赌场通常在邮轮靠港停泊时关闭。邮轮上还提供免除关税的购物场所，出售香水、手表等奢侈品。

【知识链接 12–2】

船上可能有的其他一些设施

婴儿看护玩耍区	药店	观测区
酒吧	娱乐厅	攀岩壁
棋牌室	多功能厅	青少年设施
雪茄、吸烟厅	游戏室	水滑梯
迪斯科	高尔夫模拟区	水上运动平台
自助洗衣店	图书馆	滑冰场
小教堂	微缩高尔夫球场	

第三节　邮轮旅游审美实例

目前世界邮轮航线分布比较广泛，其中加勒比海、百慕大地区占27%，地中海和欧洲占21%，夏威夷、美国西海岸、加拿大占18%，阿拉斯加占12%，北欧航线占7%，东南亚、大洋洲占10%，其他航线占5%。

一、黄金公主号的加勒比航线

公主邮轮旗下109 000吨的超巨轮黄金公主号（Golden Princess）是至尊公主和星辰公主号的姊妹舰，黄金公主的外观大胆而直白，船尾有一个巨大的导流片结构，白天这里被用作船尾的观景台，晚上是迪斯科舞厅。船头胖而微翘，船尾有类似于15世纪西班牙大帆船一样的带窗檐的舷窗设计。整艘船包括舰桥宽36米（比巴拿马运河还宽3.9米）。船上有一条带顶棚的teakwood材质的散步甲板，几乎绕船一周并伸向封闭的船头，围绕它走三圈等于走一英里路程。室外泳池有不同的装饰风格。同相对比较局促的外部空间不同，黄金公主号的内部空间很大而且布局合理，船上的装饰温馨而吸引人。这艘船把公主邮轮这些年来倡导的“优良的品位，高质量的服务”推到了顶点。船上有四个泳池，其中一个泳池占据了两层甲板，带可伸缩的玻璃顶棚。在船尾最高处同整个船一样宽，有着整面玻璃墙的迪斯科舞厅，从船的左右舷看过去就像个导流片高高地悬挂在水面上。船上收藏了很多艺术品，同室内装饰相得益彰。黄金公主号还有一个小型婚礼教堂，可以通过网络实时转播庆典画面。得益于船只注册机构百慕大官方的授权，船长在法律上允许主持婚礼。

黄金公主号邮轮另外一个颇受欢迎的设备是三维动感电影，人们可以在密封舱室里随着面前银幕上的画面做三维的运动，给人以身临其境的感觉。船上还有一个不错的图书馆/电脑房，独立的棋牌室，一个占据两层甲板的运动场，儿童看护室配备有受过训练的看护员。黄金公主号邮轮拥有一个很大的赌场，有Let It Ride Bonus，西班牙21点和Caribbean Draw Progressive等新的赌博游戏，有260台老虎机，有黑杰克、百家乐等游戏。Wheelhouse酒吧是船模爱好者的最爱，酒吧里装饰着公司前身P&O邮轮公司的邮轮模型。毫不夸张地说，黄金公主号邮轮是一艘充满魅力的海上之都！

黄金公主号的一个常规航线是加勒比航线。加勒比地区是国际邮轮业最大的目的地，加勒比海的邮轮旅程是邮轮业的最大市场，包括4条旅游航线，即巴哈马群岛、东加勒比海地区、南加勒比海地区以及西加勒比海地区，大部分旅游线路全年运营。西加勒比海的行程主要是探访茂密的热带雨林、墨西哥科兹美失落的玛雅文明；东加勒比海最重要的景点是充满缤纷殖民地色彩的波多黎各圣胡安老城；南加勒比海则通常以圣胡安为起点，再往东南驶向维京群岛、安提瓜、多米尼克、巴巴多斯等国家和地区。

以下节选一篇古镇煌先生的游记，请读者共同体验乘坐黄金公主号畅游加勒比航线的感受。

加勒比海的邮轮航线，计分东行，西行，和南下的，标准行程是一个星期，多半从迈阿美或一小时车程内的 Fort Lauderdale（劳德代尔堡）出发。我坐的公主邮轮公司的 Golden Princess，以 Fort Lauderdale 为母港。这城市比迈阿美漂亮、整齐和安全。它有美洲的威尼斯之称，因为全市有很多运河。这是有钱人住的城市，有些河畔豪宅大得惊人，豪宅前停泊的大游艇更令人体验到‘有很多钱的确是好事’，一艘好的游艇往往得几百万美元。笔者看到一名艇主在船上和女朋友吃午餐，船长（兼侍应）随侍在旁。我敢武断说是女朋友而不是老婆，是因为双方的态度、年龄，和外形都没有夫妻相。

没有这样的能力，那么约个女朋友坐邮轮，也有肯定的说服力，而且竟可说是“零消费”!这话怎么说？原来坐邮轮的价钱，单人房的附加费往往是100%，即是两人和一个人同价。和女朋友坐船一周，整天不停地玩，受尽船上服务员的殷勤招待，你会觉得自已也是个富人（直至最终面对现实下船为止）。不好的是船舱太窄而较大的客舱太贵，两个人短兵相接，没有缓冲空间容易引起冲突。

Golden Princess 每星期六下午五点出发，第四天抵达圣马丁岛（St Maarten），次日抵美属处女群岛的圣汤马士岛（St Thomas），回程时在巴哈马群岛的公主邮轮私家岛 Princess Cays 待大半天，星期六清晨回来。各大邮轮公司都有自已的私家岛，提供阳光与海滩是加勒比海的最大卖点。Princess Cays 像个一流的渡假村，上面有各式各样的沙滩和水上游戏，甚至租艘快艇飞驰大海都可以。

一个这样的行程，有四天是海上航行的时间，但对大多数邮轮常客来说，这正是最理想的平衡，只有这样才能尽情享受船。所以到加勒比海，你必须选对一艘合乎你的预算的最好的船。游加勒比海，船比旅游点重要。

开头三天的航海，除了你可以选择岸上不易有的真休息之外，船上节目很多。我想不到 Golden Princess 上的表演如此精彩，场面之大，大概是邮轮中最大规模的了。台上的演出者，可以一次过有二十几人载歌载舞，还用现场乐队。

这种节目，只有客人多的大船才有。Golden Princess 因为是世上最大的船之一，所以节目更多，每晚都有几个节目可选。船虽客满，却永远不会没有座位。船上的戏院，像陆上的大剧院。

船到了圣马丁和圣汤马士，真有不想上岸的想法。这两个地方都只是一个村的规模，其卖点是免税购物，主要商品是钻石和宝石，照相机和瑞士表。店主则以印度人居多。中国人开餐馆，印度人做买卖，这似是世界性的情况。

两地中以圣汤马士整齐得多，发展也较先进。这里竟有最高档次的 Cartier, Tiffany 和 Lalique 专门店，也卖 Patek Philippe（百达翡丽）表，而圣马丁则卖较普及的 Omega（欧米茄）表，各适其式。圣马丁这地方我久闻其名，是因为这样一个小小的岛竟由法、荷两国共管，但事实是大概大家都懒得管，所以很混乱无章。船泊荷兰区的首府 Philipsburg，尽管从码头进市区只需步行 20 分钟，但人人坐的士。所谓“的士”也真是误导，因为那实际是小巴，每位收三美元，如果不堵车的话，可能行车只要三分钟，所以这肯定是世上最贵的公共交通工具。但幸亏这里永远堵车，于是你会觉得本来是世界最贵的车费，因为得要“再坐一会”而产生不那么贵的错觉！难怪他们说，岛上的居民有 90%以当的士司机为业了。我倒认为上岸的这些“反高潮”，无损于坐船的乐趣，正好早点回船午餐。

游加勒比海的目的到底是坐船，不是游埠。游埠客请往地中海或波罗的海。在圣汤马士，我在 Golden Princess 船尾的酒吧一杯冷啤在手，等候看开船。下层的五人加勒比乐队载歌载舞，像 Harry Belafonte。傍晚，前面停泊的 Explorer of the Seas 和 Disney Magic 先后开出后，我们的船慢慢的移动，离开我终于完成“到此一游的心愿”的加勒比海名港。人一世物一世，于是我竟有自豪感。我于是明白为什么加勒比海之旅，始终是邮轮假期中最受欢迎的航线的道理(也许 60%的邮轮市场都集中在加勒比海)。①

二、“经典号”的东亚航线

歌诗达邮轮公司是首家获准在中国市场运营，并以中国港口为母港的大型国际邮轮公司。歌诗达旗下的经典号（Classica）、浪漫号（Romantica）和爱兰歌娜号（Allega）在东亚进行了多条航线的运营。

2011 年，享誉全球的意大利顶级邮轮品牌歌诗达首次启航青岛，推出“经

---

① 古镇煌. 永不休息的加勒比假期[EB/OL]. (2011-4-13). http: //blog. sina. com. cn/s/blog_7acca0bb0100qj99. html.

典号”精彩韩国游。不论是沪上风韵的热爱者，还是大韩风情的支持者，一起去登上歌诗达“经典号”，体验一段混合意大利风情的惊艳之旅。

提到意大利，就不得不提到具有标志性意义的意大利歌剧。技艺精湛的表演、美妙绝伦的诗句、丰富多变的曲调、迷人悠扬的歌声，如同一幕永不结束的艺术史诗。而歌诗达经典号邮轮汇聚了最正统的意大利艺术精华，传递了对生活的无限热情和美好遐想，谱写出一曲经典华丽的海上咏叹调。邮轮的每一层客舱均以意大利名城来命名。漫步经典号，你可以遇见“威尼斯”和它的蜿蜒水道，也可以畅游拿破仑故土“热那亚”，还可以邂逅古都“罗马”。这些耳熟能详的欧洲城市不是作为符号而存在，而是深入到甲板、餐厅、游泳池与景观设计，使邮轮到处都有与它们名字相称的表达。邮轮内部也汇集了大量精雕细琢的传世佳作，置身于琳琅满目的艺术臻品和精致曼妙的设计摆设之间，使人仿佛变身成为歌剧中那些身着华服、轻摇羽扇的“意大利贵族”。

每年三月中的一个航程是歌诗达经典号母港转移的航程（Reposition Cruise：经典号的母港从香港转移到上海）。此航程经台湾的基隆，日本的冲绳、神户、横滨、长崎，最后登陆上海，航程为14天。

邮轮头两日为航海日，因为是初春，所以风浪仍大，航海天游客们正好用来习惯船上的设备。经典号除了餐厅、多间大酒吧、罗马式的环绕剧院、商店外，也有健身和水疗设备、图书室、网吧，还有儿童游戏室，而且有专人陪小朋友玩。满载欢乐的经典号每日上演着永不落幕的嘉年华。丰富多彩的娱乐项目让人应接不暇，每一刻都有快乐新发现。在甲板上跟着意大利帅哥学跳一曲热情奔放的Salsa，在看得到星星的舞池里跳一支轻快的华尔兹。在剧院等待意大利歌唱家高亢的华丽唱腔和夸张的肢体语言带我们进入那个梦幻国度。行程结束前一晚的“甲板星光派对”真的不容错过，当星光闪耀的时候，甲板已经变成欢乐的海洋，热力的音乐、张扬的笑脸、夸张的舞蹈，激发出最低调、最内敛的游客的热情。欢快、自由、惬意，这就是经典号上独具魅力的意式嘉年华！

第三日早上经典号就能到基隆，有半天的时间玩。然后下午开船，经过一个航海日，第五天中午就到了日本冲绳岛的首府那霸（Naha），在那霸的街市里，游客们可以看到一应俱全的珍贵海产，活的大龙虾、巨蟹和大如龙虾的大虾！尽管那霸在日本只是三线城市，可是物产实在丰富。第六天整天航海，第七天早上船抵神户，并在神户过夜，次日午后一时才开往横滨。神户与京都、大阪都邻近，船上的游客一般比较喜欢游日本的古都京都，甚至有在京都的酒店过一晚的岸上游节目。当天是第二个正装日（Formal Night），主菜有龙虾。

第九天中午，船抵横滨。横滨的国际邮轮码头就在市中心，海运大厦很大，顶层像龟背般拱起，用木板为主材料，配上草坪，很有特色。横滨现代化的市中心区是在樱木町（车站名），这里有大酒店、高档商厦，甚至有游乐场。而元町则有欧式的新潮且大众化的购物街，邻近的华埠是世界上最大的唐人街之一，清洁整齐，有很多条街道阡陌其间，商店仍以餐厅居多。因为邮轮在横滨过夜，次日下午六时才离开，有足够的时间游览仅半小时车程的东京。游客们会在东京享受购物之乐：到秋叶原看电器；到新宿和友乐町看照相机和手机；东京最好的百货公司是日本桥的高岛屋和新宿的伊势丹；游客们也可以去逛御徒町至上野的街市买茶叶和刺身。到上海之前的最后一站是长崎，从新建的邮轮码头到市中心，沿着海港步行，仅半小时的路程，游客们有足够的时间看长崎这种规模较小的城市，甚至有时间参观原子弹爆炸纪念馆。春游日本到处开满樱花，美景怡人。船抵长崎的上一天因为是航海日，船上节目特别多。经典号的甲板烧烤午餐极精彩，牛排任意吃，很可能这么一顿饭已“收回当天的船费”（按岸上消费计），有一天的自助午餐有烧乳猪。晚上则是意大利之夜，吃意餐，半夜还有化妆巡游派对，十分热闹。

最后一天航海前往上海，邮轮的最后一夜是华服之夜，船长的告别晚宴，是全程最热闹的一天。经典号的东亚航程可以说真正体现了邮轮旅行的特色，你可以付出低于自己买机票住酒店的代价，游玩很多个地方。你不用奔波于机场与酒店之间，就可以充分享受邮轮上的餐食，比如经典号提供龙虾和鹅肝的餐食，而且天天看专业的表演节目。坐邮轮旅游是一种“慢慢享受”之旅，这正是那些比较“有时间可用”的闲人所喜欢的旅行方式。

【思考题】

1．试分析邮轮的发展趋势。

2．邮轮造型美的审美要素有哪些？

3．邮轮在进行外观设计时有哪些原则？

4．邮轮在进行内部设计时有哪些原则？

5．综合运用本章内容并查阅相关资料，对自己感兴趣的一艘邮轮从审美角度进行分析。

参考文献

[1] 阿诺德·马修. 文化与无政府状态——政治与社会批评[M]. 北京：三联书店，2002.

[2] 张奎志. 体验批评：理论与实践[M]. 北京：人民出版社，2001.

[3] 杨恩寰. 美学引论[M]. 北京：人民出版社，2005.

[4] 王柯平. 旅游美学[M]. 2 版. 北京：旅游教育出版社，2006.

[5] 高曾伟，易向阳. 旅游美学[M]. 上海：上海交通大学出版社，2008.

[6] 祁颖. 旅游景观美学[M]. 北京：中国林业出版社，北京大学出版社，2009.

[7] 张文祥. 旅游美学基础[M]. 北京：旅游教育出版社，2007.

[8] 祁颖. 旅游美学基础[M]. 北京：高等教育出版社，2004.

[9] 于德珍. 旅游美学[M]. 天津：南开大学出版社，2008.

[10] 刘长凤，林占生. 中国旅游景观赏析[M]. 北京：化学工业出版社，2009.

[11] 杨世瑜，庞淑英，李云霞. 旅游景观学[M]. 天津：南开大学出版社，2008.

[12] 王德刚. 旅游资源开发与利用[M]. 济南：山东大学出版社，2005.

[13] 苏文才，孙文昌. 旅游资源学[M]. 北京：高等教育出版社，1998.

[14] 刘晓杰. 旅游心理学[M]. 南京：东南大学出版社，2007.

[15] 叶骁军. 中国旅游资源基础[M]. 天津：南开大学出版社社，2008.

[16] 陈副义，范保宁. 中国旅游资源学[M]. 北京：中国旅游出版社，2006.

[17] 金学智. 中国园林美学[M]. 北京：中国建筑工业出版社，2006.

[18] 陈从周. 说园[M]. 上海：同济大学出版社，2007.

[19] 余树勋. 中国古典园林艺术的奥秘[M]. 北京：中国建筑工业出版社，2008.

[20] 余树勋. 园林美与园林艺术[M]. 北京：中国建筑工业出版社，2006.

[21] 计成. 园冶图说[M]. 济南：山东画报杂志社，2003.

[22] 梁隐泉，王广友. 园林美学[M]. 北京：中国建筑工业出版社，2004.

[23] 张家骥. 园冶诠释[M]. 太原：山西人民出版社，1993.

[24] 张法. 美学概论[M]. 北京：北京师范大学出版社，2009.

[25] 朱立元. 美学[M]. 北京：高等教育出版社，2006.

[26] 张继良，皱再进. 城市旅游论[M]. 兰州：甘肃教育出版社，2004.
[27] 王维堤. 中国服饰文化[M]. 上海：上海古籍出版社，2001.
[28] 杨铭铎. 饮食美学及其餐饮产品创新[M]. 北京：科学出版社，2007.
[29] 周名扬. 餐饮美学[M]. 长沙：湖南科学技术出版社，2004.
[30] 周膺. 后现代城市美学[M]. 北京：当代中国出版社，2009.
[31] 朱耀廷. 中华文物古迹旅游[M]. 北京：北京大学出版社，2004.
[32] 于德珍. 旅游美学[M]. 天津：南开大学出版社，2008.
[33] 赵抗卫. 主题公园的创意与产业链[M]. 武汉：华东师范大学出版社，2010.
[34] 潘谷西. 中国建筑史[M]. 北京：中国建筑工业出版社，2004.
[35] 陈志华. 外国建筑史[M]. 北京：中国建筑工业出版社，2004.
[36] 王振复. 建筑美学笔记[M]. 天津：百花文艺出版社，2005.
[37] 侯幼斌. 中国建筑美学[M]. 北京：中国建筑工业出版社，2009.
[38] 梁思成. 梁思成全集：5 卷[M]. 北京：中国建筑工业出版社，2001.
[39] 斯克鲁顿 • 罗杰. 建筑美学[M]. 北京：中国建筑工业出版社，2003.
[40] 于建中. 船舶美学与艺术设计[M]. 大连：大连理工大学出版社，1994.
[41] 宣桂兰. 船舶舱室设计[J]. 江苏船舶，2006.
[42] 蒋志勇，杨敏. 船舶造型与舱室设计[M]. 哈尔滨：哈尔滨工程大学出版社，2003.
[43] 俞嘉虎. 对船舶外部艺术造型中美学法则的探讨[J]. 交通科技，2000.
[44] 古镇煌. 邮轮客的天书[M]. 北京：中国人民大学出版社，2010.